7,90

KALACHAKRA –
DAS RAD DER ZEIT

Alexander Berzin

KALACHAKRA – DAS RAD DER ZEIT

Geschichte, Wesen und Praxis des
bedeutendsten tantrischen Initiationsrituals
des tibetischen Buddhismus

Mit einem Vorwort des Dalai Lama

O. W. Barth

Die Originalausgabe erschien 1997 unter dem Titel
«Taking the Kalachakra Initiation» bei Snow Lion Publications,
605 West State Street, P.O. Box 6483, Ithaca, New York 14851, USA

Einzig berechtigte Übersetzung aus dem Englischen
von Sönam Tharchin (Wolfgang Exler)

Erste Auflage 2002
Copyright © 1997 by Alexander Berzin
Published by arrangement with Snow Lion Publications.
All rights reserved.
Alle deutschsprachigen Rechte beim Scherz Verlag,
Bern, München, Wien, für den Otto Wilhelm Barth Verlag
Alle Rechte der Verbreitung, auch durch Funk, Fernsehen,
fotomechanische Wiedergabe, Tonträger jeder Art und
auszugsweisen Nachdruck, sind vorbehalten.

INHALT

THE DALAI LAMA

Geleitwort des Dalai Lama

Auf der ganzen Welt besteht ein starkes Bedürfnis sowohl nach äußerem als auch nach innerem Frieden. Die Kalachakra-Initiation ist eine tiefgründige Zeremonie, die Menschen aller Nationen und aus allen Lebensbereichen in einer friedvollen, spirituellen Aktivität zusammenbringt und vereint, die sowohl diese Menschen als auch die Umwelt in einer signifikanten und zuträglichen Weise beeinflusst. Aus diesem Grund haben verschiedene Lamas, darunter auch ich selbst, sehr gerne diese Initiation übertragen, wenn darum gebeten wurde.

Mit diesem Anleitungsbuch hat Alexander Berzin all denen einen großen Dienst erwiesen, die sich für die Kalachakra-Initiation interessieren. Es wird Menschen, welche die Initiation von Lamas einer der vier Linien des tibetischen Buddhismus erhalten, dabei helfen, sich auf die Zeremonie vorzubereiten und die essenziellen Punkte jedes Schritts der Prozedur zu verstehen.

Die exakte Erklärung des Kalachakra-Pfads spiritueller Entwicklung einschließlich der hierzu gehörenden Gelübde und Verpflichtungen wird dazu beitragen, eine realistische Entscheidung hinsichtlich der Frage zu treffen, ob man der Einweihung als vollgültiger Teilnehmer oder lediglich als Beobachter beiwohnen möchte.

Viele Menschen, die im Moment noch nicht bereit sind, sich auf die Meditationspraxis des Kalachakra einzulassen, und etliche, die zwar keine Buddhisten sind, sich aber ernsthaft um Frieden bemühen, nehmen an der Initiation als interessierte

11

Beobachter teil. Ich freue mich besonders, dass das Buch auch diesen Teil der Zuhörerschaft anspricht und Möglichkeiten aufzeigt, die gemachten Erfahrungen zu vertiefen.

Meine Gebete gehen dahin, dass jeder, der vorhat, an einer Kalachakra-Initiation teilzunehmen, oder der dies jemals getan hat, letztendlich den vollen Nutzen davon haben möge.

Vorbemerkung

Schon seit einigen Jahrzehnten übertragen Meister aller vier Traditionen des tibetischen Buddhismus die Kalachakra-Initiation in Indien, der Mongolei, Südostasien und im Westen. Tausende von Menschen aus buddhistischen wie aus nichtbuddhistischen Kulturen haben der Einweihung entweder als aktive Teilnehmer oder als interessierte Beobachter beigewohnt, und das Interesse an Kalachakra-Initiationen nimmt rund um die Welt immer mehr zu.

Nur eine Hand voll Westler nahm an der ersten Kalachakra-Initiation teil, die Seine Heiligkeit der Dalai Lama außerhalb Tibets durchführte, und ich hatte das Glück, unter ihnen zu sein. Dies geschah in Dharamsala, Indien, im März 1970. Da abzusehen war, dass noch viel mehr Westler zu zukünftigen Initiationen kommen würden, wollte der Dalai Lama dieser neuen Zuhörerschaft Anleitungen und Hintergrundinformationen zu Kalachakra zugänglich machen. Er beauftragte einige Monate vor der nächsten Kalachakra-Initiation, die im indischen Bodh-Gaya im Dezember 1974 stattfand, Sharpa Rinpoche und mich, eine Folge von Artikeln über Kalachakra aus der Feder von Geshe Ngawang Dhargye und Garjang Kamtrul Rinpoche zu übersetzen. Die Library of Tibetan Works and Archives veröffentlichte sie in Dharamsala, und Deer Park nahm den Artikel von Geshe Dhargye in das Handbuch auf, das für die erste Übertragung der Initiation im Westen durch Seine Heiligkeit vorbereitet wurde. Diese fand in Madison, Wisconsin, im Juli 1981 statt. Von Organisatoren späterer Kalachakra-Initiationen wurde dieses Handbuch immer wieder neu aufgelegt, sowohl in Englisch als auch in einigen anderen europäischen Sprachen. Seine Heiligkeit beauftragte Professor Jeffrey Hopkins, den Text des Initiationsrituals zu übersetzen und zu veröffentlichen, damit Teilnehmer der Zeremonie leichter folgen können.

Der Hauptlehrer Seiner Heiligkeit für Kalachakra war Tsenshab Serkong Rinpoche, sein später Meisterpartner beim Debattieren und zusätzlicher Privatlehrer. Serkong Rinpoche war der Sohn und spirituelle Erbe von Serkong Dorjechang, einem herausragenden Meister des Kalachakra und Halter dieser Überlieferungslinie. Serkong Rinpoche war auch mein eigener Wurzel-Guru, dem ich viele Jahre als Übersetzer diente. In der Annahme, dass es im Westen ein stetig zunehmendes Interesse an Kalachakra geben würde, unterwies er mich auf diesem Gebiet eingehend. Dies beinhaltete nicht nur formelle Belehrungen zu den vielen Kommentaren, sondern auch informelle Erklärungen zu Entsprechungen zwischen Kalachakra und fast allem, was ich für ihn übersetzte. Er wurde nie müde, diesen Punkt zu diskutieren, und er tat dies zu Hause, auf der Straße und sogar abends am Esstisch, sowohl in Indien als auch überall sonst, wo wir auf seinen Vorlesungsreisen im Westen hinkamen. Besonders fasziniert war er von den Details des dreidimensionalen Palastes des Kalachakra-Mandala, und oft verwendete er Teig, um Modelle der architektonischen Ausgestaltung anzufertigen. Schließlich gab ich diese Lehren an Martin Brauen in der Schweiz weiter, der sie zur Grundlage seines Buches über dieses Thema machte. Dies führte zur Errichtung eines dreidimensionalen Mandala-Palastes im Völkerkundemuseum Zürich zur Zeit der Übertragung der Initiation durch Seine Heiligkeit in Rikon im Juli 1985.

Aus dem Wunsch heraus, mich enger mit der Überlieferungslinie zu verbinden, richtete es Serkong Rinpoche freundlicherweise ein, dass ich private Belehrungen über Kalachakra von Yongdzin Ling Rinpoche erhielt, dem späten Senior-Privatlehrer Seiner Heiligkeit und Halter der Kalachakra-Überlieferungslinie, von dem der Dalai Lama die Ermächtigung erhalten hatte. Als Seine Heiligkeit die Kalachakra-Initiation im indischen Spiti im Juli 1983 übertrug, war ich ausreichend vorbereitet, um dem Dalai Lama als Übersetzer dienen zu können. Damals hatte ich den Eindruck, ich sei eine Gabe, die Serkong Rinpoche zu diesem Anlass Seiner Heiligkeit darbringe, und ich war erfüllt von einem überwältigenden Gefühl der Verantwortung, der Ehrfurcht, der Respekts, der Dankbarkeit und der Inspiration.

Das letzte Gespräch, das ich mit Serkong Rinpoche kurz nach dieser Initiation führte, betraf einige schwierige Punkte der Kalachakra-Initiation. Er zitierte keinen Kommentar, sondern beantwortete meine Fragen durch Begründungen. Dies habe ich als wertvolle Anleitung genommen für meine eigenen nachfolgenden Lehrbemühungen.

Nach dem Tod von Serkong und Ling Rinpoche 1983 erklärte sich Seine Heiligkeit großzügigerweise bereit, mein Studium und Praktizieren des Kalachakra zu leiten. Mit Serkong Rinpoche hatte ich ein Programm der Lesung der Hauptkommentare von Meistern der vier tibetischen Traditionen begonnen, und S. H. der Dalai Lama traf sich mit mir privat, um Fragen zu beantworten, nachdem ich jeweils einen Text beendet hatte. Kurz vor seinem Tod hatte Serkong Rinpoche mir empfohlen, die Astronomie und Astrologie des Kalachakra mit Gen Lodro Gyatso zu studieren, dem späten Meisterastrologen des Tibetan Medical and Astrological Institute, und das Ritual des Kalachakra mit Lobpön Thubten Chöphel, dem Kalachakra-Meister des Namgyal-Klosters Seiner Heiligkeit. Ich folgte diesem Ratschlag, um meine Kalachakra-Ausbildung abzurunden.

1985 baten mich einige buddhistische Zentren in Europa, einführende Kurse über Kalachakra abzuhalten, um den Leuten zu helfen, sich auf die Initiation vorzubereiten, die Seine Heiligkeit im Juli dieses Jahres in Rikon in der Schweiz durchführen würde. Nachdem er mir Erlaubnis gegeben hatte, leitete mich S. H. der Dalai Lama an, die am häufigsten gestellten Fragen zu beantworten. Während dieser Initiation hielt ich drei Vorträge, um den Teilnehmern und Beobachtern durch die Prozedur hindurchzuhelfen. Der Meridian Trust erstellte und verbreitete Videobänder von diesen Vorträgen, und die Dharma Friendship Foundation veröffentlichte schließlich eine leicht überarbeitete Abschrift davon. Im Anschluss an diese Initiation erhielt ich von vielen buddhistischen Zentren in Europa und Nordamerika Einladungen, um grundlegende Kalachakra-Lehren und die Meditationspraxis zu erläutern. Wiederum bedachte mich Seine Heiligkeit äußerst großzügig mit seiner Zeit und leitete mich an. Einige der deutschen, französischen und holländischen Vorträge wurden vom Aryatara Institut München, dem Vajrayogini Institut Lavaur in Frankreich beziehungsweise dem Maitreya Instituut Emst in Holland veröffentlicht. Der Hauptteil des vorliegenden Buches besteht in erweiterten Vorträgen, die ich auf diesen Reisen sowie in Rikon hielt.

In den folgenden Jahren genoss ich das Privileg, Seiner Heiligkeit einige weitere Male als Vortragender und Übersetzer bei der Kalachakra-Initiation zu dienen. Während einiger Besuche in der Mongolei und der früheren Sowjetunion sprach ich mit Mönchs- und Laiengelehrten über die Geschichte des Kalachakra in ihren Ländern und fand seltene Kalachakra-Texte in den dortigen Bibliotheken. Die Übersetzer der Kalachakra-Initiation, die Seine Heiligkeit in Ulaan Baatar in der Mongolei im Juli 1995 durchführte, baten mich, eine Zusammenfassung des Rituals zu erstellen, die ihnen bei der Vorbereitung helfen sollte. Eine überarbeitete Version bildet das letzte Kapitel dieses Buches. 1996 schlug mir Sidney Piburn von Snow Lion Publications vor, meine zuvor veröffentlichte Arbeit über Kalachakra zu erweitern und ein umfassenderes Buch zu diesem Thema zusammenzustellen. Er wollte damit denjenigen helfen, die vorhatten, zukünftigen Initiationen beizuwohnen, und dazu beitragen, die Erfahrungen jener, die bereits die Einweihung erhalten hatten, zu vertiefen. Dieses Buch ist das Ergebnis dieser Anfrage und der langen Geschichte, die ihr vorausging. Ich möchte mich bedanken bei der Kapor Family Foundation für die Finanzierung seiner Vorbereitung und bei der Nama Rupa Foundation für die Verwaltung der Finanzen. Danken möchte ich auch meinen Lektoren bei Snow Lion sowie Rajinder Kumar Dogra und Aldemar Hegewald für ihre hilfreichen Vorschläge. Möge dieses Buch etwas von der Güte meiner Lehrer zurückgeben und die Welt des Kalachakra zugänglicher machen zum Wohle aller.

1

EINFÜHRUNG IN TANTRA

Die Notwendigkeit eines realistischen Herangehens

Ein Buddha zu werden, also jemand, der vollständig erwacht ist, bedeutet, alle Unzulänglichkeiten auszumerzen und alle Potenziale zu verwirklichen mit dem Ziel, anderen zu helfen. Angesichts all des Leides in der Welt ist es geboten, die effektivste Methode finden, um dieses Ziel zu erreichen. Die Kalachakra-Initiation kann einem den Zugang zu solch einer Methode eröffnen. Das tibetische Wort für Initiation, *wang*, bedeutet Macht, und eine Initiation ist eigentlich eine Ermächtigung. Sie überträgt die Macht und die Fähigkeit, in bestimmte Meditationspraktiken zum Erreichen der Erleuchtung einzutreten, um so ein Buddha zu werden mit dem Ziel, anderen so umfassend wie möglich zu helfen.

Kalachakra ist ein Meditationssystem der höchsten Ebene des buddhistischen Tantra, des Anuttarayoga. Manche Leute haben seltsame Vorstellungen von Tantra und meinen, eine Initiation stelle den Eingang in eine magische Welt des exotischen Sex und der Superkräfte dar. Wenn sie herausfinden, dass dies nicht der Fall ist, dass die tantrische Praxis vielmehr äußerst komplex und anspruchsvoll ist und ernsthafte Bemühung und das Einhalten zahlreicher Gelübde erfordert, schrecken sie zurück und wenden sich ab. Keine dieser Reaktionen, weder Aufregung noch Angst, ist angebracht. Wir müssen an Tantra und die Kalachakra-Initiation in einer feinfühligen Weise herangehen. Wie mein Hauptlehrer Tsenshab Serkong Rinpoche einmal sagte: «Wenn man Phantasiemethoden praktiziert, erhält man Phantasieergebnisse. Wenn man realistische Methoden praktiziert, erhält man realistische Ergebnisse.»

Was ist Tantra?

Das Wort *tantra* meint einen immer währenden Strom der Kontinuität. Immer währende Ströme wirken auf drei Ebenen: als Grundlage, Pfad und Ergebnis. Auf der Grundlagenebene ist der immer währende Strom unser Geist – genauer: seine subtilste Ebene, genannt das ursprüngliche klare Licht, welche die Kontinuität durch alle unsere Leben hindurch gewährleistet. Wie ein reiner Laserstrahl bloßer Klarheit und bloßen Gewahrseins, unverfälscht durch die groben Oszillationen begrifflicher Gedanken oder verstörender Emotionen, liegt es jedem Moment unseres Erlebens zugrunde, ob wir wach sind oder schlafen. Wenn wir den Geist mit einem Radio vergleichen, das immer spielt, dann entspricht seine subtilste Ebene der Tatsache, dass das Gerät einfach an ist. Ein Radio bleibt die ganze Zeit an – wenn wir eine Station verlassen oder eine andere Frequenz einstellen. In der gleichen Weise stellt sich unser subtilster Geist niemals ab und ist so die Grundlage unseres Erlebens des Todes, des Bardo (des Zustands zwischen den Wiedergeburten) und des Empfangens eines neuen Lebens. Weder die Station noch die Lautstärke, noch nicht einmal statische Störungen beeinträchtigen die Tatsache, dass das Radio an ist. Ebenso beeinflussen weder der Wiedergeburtszustand noch die Intensität des Erlebens, noch nicht einmal die «flüchtigen Befleckungen» durchlaufender Gedanken oder Stimmungen unseren Geist des klaren Lichts. Dieser subtilste Geist setzt sich sogar in der Buddhaschaft fort und stellt die Grundlage für das Erlangen der Erleuchtung bereit.

Weiterhin ist jeder Strom der Kontinuität individuell, sowohl vor wie nach der Erleuchtung. Alle Radios sind nicht ein und dasselbe Radio, obwohl jeder Empfänger in der gleichen Art und Weise arbeitet. Somit gibt es nicht etwa einen universellen Geist des klaren Lichts, ebenso wenig ein Grundlagen-Tantra, an dem jeder Geist von uns teilhat.

Bei der zweiten Ebene von Tantra, dem immer währenden Pfad-Strom, geht es um bestimmte Methoden, ein Buddha zu werden, namentlich um Meditationspraktiken, die Buddha-Formen verwenden. Man spricht hier auch von «Gottheiten-Yoga». Die dritte Ebene, der immer währende Ergebnis-Strom, ist die endlose Kontinuität von Buddha-Körpern, die wir mit der Erleuchtung erlangen. Umfassende Hilfe für andere benötigt Körper im Sinne von Netzwerken von Erkenntnis, Weisheit, Erfahrung und Ausformungen, um jedem Wesen und jeder Situation gerecht werden zu können. Kurz, Tantra beinhaltet einen immer währenden Strom der Praxis mit Buddha-Formen, um unseren immer währenden Geist-Strom von seinen flüchtigen Befleckungen zu reinigen mit dem Ziel, auf seiner Grundlage den immer währenden Strom der Körper beziehungsweise Netzwerke eines Buddha zu erlangen. Texte, die diese Themen behandeln, werden ebenfalls Tantras genannt.

Gottheiten-Yoga

Manchmal entsteht Verwirrung angesichts der tantrischen Praxis, sich auf Gottheiten zu stützen, die in einigen Sprachen mit dem Wort für «Götter» übersetzt werden. Diese Gottheiten sind jedoch keine allmächtigen Schöpfer oder Wesen in begrenzten, mit himmlischen Freuden erfüllten Wiedergeburtszuständen. Stattdessen handelt es sich um sowohl männliche als auch weibliche außergewöhnliche Ausformungen, in denen Buddhas sich manifestieren mit dem Ziel, Menschen mit unterschiedlichen Neigungen dabei zu helfen, ihre Fehler auszumerzen und ihre Potenziale auszuschöpfen. Jede dieser Buddha-Formen stellt sowohl den voll erleuchteten Zustand dar als auch einen seiner speziellen Aspekte wie Mitgefühl oder Weisheit. Avalokiteshvara zum Beispiel ist eine Manifestation des Mitgefühls, und Manjushri ist die Verkörperung der Weisheit. Kalachakra bedeutet die Fähigkeit, mit allen Situationen zu jeder Zeit umgehen zu können. Eine Meditationspraxis, die auf einer dieser Formen und dem dadurch dargestellten Aspekt aufbaut, bietet eine klare Ausrichtung und einen Rahmen, die einen schnelleren Fortschritt in Richtung Erleuchtung gestatten, als dies bei einer Meditation ohne sie der Fall wäre.

Um das Leiden anderer so schnell wie möglich zu lindern, bedarf es der effektivsten Methode, um die erleuchtenden Fähigkeiten des Körpers, der Rede und des Geistes eines Buddha zu erlangen. Die Grundlage dafür besteht in einem starken Bestreben, von Begrenzungen frei zu werden, in Liebe und Mitgefühl, die nicht wankelmütig sind, in ethischer Selbstdisziplin, in strenger Konzentration, in einem unerschütterlichen Verständnis der Wirklichkeit und im geschickten Umgang mit verschiedenen Mitteln, anderen zu helfen. Sobald wir diese in einen funktionierenden Zustand versetzt haben, müssen wir sie verbinden und vervollkommnen, damit sie Früchte tragen. Tantra stellt eine solche Technik zur Verfügung, namentlich den Gottheiten-Yoga. Wie bei der Generalprobe eines Theaterstücks malen wir uns aus, dass wir bereits den ganzen Strauß dieser erleuchtenden Fähigkeiten als eine Buddha-Form besitzen, alle zusammen, alle gleichzeitig. Ein derartiges Vorgehen dient der Integration dieser Eigenschaften und dem schnelleren Erreichen einer solchen Ausformung.

Dies ist eine fortgeschrittene Technik. Es ist schlecht möglich, sich vorzustellen, dass man sämtliche Fähigkeiten eines Buddha gleichzeitig besitzt, bevor man jede für sich geübt hat. Wir müssen jede einzelne Szene lernen und proben, bevor wir das gesamte Stück durchgehen können. Daher ist es ebenso unangebracht wie unklug, sich der tantrischen Praxis ohne eine beträchtliche Meditationserfahrung zuzuwenden.

Training der Vorstellungskraft

Die tantrische Praxis macht sich die Vorstellungskraft zunutze – ein machtvolles Werkzeug, das wir alle besitzen. Sich wiederholt das Erreichen des Ziels vorzustellen ist eine Methode, die dazu führt, schneller dorthin zu gelangen. Nehmen wir z. B. an, wir seien arbeitslos. Wenn wir uns jeden Tag erneut vorstellen, dass wir eine Arbeit finden, werden wir rascher Erfolg haben, als wenn wir voller Depressionen und Selbstmitleid bei dem Gedanken verweilen, ohne Arbeit zu sein. Das liegt daran, dass wir eine positive Einstellung zu unserer Situation behalten. Mit einer negativen Einstellung mangelt es uns an Selbstbewusstsein, überhaupt eine Arbeit zu suchen. Erfolg und Fehlschlag sind abhängig von unserem Selbstbild, und im Tantra arbeiten wir an der Verbesserung dieses Selbstbildes unter Verwendung der Buddha-Formen. Die Vorstellung, dass wir bereits Buddhas sind, ist ein äußerst kraftvolles Selbstbild, das negativen Gewohnheiten und dem Gefühl der Unfähigkeit entgegenwirkt.

Dabei geht es nicht einfach um positives Denken. Wenn man die Vorstellungskraft nutzen will, ist es von ausschlaggebender Bedeutung, praktisch zu denken und klar zwischen Phantasie und Wirklichkeit zu unterscheiden. Sonst können ernsthafte Probleme auftreten. Dementsprechend betonen jeder Lehrer und jeder Text, dass eine unabdingbare Voraussetzung tantrischer Praxis ein einigermaßen stabiles Verständnis von Leerheit ist – der Abwesenheit von phantasierten und unmöglichen Existenzweisen – sowie von abhängigem Entstehen, dem Entstehen aller Dinge durch Ursachen und Umstände. Jeder ist fähig, eine Beschäftigung zu erlangen, weil niemand ein völlig inkompetenter «Verlierer» ist, und das Finden einer Arbeit hängt vom persönlichen Einsatz und der Wirtschaftslage ab.

Einige Leute lehnen tantrisches Gottheiten-Yoga als eine Form der Selbsthypnose ab. Sich vorzustellen, bereits ein Buddha zu sein, ist jedoch keine Form von Selbsttäuschung. Wir alle verfügen über die Faktoren, die es uns erlauben, dieses Ziel zu erreichen – wir alle besitzen die «Buddha-Natur». Mit anderen Worten: Weil jeder von uns einen Geist hat, ein Herz, Kommunikationsfähigkeiten und physische Energie, sind wir alle mit

21

den Rohmaterialien ausgestattet, die man benötigt, um die erleuchtenden Fähigkeiten eines Buddha zu erzeugen. Solange wir erkennen, dass wir uns noch nicht wirklich auf dieser Stufe befinden, und uns nicht selbst aufblasen mit Illusionen von Großartigkeit, können wir mit diesen Buddha-Formen gefahrlos arbeiten.

Im Tantra stellen wir uns dann vor, dass wir bereits die Form, Umgebung, Fähigkeiten und Freuden eines Buddha besitzen. Der physische Körper eines Buddha besteht aus durchscheinendem, klarem Licht, fähig, anderen unermüdlich zu helfen; er ist nie in irgendeiner Weise unzulänglich. Sich selbst so als Buddha-Form mit grenzenloser Energie vorzustellen macht einen jedoch nicht zum «Workaholic» oder Märtyrer, der unfähig ist, Nein zu sagen. Natürlich ruhen sich Tantra Praktizierende aus, wenn sie müde sind. Nichtsdestoweniger hilft das Aufrechterhalten dieser Art von Selbstbild, die selbst auferlegten Grenzen zu erweitern. Jedem steht eine fast endlose Menge an Energie zur Verfügung, die er in Notfällen anzapfen kann. Niemand ist zu verausgabt, um zu seinem Kind zu laufen, wenn es hingefallen ist und sich verletzt hat.

Zusätzlich empfinden wir, während wir Tantra praktizieren, unsere Umwelt als völlig rein und förderlich für jedermanns Fortschritt. Sich dies vorzustellen bedeutet nicht, ökologische und soziale Themen zu ignorieren. Allerdings hören wir auf, bei negativen Aspekten zu verharren. Dadurch helfen wir anderen und uns selbst, Depressionen und Verzweiflung zu überwinden. Eine ausreichend starke Motivation und effektive Methoden zur Umwandlung von Einstellungen führen unabhängig von der Örtlichkeit zu spirituellem Fortschritt. Anstatt uns unaufhörlich zu beschweren und die Weltuntergangsverkünder zu spielen, versuchen wir, uns und der Welt Hoffnung zu geben.

Wir stellen uns auch vor, dass wir anderen von Nutzen sind, indem wir handeln wie ein Buddha. Wir empfinden, dass wir einfach durch unsere Art zu sein mühelos auf jedermann um uns herum einen positiven, erleuchtenden Einfluss ausüben. Wir können verstehen, was das heißt, wenn wir uns schon einmal in der Gegenwart eines großen spirituellen Wesens befunden haben wie zum Beispiel Seiner Heiligkeit des Dalai Lama oder Mutter Teresa. Die meisten Menschen, auch wenn sie nur leicht empfänglich sind, fühlen sich inspiriert und bemühen sich um ein besseres Verhalten. Wir stellen uns vor, dass wir eine ähnliche Wirkung auf andere haben. Allein unsere Gegenwart oder das bloße Erwähnen unseres Namens beruhigt andere, bringt ihnen Frieden im Geist und Freude und regt sie dazu an, zu neuen Höhen vorzudringen.

Schließlich stellen wir uns vor, dass wir fähig sind, Dinge in der reinen Art zu genießen, in der dies ein Buddha tut. Normalerweise ist der Genuss bei uns vermischt mit Verwirrung, was oft mit «verunreinigtes Vergnügen» übersetzt wird. Immer sind wir kritisch, nie zufrieden. Wir hören Musik und können sie nicht voll genießen, weil wir andauernd daran denken, dass die Tonwiedergabe nicht so gut ist, wie sie es auf der Anlage unseres Nachbarn wäre. Ein Buddha erfreut sich hingegen an allem, ohne auch nur einen Hauch von Verwirrung. Wir stellen uns vor, dies ebenso zu tun, zum Beispiel, wenn wir die Gaben von Licht, Räucherwerk, Speise und so weiter in den verschiedenen Ritualen genießen.

Nutzung der Visualisation zur Ausweitung unserer Fähigkeiten

Viele Buddha-Formen haben zahlreiche körperliche Merkmale in verschiedenen Farben. Kalachakra zum Beispiel besitzt einen Regenbogen aus vier Köpfen und vierundzwanzig Armen. Dies mag zunächst seltsam erscheinen, aber es gibt tief reichende Gründe dafür. Alle Formen, die man sich im Tantra vorstellt, haben mehrere Zwecke, und jeder ihrer Teile wie auch jede Farbe hat viele Symbolebenen. Ihre Komplexität spiegelt die Natur des Ziels wider, ein Buddha zu werden. Buddhas müssen die gesamte Ansammlung ihrer Verwirklichungen und Qualitäten aktiv und gleichzeitig im Geist halten, damit sie sie effektiv nutzen können, um anderen zu helfen. Darüber hinaus müssen Buddhas sich der Myriaden von persönlichen Details derjenigen bewusst sein, denen sie helfen, damit sie immer das tun können, was angezeigt ist.

Dies ist kein unerreichbares Ziel. Bereits jetzt behalten wir viele Dinge gleichzeitig im Geist. Wenn wir zum Beispiel ein Auto fahren, sind wir uns der Geschwindigkeit bewusst, des Abstands, den wir benötigen, um zu bremsen oder um ein anderes Fahrzeug zu überholen, der Geschwindigkeit und der Positionen der Autos um uns herum, der Fahrregeln, des Zwecks und Ziels unserer Reise, der Verkehrsschilder und so weiter. Zum selben Zeitpunkt koordinieren wir unsere Augen, Hände und Füße, achten auf seltsame Motorengeräusche und können sogar noch Musik hören und uns unterhalten. Tantrische Visualisation hilft, diese Fähigkeit auszuweiten.

Ohne eine Methode ist es sehr schwierig, sich darin zu trainieren, vierundzwanzig Erkenntnisse und Qualitäten gleichzeitig im Geist zu behalten, wie zum Beispiel Unbeständigkeit, Mitgefühl oder Geduld. Ein Ausdruck, der aus den Anfangsbuchstaben der einzelnen Posten besteht, kann hilfreich sein, wenn es darum geht, sich an eine Abfolge zu erinnern. Jede Erkenntnis und Qualität graphisch darzustellen, wie im Falle der vierundzwanzig Arme einer Buddha-Form, macht es allerdings wesentlich einfacher, sich alle auf einmal gegenwärtig zu halten. Nehmen wir die Situation eines Lehrers einer Klasse mit vierundzwanzig Kindern. Für die meisten Menschen ist es ziemlich schwierig, die Persönlichkeit und besonderen Bedürfnisse jedes einzelnen Kindes im Geist zu behalten, wenn sie daheim die Stunde planen. Eine Liste mit den Namen zu Rate zu ziehen mag einigermaßen hilfreich sein, aber tatsächlich vor der Klasse zu stehen und die Kinder zu sehen lässt sofort und lebhaft alle Faktoren im Geist aufsteigen, die nötig sind, um den Unterricht zu gestalten.

Ein Mandala, wörtlich: ein symbolisches Universum, ist ein weiteres Hilfsmittel in dem Prozess, mit dem wir unsere Vergegenwärtigung ausdehnen und alles in einer reinen Weise sehen wollen. In diesem Zusammenhang bezieht sich Mandala auf den Palast und die benachbarten Gegenden, in denen eine Buddha-Form lebt. Wie die Teile unseres Körpers, so korrespondiert auch jedes Merkmal der Architektur mit einer Verwirklichung oder einer positiven Eigenschaft, die wir aktiv im Geist behalten müssen. Als Palast ist ein Mandala tatsächlich eine dreidimensionale Struktur. Ein Mandala aus farbigem Sand oder auf Stoff gemalt ist wie der Bauplan eines Architekten von diesem Gebäude. Niemand visualisiert während einer Initiation und der nachfolgenden Meditationspraxis die zweidimensionale Zeichnung, sondern nur die dadurch repräsentierte Struktur.

Die Praxis der Erzeugungsstufe und der vollständigen Stufe

Im Anuttarayoga-Tantra gibt es zwei Praxisphasen. Die erste, die Erzeugungsstufe, beinhaltet komplexe Visualisationen. In der täglichen Meditation stellen wir uns eine Folge von Ereignissen vor. Diese umfassen die Selbsterzeugung als eine oder mehrere Buddha-Formen innerhalb der symbolischen Welt eines Mandala sowie das Verständnis oder das Empfinden bestimmter Dinge wie Leerheit und Mitgefühl. Um die Beibehaltung der Folge zu unterstützen, pflegt man ein Sadhana zu lesen oder zu rezitieren, das so etwas wie der Text für diese tägliche Visualisations-Oper ist.

Die zweite Praxisphase ist die vollständige Stufe, manchmal auch mit «Vollendungsstufe» übersetzt. Als Ergebnis der Anstrengungen, die man im vorhergehenden Schritt gemacht hat, ist jetzt alles verfügbar, was nötig ist, um der Prozedur zu folgen, die tatsächlich das Ziel, ein Buddha zu werden, hervorbringt. Da wir die Stärke unserer Vorstellungskraft trainiert haben, nutzen wir sie als Schlüssel, der unser subtiles Energiesystem aufsperrt – die unsichtbaren Kanäle und Kräfte in unserem Körper, die sich auf unsere Stimmungen und Geisteszustände auswirken. Ohne Einübung der vorhergehenden Erzeugungsstufe lässt sich dieses System meditativ nicht nutzen. Wenn wir uns allerdings einmal den Zugang verschafft haben, bringt das bewusste Bewegen subtiler Energien durch ihre Kanäle unseren subtilsten Geist des klaren Lichts an die Oberfläche. Meditationsarbeit mit dieser Ebene des Geistes erzeugt dann die unmittelbare Ursache für das tatsächliche Erlangen der physischen Körper und des Geistes eines Buddha. Der Prozess ist nicht länger nur einer der Vorstellung.

Erfolg richtet sich im Tantra, wie bei allem im Leben, nach dem Gesetz von Ursache und Wirkung. Unser letztendliches Ziel ist die größtmögliche Fähigkeit, anderen zu nutzen. Um dieses Ziel eines Ergebnis-Tantra – eines immer währenden Stroms von Buddha-Netzwerken – zu erreichen, müssen wir unser Grundlagen-Tantra umwandeln – die immer währende Kontinuität unseres ursprünglichen Geistes des klaren Lichts. Wir müssen es dazu bringen, als ein Netzwerk der Weisheit zu funktionieren, das ein ausgedehntes Netzwerk erleuchtender Formen erscheinen lässt. Dies erfordert ein Pfad-Tantra, einen immer währenden Strom der Praxis der vollständigen Stufe und der Erzeugungsstufe. Mit Ersterer verschaffen wir uns Zutritt zum Geist des klaren Lichts durch Arbeit mit unserem subtilen Energiesystem, während wir mit Letzterer die Werkzeuge für die Erfüllung dieses Vorhabens erhalten, indem wir die Kraft unserer Konzentration und Vorstellung trainieren. Auf diese Weise fungiert jede Stufe tantrischer Praxis als Ursache für das Erreichen der ihr nachfolgenden Phase.

Die Rolle des Erhaltens einer Ermächtigung und des Nehmens von Gelübden

Als Teil unseres Grundlagen-Tantra besitzen wir alle die Materialien, aus denen sich die Netzwerke eines Buddha formen lassen. Alle Potenziale, die wir benötigen, sind in unserem Geist des klaren Lichts vorhanden – dem Hauptaspekt unserer Buddha-Natur, dem wichtigsten Faktor, der es jedem von uns erlaubt, ein Buddha zu werden. Bevor wir diese Potenziale verwirklichen können, müssen wir sie allerdings aktivieren. Dies ist die Funktion des Erhaltens einer Ermächtigung, und darin liegt deren Notwendigkeit. Eine Einweihung, die von einem voll qualifizierten Meister durchgeführt wird, beseitigt zunächst die Hindernisse, die den Zutritt und die Nutzung dieser Buddha-

Potenziale verhindern. Dann weckt sie diese Fähigkeiten und verstärkt sie. Diese zweiteilige Prozedur nennt man das «Erhalten von Reinigung und Pflanzen von Samen». Das Ganze funktioniert allerdings nur, wenn wir uns vorstellen oder fühlen, dass es stattfindet. Eine Ermächtigung bedarf der aktiven Teilnahme sowohl des Lehrers als auch des Schülers.

Ein spiritueller Meister ist in diesem Prozess unerlässlich. Vom Ablauf eines Rituals in einem Buch zu lesen oder seine Durchführung auf einem Video zu verfolgen ist nicht kraftvoll genug, um die Buddha-Potenziale zu aktivieren. Wir müssen persönlich eine solche Erfahrung machen. Es ist nicht schwierig, dies zu akzeptieren. Wir alle kennen den Unterschied zwischen dem Hören einer Aufnahme bei uns zu Hause und der Teilnahme an einem Livekonzert. Indem wir uns persönlich einem voll qualifizierten Meister aussetzen, der eine Ermächtigung überträgt, erlangen wir Inspiration, Zuversicht, Vertrauen und eine Quelle der Anleitung, sodass wir in der Lage sind, die nachfolgende Praxis des Tantra aufrechtzuerhalten. Auch stellen wir eine starke Verbindung nicht nur zu dem Lehrer her, der die Initiation vollzieht, sondern auch zu der ganzen Überlieferungslinie der Meister, von denen die Praxis sich herleitet und die zurückführt bis zum Buddha selbst. Zu wissen, dass Menschen immer wieder spirituellen Erfolg mit diesen Techniken hatten, ist psychologisch sehr wichtig und stärkt das Vertrauen in diese Praxis. Wenn wir eine Ermächtigung erhalten, brechen wir nicht zu einem trivialen Unternehmen auf. Es hat auch nichts zu tun mit einer Phantasie wie der, Mickimaus in Disneyland zu sein. Vielmehr schließen wir uns einer langen Reihe von ernsthaft Praktizierenden an, die die Gültigkeit der tantrischen Techniken über Jahrhunderte hinweg bewiesen haben.

Ohne ein Spalier zum Wachsen erhebt sich eine Weinrebe nie vom Boden. In gleicher Weise ist eine klare Struktur für die Entwicklung der Buddha-Potenziale essenziell, sind diese erst einmal aktiviert. Dies ist der Zweck der in einer Anuttarayoga-Ermächtigung abgelegten Gelübde und eingegangenen Verpflichtungen: Sie stellen die für allen nachfolgenden Fortschritt benötigte unterstützende Struktur zur Verfügung. Tantrische Praxis ist kein gelegentlich betriebenes Hobby und auch nicht auf das Meditationskissen beschränkt. Die persönliche Umwandlung, die im Tantra angestrebt wird, umfasst jeden Aspekt des Lebens. Wie können wir ohne klare Richtlinien vorankommen? Diese Richtlinien liefern die Zufluchts-Verpflichtungen sowie die Bodhisattva- und tantrischen Gelübde.

Zufluchtnahme gibt dem Leben eine sichere und positive Richtung. Wir bemühen uns, unsere Mängel zu beseitigen und unsere Potenziale zu verwirklichen, wie es die Buddhas getan haben und wie es hochverwirklichte Praktizierende tun. Durch die Bodhisattva-Gelübde halten wir uns selbst von negativem Verhalten ab, das diesem Ziel entgegensteht. Wir geloben, uns von den Handlungen fern zu halten, die unserer Fähigkeit, anderen zu helfen, schadet. Das Einhalten der tantrischen Gelübde stellt sicher, dass wir in der vielschichtigen tantrischen Praxis nicht vom Weg abkommen. Kurz, es ist ein wundervolles Geschenk und nicht etwa eine drückende Last, dass der Buddha diese Richtlinien der Gelübde und Übungen übermittelt hat. Wir müssen nicht erst aus unseren Fehlern lernen, welches Verhalten wir annehmen oder vermeiden müssen, um die Erleuchtung zum Wohle aller zu erlangen.

Die Ermächtigung durch eine angemessene Zeremonie zu erhalten liefert einen Bezugspunkt, auf den wir zurückblicken können als auf den Anfang unserer formalen Verpflichtung auf den tantrischen Pfad. Wenn wir die Hauptübergänge im Leben mit uralten Ritualen kennzeichnen, nehmen wir sie wesentlich ernster, als wir das täten, wenn wir sie einfach vorüberziehen ließen. An Bord des tantrischen Fahrzeugs zu gehen und sich zu einer fortgeschritteneren Phase buddhistischer Praxis einzuschiffen ist ein solcher Hauptübergang. Die Ermächtigung mit ihren Prozeduren zur Bindung an den tantrischen Meister und des Ablegens der Gelübde kennzeichnet dieses Ereignis in einer erinnerungswürdigen Weise.

Verpflichtung

Viele Menschen haben Angst davor, sich zu etwas zu verpflichten – ob es dabei nun um einem Partner geht, einen Beruf oder einen spirituellen Pfad. Den Verlust ihrer Freiheit fürchtend, reagieren sie mit Unentschiedenheit und Zögern. Andere haben das Gefühl, dass eine Verpflichtung ein moralisches Gesetz darstellt, und dass sie, wenn sie dagegen verstoßen, böse sind. Da sie keine falsche Entscheidung treffen wollen und nicht riskieren wollen, «böse» zu sein, haben sie Schwierigkeiten, irgendeinen großen Schritt im Leben zu tun. Wieder andere betrachten Verpflichtungen als etwas zeitlich Begrenztes und lassen sich auf sie nur ein, wenn es eine Rettungsklausel gibt, wie zum Beispiel die Möglichkeit einer Scheidung. Sie gehen Verpflichtungen nur oberflächlich ein und entziehen sich ihnen, sobald Unbequemlichkeiten damit verbunden sind.

Derartige Einstellungen sind, insbesondere wenn sie die tantrische Praxis, einen spirituellen Meister oder das Einhalten von Gelübden betreffen, ein Hindernis für spirituellen Fortschritt. Ein mittlerer Weg ist erforderlich. Einerseits ist es unklug, sich auf etwas einzulassen, ohne die damit verbundenen Folgen ernsthaft bedacht zu haben. Andererseits müssen wir im Leben Entscheidungen treffen, sonst werden wir nie irgendwo hinkommen. Der Weg zur Beseitigung der Unentschlossenheit besteht darin, dass man seine Fähigkeit und seine Bereitschaft, sich zu verpflichten, ehrlich einschätzt, dass man klar erkennt, wozu man sich verpflichtet, und dass man die Beziehung zwischen Verpflichtung und Freiheit richtig versteht. Wir brauchen Zeit und Weisheit.

Gemäß den verschiedenen Verpflichtungsstufen gibt es zwei Arten, einer Initiation beizuwohnen. Man kann entweder aktiver Teilnehmer oder interessierter Beobachter sein. Aktive Teilnehmer legen alle mit der Praxis verbundenen Gelübde ab, tun ihr Bestes, um die Visualisationen durchzuführen, und erhalten daher tatsächlich die Ermächtigung. Im Anschluss formen sie ihr Leben in Übereinstimmung mit den Richtlinien ihrer Gelübde und durchlaufen zumindest die anfänglichen Stufen tantrischer Meditation. Wenn man zum Beispiel eine Anuttarayoga-Initiation der Gelug-Tradition erhält, fängt man mit einer täglichen Meditationspraxis an, die als Yoga in sechs Sitzungen bekannt ist. Diejenigen, die sich für einen solchen Schritt nicht bereit fühlen, wohnen der Zeremonie als Beobachter bei und erhalten die Ermächtigung nicht wirklich.

Ein Beobachter zu sein bedeutet keinerlei Schande oder Schuld. Es ist bei weitem weiser, auf diese Art teilzunehmen, als vorschnell Verpflichtungen einzugehen, die man später bereut. Interessierte Beobachter müssen sich aber auch nicht nur zurücklehnen und der Zeremonie als einem unterhaltsamen Spektakel zuschauen. Vielmehr bietet sich die großartige Gelegenheit, Gewinn aus diesem Erlebnis zu ziehen. Sowohl die Teilnehmer als auch die Beobachter finden die Initiation daher bedeutungsvoller, wenn sie zuvor die grundlegenden Tatsachen des Tantra verstanden haben.

Die Wahl eines Tantra-Systems

Angenommen, wir haben eine grundlegende buddhistische Einstellung, eine funktionierende Grundlage an Einsicht und einen festen Glauben an die Effektivität und Notwendigkeit der Techniken des Anuttarayoga-Tantra. Wenn wir uns bereit fühlen, eine Ermächtigung zu erhalten, oder wenn wir als interessierte Beobachter dabei sein wollen, dann ist die nächste Frage, für welches Anuttarayoga-System wir uns entscheiden sollen. Die Auswahl ist groß. Hinzu kommen die Probleme mit einer fremden Sprache, und den meisten von uns mangelt es an einer engen Beziehung zu einem spirituellen Meister, den wir um Rat fragen könnten. Manchmal haben wir allerdings kaum eine Wahlmöglichkeit, weil qualifizierte Meister nur selten in unsere Gegend kommen und noch seltener eine Initiation für diese höchste Klasse des Tantra durchführen.

Der wichtigste Punkt, der vor der Einweihung bedacht sein will, ist die Qualifikation des Lehrers. Wenn eine unqualifizierte Person die Initiation in ein Tantra-System vornimmt, ergibt sich aus der Teilnahme keinerlei Nutzen. Jeder, der Rituale eingeübt hat, kann rezitieren und die Bewegungen einer Initiationszeremonie ausführen, aber mangels ausreichender Qualifikation überträgt jemand, der nur etwas vorgibt, nichts auf uns. Selbst wenn der Lehrer der richtige ist, wird unsere Wahl des Tantra-Systems manchmal durch das diktiert, was andere erbeten und organisiert haben. Dennoch ist Verfügbarkeit kein optimales Kriterium für die Auswahl eines Tantra-Meditationssystems. Manchmal steht das Herstellen einer starken Verbindung zum Lehrer im Vordergrund und nicht die Buddha-Form, bezüglich derer er oder sie die Ermächtigung überträgt. Es geht also darum, sowohl den richtigen Lehrer als auch das richtige Tantra-System zu wählen. Um herauszubekommen, ob Kalachakra dieses System ist, muss man darüber Bescheid wissen.

2

KALACHAKRA IM ÜBERBLICK

Zeitzyklen und Karma

Das Wort *kalachakra* bedeutet «Zeitzyklen», und das Kalachakra-System präsentiert drei Arten solcher Zyklen – äußere, innere und alternative. Die äußeren und inneren Zyklen handeln von der Zeit, wie wir sie für gewöhnlich kennen, während die alternativen Zyklen aus den Praktiken bestehen, durch die man Befreiung von diesen beiden erlangt. Die Strukturen der äußeren und inneren Zyklen sind analog, ähnlich den Parallelen zwischen Makrokosmos und Mikrokosmos, wie sie in der westlichen Philosophie diskutiert werden. Dies bedeutet, dass dieselben Gesetze, die ein Universum regieren, auch die Atome, den Körper und unsere Lebenserfahrungen betreffen. Die Praktiken der alternativen Zyklen folgen ebenfalls dieser Struktur, damit wir mit diesen Kräften in effektiver Weise umgehen und sie überwinden können. Derartige Nachahmung ist eines der typischen Kennzeichen von Anuttarayoga-Tantra-Techniken.

Zeit wird im Buddhismus als Maß der Veränderung definiert. Zum Beispiel ist ein Monat das Maß jenes Wechsels, der entweder äußerlich mit dem Mondumlauf um die Erde entsteht oder innerlich bei einer Frau, die von einer Menstruation zur nächsten geht. Solche Wechsel sind zyklisch in der Hinsicht, dass sich ein Muster wiederholt, obwohl die Ereignisse jedes Zyklus nicht vollkommen identisch sind. Im Äußeren durchläuft das Universum kosmische, astronomische, astrologische und historische Zyklen. Auf einer inneren Ebene geht der Körper durch physiologische Zyklen, von denen viele auch entsprechende mentale und emotionale Zyklen hervorbringen. Ebenso wie sich Universen formen, ausdehnen, zusammenziehen, auflösen und sich dann erneut bilden, durchlaufen auch die einzelnen Wesen kontinuierliche Wiedergeburten, in denen sich Empfängnis, Heranwachsen, Alter und Tod wiederholen.

Normalerweise hat das Vergehen von Zeit eine schwächende Wirkung. Während wir altern, nehmen Sehen, Hören, Gedächtnis und körperliche Stärke schrittweise ab, und schließlich sterben wir. Aufgrund von zwanghafter Anhaftung und Verwirrung darüber, wer wir sind und wie wir existieren, nehmen wir eine Wiedergeburt an ohne irgendwelche Kontrolle über ihren Prozess oder ihre Umstände, und jedes Mal müssen wir all das wieder neu lernen, was wir zuvor bereits wussten. Mit der Entfaltung jedes unserer Leben im Verlauf der Zeit reifen die karmischen Potenziale unserer früheren Taten zu den geeigneten astrologischen, geschichtlichen und lebenszyklischen Momenten als die verschiedenen Ereignisse heran, die wir erleben. Einige davon sind angenehm, viele aber sind es nicht. Es scheint so, als hätten wir wenig Wahlmöglichkeit bezüglich dessen, was im Leben passiert.

Kurz gesagt, beschreiben die äußeren und inneren Zyklen der Zeit Samsara – die mit Problemen und Schwierigkeiten befrachtete, unkontrollierbar immer wieder neu auftretende Wiedergeburt. Diese Zyklen werden durch Energieimpulse am Laufen gehalten, die im Kalachakra-System als «Winde des Karma» bezeichnet werden. Karma ist eine Kraft, die zutiefst mit dem Geist verbunden ist und die wegen Verwirrung bezüglich der Realität auftritt. Da wir der Vorstellung erlegen sind, dass wir selbst, die anderen und alle Dinge um uns herum in der Weise existieren, in der sie unser Geist erscheinen lässt – nämlich so, als ob eine feste, beständige Identität vorhanden wäre, die aus dem Inneren der Wesen oder Dinge stammt –, reagieren wir mit Anhaftung, Ärger und verbohrter Dummheit. Wir denken zum Beispiel: «Ich bin ganz sicher soundso, jene Objekte oder Personen sind unverrückbar soundso, ich muss diese Dinge besitzen und diejenigen loswerden, die mich stören.» Jede körperliche, sprachliche oder geistige Handlung, die auf der Basis einer derart sturen und verwirrten Denkweise vollzogen wird, baut karmische Potenziale und Gewohnheiten auf. Unter den geeigneten Umständen reifen diese Potenziale oder «karmischen Samen» in der Form von zwingenden Impulsen heran, solche Taten zu wiederholen und sich in Situationen zu begeben, in denen man ähnlichen Handlungen ausgesetzt ist. Dies lässt sich leicht erkennen, wenn man das impulsive Verhalten, das den persönlichen und historischen Ereignissen zugrunde liegt, sorgfältig untersucht. Wie viele Menschen stolpern etwa von einer schlechten Ehe zur nächsten, wie viele Staaten von einer Krise in die nächste?

Tatsächlich lassen karmische Potenziale eine breite Ansammlung von Impulsen auftreten, die sich auf unser Leben auswirken. Durch kollektive karmische Potenziale, die aus den früheren Handlungen einer großen Anzahl von Lebewesen stammen – unsere eigenen eingeschlossen –, entsteht zum Beispiel der Impuls, durch den ein Universum mit spezifischen Umwelten und Lebensformen zur Entfaltung kommt, innerhalb derer wir selbst und diese anderen Lebewesen im weiteren Verlauf wiedergeboren werden. Diese kollektiven Potenziale lassen auch diejenigen Impulse auftreten, welche die physikalischen und biologischen Gesetze antreiben, die dieses Universum regieren – ein Spektrum, das von den Wettermustern der Planeten bis zu den zyklischen Lebensgewohnheiten jeder Spezies reicht. Sie sind auch der Grund für die Impulse, die hinter den instinktiven Verhaltensmerkmalen im Alltag einer jeden Lebensform stehen.

In diesem Kontext lassen an der geeigneten Stelle in den inneren Zyklen jedes Lebewesens – nämlich nach jedem Tod – die individuellen karmischen Potenziale den Impuls entstehen, eine Wiedergeburt in einer spezifischen Umgebung mit einem bestimmten Körper anzunehmen. Dieser Impuls steht in Beziehung zu einem bestimmten Punkt der Evolution im äußeren Zyklus eines Universums. Wir können nicht als Dinosaurier in einem urzeitlichen Wald wiedergeboren werden, wenn diese Lebensform und -situation bereits ausgelöscht ist. All diese Faktoren, die dem Karma entstammen, arbeiten harmonisch zusammen, um den «Behälter» zu bilden, innerhalb dessen wir das Heranreifen von anderen persönlichen karmischen Potenzialen erleben, die in Form von getriebenem Verhalten hinter den Ereignissen des Lebens stehen. In einer Nation geboren, die sich im Krieg befindet, wird man gezwungenermaßen Soldat, bombardiert feindliche Dörfer, und eines Tages wird man im Kampf getötet. Die vielen Ebenen äußerer und innerer Zeitzyklen sind auf komplexe Art miteinander verschlungen.

Kurz gesagt, hat Zeit weder Anfang noch Ende. Es hat immer Wechsel gegeben und wird ihn immer geben, Veränderung, die als zeitlicher Ablauf bezeichnet werden kann. Universen, Zivilisationen und Lebensformen entstehen und vergehen stets aufs Neue. Die Formen, die sie annehmen, hängen von den Handlungen ab, und damit vom Geist derer, die ihnen vorangehen. Dies ist auch der Grund dafür, dass Körper und Geist der Lebewesen und ihre Umwelt zusammenpassen: Man wird als Fisch geboren, um den Ereignissen des Lebens im Wasser zu begegnen, oder als Mensch in luftiger Umgebung, und nicht umgekehrt. Weil aber der Geist der Wesen unter dem Einfluss der Verwirrung steht, haben die Körper, Mentalitäten und Umwelten, die aus den von ihnen vollzogenen karmischen Handlungen resultieren, für sie eine beengende, schädliche Wirkung. Diese Faktoren begrenzen ihre Fähigkeit, sich selbst und anderen zu nutzen. Die im Mittelalter zur Zeit der Pest lebenden Menschen konnten gegen die Schrecken, denen sie sich ausgesetzt sahen, wenig ausrichten.

Befreiung von den Zeitzyklen

Die alternativen Zeitzyklen sind mit einer stufenweisen Abfolge von Meditationspraktiken des Anuttarayoga-Tantra verbunden. Sie dienen nicht nur als Alternative zu den äußeren und inneren Zyklen, sondern auch als Weg, sich von ihnen zu befreien. Die

Möglichkeit, sich von der Zeit zu befreien, bedeutet jedoch nicht, dass Zeit nicht wirklich existieren würde oder dass man außerhalb der Zeit stehen und anderen nutzen könnte. Zeit als Maß der Veränderung gibt es auch als Maß für die Zyklen der Handlungen eines Buddha. Befreiung von der Zeit heißt, uns von der Verwirrung und ihren Trieben zu befreien, die immer wieder Impulse beziehungsweise Karma auftreten lassen, die uns der Zeit und ihrem Wüten ausliefern. Wenn wir erst einmal frei sind, werden wir nicht länger von äußeren Ereignissen, die periodisch wiederkehren, nachteilig beeinflusst, wie von der Dunkelheit im Winter, Sonnenfinsternissen, Kriegen und so weiter. Auch werden wir nicht durch jene Art Körper begrenzt, die unter der Kontrolle periodischer biologischer Kräfte steht, wie zum Beispiel von Hunger, sexuellen Bedürfnissen, Müdigkeit oder Altern. Als ein Ergebnis des völligen Verstehens der Wirklichkeit wird es stattdessen möglich, Zyklen von Ausformungen zu erzeugen, die anderen von Nutzen sind, jenseits irgendwelcher durch die Zeit aufgezwungener Grenzen.

Der Prozess beginnt mit der Kalachakra-Initiation. In der richtigen Weise ermächtigt, beginnen wir mit der Meditationspraxis der Erzeugungs- und Vollständigkeitsstufe mittels der Buddha-Form namens Kalachakra. Durch diese beiden Stufen gelangen wir zur subtilsten Ebene des Geistes und nutzen sie, um die Wirklichkeit zu sehen. Indem wir mit ihrer Hilfe ununterbrochen auf die Wirklichkeit ausgerichtet bleiben, beseitigen wir die Verwirrung und ihre Triebe für immer und erlangen so die Befreiung von äußeren und inneren Zeitzyklen. Dies ist möglich, weil unser Grundlagen-Tantra – unser individueller Geist des klaren Lichts – jedem Moment unseres Erlebens zugrunde liegt und, wie die Zeit, ohne Ende ist. Wenn unser subtilster Geist erst einmal von der tiefsten Ursache für das Auftreten der Energieimpulse befreit ist, die die Zeitzyklen und das Daranverhaftetsein weitertragen, lässt er stattdessen die erleuchteten Netzwerke eines Buddha, hier in der Form von Kalachakra, entstehen.

Die Verbreitung des Kalachakra

Für die Entscheidung, ob man die Kalachakra-Initiation wählen soll, ist es hilfreich, den Ursprung dieser Lehren und die Geschichte ihrer Verbreitung zu kennen. Man erkennt dann, dass diese Methoden zu allen Zeiten untersucht wurden und sich als effektiv erwiesen haben.

Der Überlieferung nach hat der Buddha das *Kalachakra-Tantra* vor über 2800 Jahren im heutigen Andhra Pradesh in Südindien gelehrt. Die Herrscher des Nordlandes Shambhala waren seine Hauptzuhörer und bewahrten diese Lehren in ihrer Heimat. Im zehnten Jahrhundert unternahmen zwei indische Meister in getrennten Expeditionen den Versuch, Shambhala zu erreichen. Auf dem Weg dorthin hatte jeder von ihnen eine reine Vision dieses Landes, in der sie die Übertragung der Kalachakra-Ermächtigung sowie eine Sammlung von Materialien erhielten. Sie verbreiteten diese Lehren in Indien. Als eines der zuletzt entstandenen Tantra-Systeme erlangte Kalachakra schnell eine herausragende Stellung und Beliebtheit in den klösterlichen Universitäten der zentralen Gangesebene und kurze Zeit später auch in Kaschmir. Schließlich entwickelten sich vier Praxisstile. Kalachakra wurde in Nordburma, auf der malaiischen Halbinsel und in Indonesien gelehrt, doch starb es bis zum 14. Jahrhundert in diesen Ländern wieder aus.

Zusammen mit tibetischen Übersetzern haben indische Lehrer Kalachakra auch nach Tibet gebracht. Es gab drei Hauptübertragungen zwischen dem elften und 13. Jahrhundert, wobei jede Überlieferungslinie eine unterschiedliche Mischung von Aspekten der vier indischen Versionen weitergab und aufgrund der Übersetzung weitere leichte Unterschiede entstanden. Überlieferungslinien, die unterschiedliche Komponenten dieser drei Übertragungen kombinieren, blieben bis auf den heutigen Tag erhalten, zuerst durch die Sakya- und Kagyü- und dann auch durch die Gelug-Tradition. Da die Nyingma-Schule des tibetischen Buddhismus nur indische Texte überträgt, die vor dem neunten Jahrhundert nach Tibet gebracht und übersetzt wurden, gibt es keine direkte Nyingma-Linie des Kalachakra. Allerdings haben spätere Nyingma-Meister, insbesondere die der unsektiererischen Rime-Bewegung des 19. Jahrhunderts, Kalachakra-Ermächtigungen aus den anderen Linien erhalten und weitergegeben, ebenso die niedergeschriebenen Kommentare zu allen Aspekten der Lehren. Darüber hinaus gibt es einen Kalachakra-Stil des Dzogchen beziehungsweise der Praxis der Großen Vollständigkeit.

Innerhalb der vier tibetischen Traditionen ist das Kalachakra-Tantra bei den Gelugpa von herausragender Bedeutung. Studium, Praxis und Rituale des Kalachakra erfuhren erstmals im 15. Jahrhundert besondere Aufmerksamkeit in Tashilhünpo, dem Kloster der frühen Dalai Lamas und später der Panchen Lamas in Zentraltibet. Mitte des 17. Jahrhunderts verbreitete sich die Lehre in dem von den Mandschu bald darauf als «Innere Mongolei» bezeichneten Gebiet, wo die Mongolen das erste Kloster-Kollegium bauten, das speziell der Kalachakra-Praxis gewidmet war. Mitte des 18. Jahrhunderts gab es Kalachakra-Kollegien am Kaiserhof der Mandschu in Beijing, dann in Tashilhünpo, in Amdo (Nordosttibet) und schließlich in der so genannten «Äußeren Mongolei». Während des 19. Jahrhunderts brachten die Tibeter und die Mongolen der Inneren und Äußeren Mongolei das Kalachakra den Burjat-Mongolen Sibiriens, und diese wiederum verbreiteten es am Anfang des 20. Jahrhunderts bei den Kalmück-Mongolen an der Wolga und den sibirischen Turkvölkern von Tuva. Wie schon in anderen mongolischen Gebieten und in Amdo, widmeten sich auch in diesen Regionen große Abteilungen der Hauptklöster der Kalachakra-Praxis.

Der Enthusiasmus der Mongolen und der Menschen aus Amdo und Tuva für Kalachakra erklärt sich vielleicht daraus, dass sie jeweils ihr Land mit dem sagenhaften Nordland Shambhala identifizierten. Auch viele Russen haben durch ihren Kontakt mit den Burjaten und Kalmücken mehr als ein Jahrhundert lang diesem Glauben angehangen. Madame Blavatsky und Nikolai Roerich etwa sprachen Shambhala eine besondere Rolle in der Theosophie und im Agni-Yoga zu, den esoterischen Traditionen, die sie begründeten. Der Gesandte des 13. Dalai Lama am russischen Kaiserhof, Agvan Dorjiev, überredete den letzten Zaren, Nikolaus II., in Sankt Petersburg einen Kalachakra-Tempel zu errichten, indem er ihm die Verbindung zwischen Russland und Shambhala darlegte.

Besondere Aufmerksamkeit wurde Kalachakra auch in den medizinischen und astrologischen Instituten aller vier Traditionen des tibetischen Buddhismus in Tibet selbst, der Mongolei und anderen Teilen Zentralasiens geschenkt. Dies erklärte sich aus der Tatsache, dass die Berechnungen für die Erstellung des tibetischen Kalenders und die Planetenpositionen sowie ein großer Teil der tibetischen Astrologie und in gewissem Maße auch das tibetische medizinische Wissen den äußeren und inneren Kalachakra-Lehren entstammen. Sowohl der mongolische Kalender als auch die astrologischen und medizinischen Systeme wurden in der Folge von den tibetischen abgeleitet. Daher ist Kalachakra so etwas wie die buddhistische Entsprechung eines Schutzpatrons dieser Wissenschaften.

Kalachakra und die Linie der Dalai Lamas

Viele Menschen fragen sich, welche Verbindung zwischen Seiner Heiligkeit dem Dalai Lama und Kalachakra besteht und warum er diese Initiation so oft durchführt. Seine Heiligkeit behauptet bescheiden, es gebe keine besondere Beziehung zwischen der Linie der Dalai Lamas und Kalachakra, obwohl die Dalai Lamas als Inkarnationen eines der Herrscher von Shambhala angesehen werden. Nichtsdestoweniger zeigten der 1., 2., 7., 8. und der gegenwärtige, der 14. Dalai Lama großes Interesse am Kalachakra-System. Seit der Zeit des 7. Dalai Lama, am Beginn des 18. Jahrhunderts, sind Ritual und Meditationspraxis von Kalachakra die Spezialität des Namgyal-Klosters gewesen, des persönlichen Klosters der Dalai Lamas im Potala-Palast in Lhasa.

Bezüglich der Anzahl der Kalachakra-Initiationen eines Meisters existiert keine Begrenzung, und es gibt auch keinen besonderen Grund dafür, dass Seine Heiligkeit der gegenwärtige Dalai Lama sie so häufig überträgt. Seine Heiligkeit sagte, er tue dies gern, wenn er darum gebeten werde, vorausgesetzt, die

Umstände seien förderlich. Seit 1970 hat er die Ermächtigung an zahlreichen Orten in Indien, Nordamerika, Europa, der Mongolei und Australien übertragen. Ähnliches gilt für andere große Meister der Gelug-, Kagyü-, Sakya- und Nyingma-Tradition. Es macht kaum einen Unterschied, von welcher Linie die Kalachakra-Initiation vorgenommen wird. Sie alle ermächtigen uns, das umfassende Feld dieser Lehren zu studieren und zu praktizieren.

Kalachakra und Weltfrieden

Man hört immer wieder, die Kalachakra-Initiation sei nützlich für den Weltfrieden. Einige Leute ziehen sogar Kalachakra anderen Anuttarayoga-Tantra-Systemen aufgrund dieser Assoziation vor. Worin aber besteht die Verbindung zwischen Kalachakra und Frieden, und warum nehmen so viele Menschen an der Zeremonie teil? Obwohl Ermächtigungen anderer Tantras nur für eine geringe Anzahl von Schülern zur selben Zeit gedacht sind, gibt es eine historische Tradition, die Kalachakra-Initiation auf große Menschenansammlungen zu übertragen. Der Buddha erteilte sie zuerst dem König von Shambhala und seiner Begleitung von sechsundneunzig Nebenherrschern. Von ihren Nachfolgern wurde sie weiter auf die gesamte Bevölkerung von Shambhala mit dem Ziel übertragen, sie zu vereinen und somit die Gefahr einer Invasion abzuwenden. Dies ist der Ursprung der Verknüpfung der Kalachakra-Initiation mit dem Weltfrieden und der Grund für die Tradition, sie auf eine große Anzahl von Teilnehmern zu übertragen.

Gemäß der Kalachakra-Darstellung geschichtlicher Zyklen fallen barbarische Horden periodisch über die zivilisierte Welt her und versuchen, alle Möglichkeiten spiritueller Praxis zu eliminieren. Eine zukünftige Invasion ist für das Jahr 2424 des gegenwärtigen Zeitalters vorhergesagt, von dem es heißt, dass in ihm ein neuer brutaler Weltkrieg stattfinden werde. Zu dieser Zeit wird von Shambhala Hilfe kommen, und die Barbaren werden geschlagen werden. Ein neues goldenes Zeitalter wird heraufziehen, das für die spirituelle Praxis besonders förderlich sein wird, insbesondere für die Praxis von Kalachakra. All jene, die zuvor die Kalachakra-Initiation erhalten haben, werden zu dieser Zeit auf der siegreichen Seite wiedergeboren. Obwohl die höchste Motivation beim Erhalt der Ermächtigung darin besteht, befähigt zu werden, die Kalachakra-Methoden anzuwenden, um noch in diesem Leben die Erleuchtung zu erlangen, strömten die Menschen traditionell in Scharen zur Initiation, um karmische Samen mit dem Ziel zu pflanzen, sich mit dem zukünftigen goldenen Zeitalter zu verbinden und die Praxis dann zu vollenden.

Shambhala

Da Shambhala eine herausragende Rolle im Kalachakra-System spielt, gibt es ein großes Interesse daran, zu erfahren, was Shambhala tatsächlich ist und wo es sich befindet. Es gibt keinen Zweifel daran, dass der westliche Romanschreiber James Hilton den Mythos von Shangri-La – einem versteckten irdischen Paradies – aus einer Verdrehung des Namens «Shambhala» abgeleitet hat. Auch wenn es auf dieser Welt einen Ort geben mag, der Shambhala repräsentiert, ist dieser nicht das eigentliche sagenhafte Land. Shambhala kann auf diesem Planeten nicht gefunden werden, auch nicht in einer entfernten Welt. Es handelt sich dabei um einen Bereich, in dem alles förderlich ist für die spirituelle Praxis, insbesondere für die von Kalachakra.

Meditationsmeister haben sowohl auf Sanskrit als auch auf Tibetisch Anleitungen für die Reise nach Shambhala verfasst. Daran wird diese Reise als eine nur bis zu einem gewissen Punkt körperliche beschrieben. Man muss Millionen von Mantras rezitieren und andere spezielle Praktiken durchführen, um am letztendlichen Ziel anzukommen. Die Reise nach Shambhala ist also vor allem eine spirituelle. Das Ziel einer Kalachakra-Initiation ist nicht, Shambhala zu erreichen oder dort wiedergeboren zu werden, sondern, wie bei allen buddhistischen Praktiken des Mahayana oder «Großen Fahrzeugs», die Erleuchtung hier und jetzt zum Wohle aller zu erlangen. Die Ermächtigung pflanzt hierfür die Samen, die uns befähigen, dieses Ziel auch zu erreichen, und hilft uns, einige der gröberen inneren Hindernisse zu beseitigen, die dies verhindern.

Vorbereitungen für den Erhalt der Ermächtigung

Angenommen, wir entwickeln auf der Grundlage, dass wir etwas über die besonderen Inhalte seiner Lehren, seine Geschichte und seinen Bezug zum Weltfrieden wissen, Interesse an Kalachakra. Dann müssten wir trotzdem erst noch entscheiden, ob wir zum Erhalt der Ermächtigung und zur Ausführung ihrer Praxis tatsächlich bereit sind oder ob es besser ist, als gut informierte Beobachter an der Zeremonie teilzunehmen. Die vernünftigste Vorgehensweise ist die, seine Entscheidung vom Grad seiner Vorbereitung abhängig zu machen. Zwar sind hunderttausende von Niederwerfungen, Wiederholungen des Hundert-Silben-Mantra von Vajrasattva und so weiter äußerst hilfreich, aber die Hauptvorbereitung besteht im Üben des Lamrim – der gestuften Pfade des Verhaltens, Kommunizierens, Denkens und Fühlens, die zur Erleuchtung führen.

Der erste Schritt besteht darin, eine sichere, vernünftige und positive Richtung im Leben einzuschlagen, wie sie von den Buddhas, ihren Lehren und der Gemeinschaft derer, die in dieser Richtung weit fortgeschritten sind, vorgegeben werden. Was gewöhnlich mit «Zuflucht nehmen» übersetzt wird, bedeutet, in dieser Richtung an uns selbst zu arbeiten, um einerseits unsere Probleme zu lösen und andererseits die Fähigkeiten und Qualitäten zu erlangen, die notwendig sind, um anderen so umfassend wie möglich helfen zu können. Indem wir unserem Leben diese Richtung geben, handeln wir auf der Grundlage von Verstehen und Vertrauen auf die Gesetze von Ursache und Wirkung in Bezug auf unser Verhalten. Um Leiden und Probleme zu vermeiden, unterlassen wir es, zerstörerisch zu handeln, und um Glück zu erleben, handeln wir in einer konstruktiven Art und Weise.

Die wichtigste Vorbereitung für die Tantra-Praxis ist die Entwicklung der drei grundlegenden Einstellungen des Pfades: Entsagung, Bodhichitta und das Verständnis von Leerheit. Entsagung ist die Bereitschaft, sich von Problemen und ihren Ursachen zu lösen, und gründet auf dem festen Entschluss, von den Leiden frei zu werden, die sie mit sich bringen. Wenn man es zum Beispiel satt hat, einsam und frustriert zu sein, ist man entschlossen und bereit, nicht nur seine ungesunden Beziehungen zu anderen aufzugeben, sondern auch seine negativen Persönlichkeitsstrukturen sowie das verwirrte und verzerrte Selbstbild, worunter die Beziehungen zu anderen so sehr leiden. Bodhichitta ist ein Herz, das sich ganz dem Erlangen der Erleuchtung – der Beseitigung aller Unzulänglichkeiten und der Verwirklichung aller Potenziale – zum Wohle aller verschrieben hat. Es ist motiviert von Liebe und Mitgefühl gegenüber allen Lebewesen sowie von dem Bestreben, ihnen so weit wie möglich bei der Lösung ihrer Probleme und dem Erlangen von bleibendem Glück zu helfen. Leerheit bedeutet die Abwesenheit von phantasierten Existenzweisen.

Für gewöhnlich betrachten wir uns selbst, die anderen und alle Phänomene als in einer Weise existierend, die der Wirklichkeit nicht entspricht. Wir erzeugen mit unserem Geist Phantasien auf unterschiedlichen Subtilitätsebenen und projizieren sie auf uns selbst sowie auf alles und jeden um uns herum. Einerseits bilden wir uns zum Beispiel ein, als ewige Verlierer geboren zu sein, dass wir es nie fertig bringen werden, eine befriedigende Beziehung zu irgendjemandem aufzubauen und aufrechtzuerhalten, und dass die andere Person niemals Fehler gemacht hat, wenn die Sache schief geht. Auf einer noch subtileren Ebene sind wir ganz auf uns selbst fixiert und denken, dass wir als ein festes «Ich» existieren, das sich in unserem Kopf befindet, und wir befürchten, dass es niemand mögen und jeder ablehnen wird. Indem wir diese Hirngespinste mit der Wirklichkeit verwechseln, handeln wir aus der Unwissenheit und Unsicherheit heraus, die jene erzeugt haben. Sogar noch bevor irgendein Konflikt auftritt, sind wir so nervös und gehemmt, dass dies das Fehlschlagen der Beziehung sicherstellt. Unser Verhalten bildet und verstärkt nicht nur ein Muster karmischer Potenziale für

Probleme, die in zukünftigen Beziehungen reifen, sondern es führt auch zum Heranreifen vergangener Potenziale in Form von Zurückweisung in der Gegenwart.

Bevor wir mit der tantrischen Praxis beginnen können, müssen wir zumindest bezüglich der gröbsten Ebenen unserer Projektionen verstehen, dass sie sich auf nichts Reales beziehen. Niemand wird als Verlierer geboren, und keine Beziehung ist von vornherein zum Scheitern verurteilt. Ein solches Verständnis entwickelt sich aus der «korrekten Sichtweise» der Leerheit in Übereinstimmung mit mindestens einem der Mahayana-Philosophiesysteme, die der Buddha gelehrt hat, dem Chittamatra-System oder einem der verschiedenen Madhyamaka-Systeme. Entsprechend diesen Systemen sind nicht nur wir selbst, sondern alles leer davon, in phantasierter Art und Weise zu existieren. Die jeweiligen Systeme unterscheiden sich hauptsächlich hinsichtlich der Subtilitätsebene der Phantasien, die sie ansprechen.

Als weitere Vorbereitung für die Ausübung von Tantra sind Vertrauen und Zuversicht in die tantrischen Methoden im Allgemeinen und insbesondere in die der höchsten Tantraklasse, des Anuttarayoga, vonnöten. Man muss davon überzeugt sein, dass diese die wirksamsten Mittel zum Erlangen der Erleuchtung darstellen. Jeder, der dieses Vertrauen hat und über den geistigen Bezugsrahmen der drei grundlegenden Pfade sowie einen Lamrim-Hintergrund verfügt, wird als «geeignetes Gefäß» für den Erhalt der Kalachakra-Ermächtigung bezeichnet. Es ist an uns, zu beurteilen, ob wir ausreichend vorbereitet sind.

Die Initiation

Der Initiationsprozess zieht sich über mehrere Tage hin, wobei der erste Tag einer Vorbereitungszeremonie vorbehalten ist, gefolgt von üblicherweise zwei oder drei Tagen der eigentlichen Ermächtigung. Der wichtigste Teil der einleitenden Prozeduren ist das Zuflucht-Nehmen und das Nehmen der Bodhisattva-

und der tantrischen Gelübde. Ohne aktiv alle drei genommen zu haben, können wir die Ermächtigung nicht erhalten, obwohl wir natürlich zuschauen und großen Nutzen hieraus ziehen können. Die Ermächtigung selbst ist ein komplexer Vorgang, bei dem wir uns vorstellen, wie wir uns in eine Reihe spezieller Ausformungen verwandeln, bevor wir in das Mandala der Buddha-Form Kalachakra eintreten und darin eine Abfolge von Reinigungen sowie das Erwecken und Verstärken von Potenzialen für eine zukünftige erfolgreiche Praxis erleben. Das Mandala ist ein enormer vielstöckiger Palast, in dem und um den herum sich 722 Gestalten versammelt haben, einschließlich eines Hauptpaars im Zentrum. Der Meister, der die Ermächtigung überträgt, erscheint gleichzeitig als alle diese Gestalten, nicht nur als die im Zentrum. Daher visualisieren wir während des gesamten Prozesses uns selbst, unseren Lehrer und unsere Umgebung auf eine höchst besondere Weise.

Die Schritte der Initiation sind extrem verschlungen, und wenn man damit nicht vertraut ist, können die damit verbundenen Visualisationen ziemlich verwirrend sein. Wenn wir aber, als geeignetes Gefäß, die Gelübde mit voller Ernsthaftigkeit nehmen und mit starkem Vertrauen zumindest fühlen, dass all die Visualisationen tatsächlich auftreten, können wir zuversichtlich sein, dass wir die Ermächtigung erhalten. Wenn wir erst einmal diese Basis gelegt haben, besteht der nächste Schritt darin, nach weiteren Anweisungen zu suchen und sie zu erhalten und dann so ernsthaft wie möglich danach zu streben, den vollständigen Pfad zur Erleuchtung zu beschreiten, wie er im *Kalachakra-Tantra* präsentiert wird.

3

ÄUSSERES KALACHAKRA

Kalachakra – das klare Tantra

Lassen Sie uns einen Blick in das umfangreiche Material des *Kalachakra-Tantra* selbst werfen. Es ist nicht notwendig, es intensiv zu studieren, um der Initiation als aktiver Teilnehmer oder als Beobachter beizuwohnen. Dennoch hilft eine gewisse Bekanntschaft damit, das große Spektrum der in den Kalachakra-Lehren enthaltenen Themen und den damit verbundenen Nutzen schätzen zu lernen. Dieser alte Text beinhaltet eine große Menge praktischer Ratschläge für Menschen und Gesellschaften, die auch heute noch relevant sind. Er stellt nicht nur eine veritable Enzyklopädie hoch entwickelter Techniken zum Erlangen der Erleuchtung dar, sondern bietet ebenso Sozialkommentare und wissenschaftliche Analysen.

Kalachakra wird als das klare Tantra bezeichnet, wohingegen die anderen Anuttarayoga-Tantras als «dunkel» gelten. Der Hauptgrund für diese Unterscheidung betrifft die vierte Initiation, die uns dazu ermächtigt, die beiden Wahrheitsebenen bezüglich der Wirklichkeit gleichzeitig und direkt wahrzunehmen. Das Kalachakra-System formuliert die beiden Wahrheiten als den Geist des klaren Lichts, erzeugt als unveränderliches glückseliges Gewahrsein der Leerheit von allem, und als die

Erscheinung, die solch ein Geist auftreten lässt. In anderen Anuttarayoga-Systemen erklären die Worte dieser Ermächtigungsstufe die Einheit beider Ebenen nicht direkt, sondern nur durch Analogie. Die Kalachakra-Initiation andererseits erläutert diese Einheit explizit. Tatsächlich lassen sich durch Kalachakra, obwohl es sich in vielerlei Hinsicht von anderen Anuttarayoga-Systemen unterscheidet, oft enigmatische Punkte in den Texten dieser Systeme erhellen. Darüber hinaus ist das ganze *Kalachakra-Tantra* in einer klaren Sprache abgefasst, anders als die sonstigen Tantras, die ein ausführliches Schema zur Decodierung der vielen Bedeutungsebenen erfordern, die sich hinter ihrem knappen, poetischen Stil verbergen.

Die Textüberlieferung

Wie kam es zur Niederschrift des *Kalachakra-Tantra*? Der Tradition zufolge war Suchandra, der König von Shambhala, der Hauptschüler der ersten Kalachakra-Initiation. Danach verfasste er in seiner eigenen Sprache und in Versform das «Wurzel-Kalachakra-Tantra» sowie einen ausführlichen Kommentar hierzu. Hierbei unterstützte ihn ein Grammatiker, der absichtlich einige Fehler bei der Metrik und der Verszählung machte. Dies tat er mit dem Ziel, dem König und den Leuten der damaligen Zeit bei der Beseitigung ihrer Anhaftung an Regelmäßigkeit und strenge Formalien zu helfen. Obwohl das Kalachakra-Material mit seinen äußeren, inneren und alternativen Zyklen vor Symmetrie nur so strotzt, ist es wichtig, sich nicht zum Sklaven der Ordnung zu machen und nicht zu erwarten, dass alles im Universum nett und regelmäßig ist oder dass wir immer über alles die Kontrolle haben werden. Wie Sharpa Rinpoche, einer meiner tibetischen Mentoren, einmal sagte: «Symmetrie ist dumm.» Denn obwohl sich viele Dinge in dieser Welt tatsächlich analog zueinander verhalten, leben wir in einem Traum falscher Erwartungen, wenn wir darauf bestehen, dass alles symmetrisch und daher kontrollierbar zu sein hat. Bloß weil es vom einen fünf gibt, folgt daraus nicht, dass es auch fünf von etwas anderem gibt. Es finden sich immer wieder Ausnahmen.

Auf Suchandra folgten sechs Generationen von Königen, bevor Manjushri-Yashas den Thron von Shambhala erbte und der erste von fünfundzwanzig Kalki-Herrschern – bzw. Hütern der Kaste – wurde. Er stellte das «Gekürzte Kalachakra-Tantra» zusammen, und sein Sohn und Nachfolger Pundarika schrieb einen Kommentar hierzu, das «Makellose Licht». Dies sind die beiden Grundtexte, die die Seher Chilupa und Kalachakrapada der Ältere nach Indien brachten und die bis zum heutigen Tag erhalten geblieben sind. Sie haben jeweils fünf Kapitel. Die beiden ersten betreffen die äußeren beziehungsweise inneren Zeitzyklen, während die drei letzten die alternativen Zyklen darstellen. Das dritte Kapitel beschäftigt sich mit der Ermächtigung, das vierte mit der Erzeugungsstufe und das fünfte mit der vollständigen Stufe sowie dem Erlangen der Erleuchtung. Alle späteren Kommentare folgen diesem fünfteiligen Aufbau. Lassen Sie uns den Inhalt dieser Kapitel im Kontext der reichen Sanskrit- und der tibetischen Kalachakra-Literatur betrachten.

Beschreibung des Universums

Das erste Kapitel des «Gekürzten Kalachakra-Tantra» beginnt mit einer Erklärung der Methoden, die zur Entstehung des «Wurzel-Tantra» führten, und präsentiert den Aufbau dieses monumentalen Werkes. Danach wird berichtet, wie Buddha die erste Ermächtigung dem König Suchandra gab und wie dieser die Lehren nach Shambhala brachte. Um Shambhala lokalisieren zu können, wendet sich der Text nun geographischen Fragen zu, ausgehend von einer Darstellung des Universums.

Die Beschreibung des Universums im Kalachakra weicht beträchtlich von derjenigen in dem anderen Hauptsystem der buddhistischen Metaphysik ab, dem Abhidharma, den «Themen besonderen Wissens». Es gibt natürlich auch Punkte, die beiden Systemen gemeinsam sind und die sich auch in nichtbuddhistischen indischen Beschreibungen finden, darunter die Vorstellung von zahlreichen Universen, die alle anfangslose, vierteilige Zyklen der Formierung, der Stabilisierung, der Auflösung und des Leerseins durchlaufen, und dies zu von Universum zu Universum unterschiedlichen Zeiten; weiterhin der Gedanke, dass jedes Universum einen zentralen Berg besitzt, den Berg Meru, der von Kontinenten, Himmeln und Höllen umgeben ist. Die Hauptunterschiede zwischen den beiden Systemen betreffen die Einzelheiten des vierteiligen Zyklus sowie die Gestalt und Ausdehnung des Universums, des Berges Meru und der Kontinente. Es ist bezeichnend, dass der Buddhismus zwei Beschreibungen des Universums vorlegt. Beide sind gültig für ein je unterschiedliches Ziel, und in keinem der beiden Fälle ist das Ziel die Navigation eines Schiffes.

Der Sinn des Bildes vom Universum im Abhidharma besteht darin, dem Praktizierenden beim Entwickeln von unterscheidendem Gewahrsein zu helfen, indem man mit komplexen Systemen mit vielfältigen Variablen arbeitet. Der Zweck der Kalachakra-Version ist ein ganz anderer. Hier geht es darum, ein buddhistisches Äquivalent einer vereinigten Feldtheorie zu entwerfen, das die Struktur und Abläufe des Kosmos, der Atome, des menschlichen Körpers und des Erlebens der Wiedergeburt in einer parallelen Weise erklärt. Die Notwendigkeit einer solchen Theorie rührt daher, dass eine umfassende Grundlage vorhanden sein muss, die so viel wie möglich von Samsara abdeckt und auf die wir die Meditationspraktiken des alternativen Kalachakra zum Erlangen von Befreiung und Erleuchtung ausrichten können.

Die Beschreibung der äußeren und inneren Welten mit den Parallelen, die zwischen ihnen bestehen, offenbart die beiden zugrunde liegende Basis – den Geist des klaren Lichts. Die Karma-Winde, denen die Impulse für die Entfaltung eines bestimmten Universums zu verdanken sind, entstammen dem kollektiven Karma im Geist des klaren Lichts früherer Lebewesen. Dieser Geist des klaren Lichts bleibt auch während der leeren Äonen zwischen den Universumsepochen erhalten. Ganz ähnlich gehen die Karma-Winde, die die Impulse für das Auftreten einer spezifischen Wiedergeburt bereitstellen, auf das individuelle Karma im Geist des klaren Lichts eines bestimmten Lebewesens zurück. Dieser Geist des klaren Lichts setzt sich ebenfalls fort während der Bardo-Perioden zwischen den Wiedergeburten.

Meditation in Analogie zu den Zyklen, durch die die äußeren und inneren Welten hindurchgehen – und insbesondere in Analogie dazu, wie jeder dieser Zyklen periodisch zu seiner Grundlage des klaren Lichts zurückkehrt –, stellt ein Mittel dar, um zu eben dieser Grundlage vorzudringen. Dies ist ein einzigartiges Merkmal der Anuttarayoga-Tantra-Technik. Sobald man Zugang zum Geist des klaren Lichts hat, ist es möglich, die notwendigen Änderungen vorzunehmen – namentlich durch die Ausrichtung auf die Leerheit, um die Verwirrung und deren Instinkte zu eliminieren, die diesen verdecken –, sodass keine Probleme und Leiden mehr auftreten, die mit den äußeren und inneren Zyklen verbunden sind. Darin liegt der tiefste Grund dafür, dass die Proportionen und die Gestalt des Universums, des menschlichen Körpers sowie des Mandala und des Körpers der Buddha-Form Kalachakra alle gleich sind.

Raumpartikel und der Ursprung eines Universums

Besonders interessant an der Darstellung des Universums im Kalachakra ist die Beschreibung von Raumpartikeln. Das *Kalachakra-Tantra* äußert sich ausführlich über atomare Partikel und die sechs Elemente – Erde, Wasser, Feuer, Wind, Raum und Bewusstsein bzw. tiefes Gewahrsein. Dieses letzte Element ist nicht physisch und entspricht dem ursprünglichen Geist des klaren Lichts, der Grundlage für die anderen, gröberen Elemente. Entsprechend den fünf gröberen Elementen gibt es fünf Arten von atomaren oder subatomaren Partikeln – Erdpartikel, Wasserpartikel usw. –, jedes subtiler als das vorhergehende. Am subtilsten sind die Raumpartikel, die kleinsten Bauteile der Materie. Wenn die vier gröberen Partikel manifest sind, bilden die Raumpartikel den Raum zwischen ihnen.

Diese Raumpartikel sind im Kalachakra eng mit dem Ursprung eines Universums verbunden. Diese Vorstellung hat das Interesse der Wissenschaftler geweckt, weil sie an moderne Ideen hinsichtlich der Struktur des Universums erinnert. Nach dem gegenwärtigen Stand der Wissenschaft begann das Universum mit einem Urknall, dehnte sich mittels Teilchen und Atomen aus, die zunehmend komplexer werden, und zieht sich womöglich wieder zusammen, um in einem «Big Crunch» zu enden. Ähnlich werden im Kalachakra Äonen der Formation beschrieben, in denen sich atomare Partikel miteinander verbinden, gefolgt von Äonen des Andauerns und von Äonen der Auflösung. Von besonderem Interesse ist der Zeitraum zwischen diesen Zyklen. Im Buddhismus werden diese Perioden als «leere Äonen» bezeichnet. In der modernen Wissenschaft kommt dem am nächsten die Periode, in der sich eine Galaxie zu einem Schwarzen Loch zusammenzieht. Dem Abhidharma zufolge existieren die Grundelemente während der leeren Äonen nur in potenzieller Form. Das Kalachakra allerdings lehrt, dass in dieser Periode nur ein Raumpartikel existiert, das aus einer Spur der gröberen Elementarteilchen eines Universums besteht, die nicht mehr miteinander verbunden sind. Wissenschaftlich ausgedrückt, ist dies eine Situation, in der die normalen Gesetze der Physik nicht mehr gelten – wie im Falle eines Schwarzen Lochs.

Ein leeres Äon endet, wenn durch die Kraft karmischer Winde, die von den Handlungen von Lebewesen früherer Äonen stammen, ein Impuls auftritt, der die subatomaren Partikel sich erneut vereinigen lässt und die normalen Gesetze der Physik wieder in Kraft setzt. So ist das Raumpartikel eines bestimmten Universums während des leeren Äons so etwas wie der superkonzentrierte Kern von dessen Materie, aus dem dessen nächste Expansionsphase erwächst. Diese Darstellung ist insbesondere im Lichte der Entdeckung interessant, dass ein Schwarzes Loch Strahlung emittiert, wenn Materie in ihm zusammenfällt, und deutet auf eine Beziehung zwischen dem Lebenslauf einer Galaxie und des Universums im Allgemeinen hin. Noch faszinierender ist, dass die inneren Kalachakra-Lehren von einem parallelen Prozess ausgehen, den jeder Mensch zwischen Tod und Wiedergeburt erfährt.

Der Ort von Shambhala

Genauso wie die moderne Wissenschaft Galaxien und Universen ein Zentrum zuschreibt, um das sich alles dreht, stellt das Kalachakra jedes Universum mit einer Achse dar, allerdings in Form eines Berges mit dem Namen Meru. Die Kontinente sind kreisförmig um diesen zentralen Berg herum angeordnet, drehen sich aber nicht um ihn. Sie verbleiben an ihrem Standort, während Sonne, Mond, Planeten und Sterne über ihnen rotieren. Die Landmasse ist in zwölf Kontinente aufgeteilt, entsprechend der Einteilung der Ekliptik in die zwölf Zeichen des Tierkreises. Die Ekliptik ist jenes Band am Himmel, durch welches sich die Sonne, der Mond und die Planeten bewegen. Die Nordhälfte des südlichen Kontinents wird in sechs Regionen eingeteilt, in der Art horizontaler Streifen, wobei Indien die südlichste bildet. Shambhala ist die fünfte dieser Regionen.

Im ersten Kapitel werden die Berechnungen zur Feststellung der Länge des kürzesten Wintertages in den sechs Regionen wiedergegeben. Davon ausgehend kann man Shambhala mit der Region um den Kailash identifizieren, dem Berg in Südwesttibet, der sowohl Hindus als auch Buddhisten heilig ist. Dies macht insofern Sinn, als in der tibetischen Etymologie *shambhala* «Aufenthalt der Glückseligkeit» bedeutet, ein Synonym sowohl für den Hindu-Gott Shiva als auch für die Buddha-Form Heruka. Im Hinduismus gilt der Kailash als der Sitz Shivas, im Buddhismus als der Hauptort Herukas. Einige Gelehrte identifizieren die drei Regionen zwischen Indien und Shambhala – Bhotia, Li und Chin – mit Tibet, Khotan und China und nehmen an, dass Shambhala irgendwo in Ostturkestan liegt (dem Autonomen Gebiet Xinjiang des modernen China), aber das scheint in die Irre zu führen. Diese drei Namen werden auch für Terai, das Kathmandu-Tal und Dolpo in Süd-, Zentral- und Nordwestnepal verwendet. Die Bezeichnung der sechsten Region, Himavan beziehungsweise Schneeland, ist ein üblicher Name für Tibet.

Der Kailash ist jedenfalls nicht das wirkliche Shambhala, sondern repräsentiert Shambhala nur auf dieser Welt. Das *Kalacha-*

kra-Tantra spricht von vier heiligen Orten um den Vajrasana (Bodh-Gaya), wo der Buddha die Erleuchtung erlangte: der Berg der fünf Gipfel im Osten, der Berg Potala im Süden, Shambhala im Norden und Oddiyana im Westen. Dies sind der Reihe nach die besonderen Orte in Verbindung mit Manjushri, Avalokiteshvara, den Kalki-Herrschern und Guru Rinpoche. Sie können mit dem Wutaishan in Nordchina, der Vindhya-Kette in Südindien, dem Kailash in Südwesttibet und Swat in Nordpakistan identifiziert werden. Wenn wir diese Orte allerdings aufsuchen, finden wir dort weder diese hohen Wesen selbst noch irgendwelche Spuren von ihnen. Wie bereits gesagt, ist die Reise nach Shambhala eine spirituelle, keine physische.

Drohende Invasion

Das erste Kapitel fährt fort mit einer Beschreibung der Geschichte Shambhalas, insbesondere der Zeit des ersten Kalki-Herrschers Manjushri-Yashas, in der die Drohung einer Invasion durch barbarische Horden über dem Land lag. Obwohl die Lehren des Kalachakra bereits seit sieben Jahrhunderten in Shambhala bekannt waren, wurden sie fast ausschließlich am königlichen Hof studiert und praktiziert. Die meisten Menschen waren Hindus, doch der Hinduismus war im Niedergang begriffen. Die Kastenunterschiede waren sehr ausgeprägt. Der König erkannte, dass es unmöglich sein würde, einer Invasion zu widerstehen, wenn die Menschen noch nicht einmal bereit waren, miteinander zu essen. Er beschloss daher, sämtliche Kasten in einer einzigen zu vereinen, indem er alle zu «Vajra-Brüdern und -Schwestern» machte. Er tat dies, indem er die gesamte Bevölkerung in dem riesigen Kalachakra-Mandala-Palast versammelte, den seine Vorfahren im königlichen Garten errichtet hatten, und die Ermächtigung auf diejenigen übertrug, die teilnehmen wollten. Der Rest schaute zu.

Das Ziel des Königs war nicht, alle zum Buddhismus zu bekehren. Vielmehr erklärte er, dass allen Religionen die gleichen ethischen Prinzipien zugrunde lägen, dass aber diese, wenn die Menschen ihre Religion nicht auf die rechte Weise ausüben würden, nichts mehr wert seien. Er rief seine Leute dazu auf, zu der reinen Lehre ihrer Religion zurückzukehren. Nur so lasse sich der drohenden Demoralisierung der Gesellschaft begegnen. Der Aufruf des Königs zu Einheit und Frieden ist auch heute noch aktuell. Die Beobachter einer Kalachakra-Initiation sind nicht aufgefordert, ihre eigene Religion aufzugeben, sondern gemäß deren Idealen zu leben und in Brüder- und Schwesterschaft sich mit anderen zu vereinigen, die dies ebenfalls tun.

Barbarische Horden

Einige Gelehrte identifizieren die im Kalachakra erwähnten Barbaren mit den Muslimen, aber das ist eine übereilte, ja unverantwortliche Schlussfolgerung. Das Sanskrit-Wort für «Barbar», *mleccha*, bedeutet eine Person, die eine andere Sprache als Sanskrit spricht, Rindfleisch isst und sich ungehobelt verhält. Die Inder haben diesen Begriff für alle Invasoren verwendet, angefangen bei Alexander dem Großen. Wenn wir uns die Weltgeschichte anschauen, dann scheint es tatsächlich zyklisch auftretende Invasionen von Barbaren zu geben, die spiritueller Freiheit feindselig gegenüberstehen. Obwohl die Kalachakra-Literatur viele Merkmale der Barbaren beschreibt, die darauf hindeuten, dass es sich um ein islamisches Volk handelt – wie zum Beispiel, dass ihre Tradition in Mekka begründet wurde, dass sie ein Zentrum in Bagdad besitzen, dass die Männer beschnitten werden, dass Frauen Schleier tragen, dass es spezielle religiöse Methoden zur Schlachtung von Herdentieren gibt –, scheint damit nicht der Islam im Allgemeinen gemeint zu sein.

Während des frühen abassidischen Kalifats und besonders während der zweiten Hälfte des achten und zu Beginn des neunten Jahrhunderts griffen fanatische Gruppen die orthodoxen sunnitischen Muslimherrscher in Bagdad, Samarkand und anderen Orten an und versuchten, die Dynastie zu stürzen.

Diese Leute folgten einer Religion, die sie selbst als Islam bezeichneten, die aber tatsächlich ein Kult war, der die reinen Lehren des Koran verfälschte, indem er sie mit anderen Doktrinen vermischte, einschließlich jener des Manichäismus. Die Tatsache, dass die Literatur des Kalachakra in einer Liste der Propheten der Barbaren nicht nur Adam, Moses, Jesus, Mohammed und den zukünftigen Messias, den Mahdi, aufführte, sondern auch Mani, den Begründer des Manichäismus, deutet darauf hin, dass die Barbaren tatsächlich eine dieser terroristischen Gruppierungen waren. Nach ihrer Niederlage zogen viele von ihnen in das heutige Nordafghanistan, wo sie auf eine multireligiöse Gesellschaft aus Buddhisten, Hindus, Zarathustra-Anhängern und Muslimen trafen. Ihre Ankunft wurde sicherlich als eine potenzielle Barbareninvasion angesehen, und ein Aufruf an alle, in Harmonie zusammenzukommen und in reiner Weise den ethischen Prinzipien der eigenen Religion zu folgen, wäre auch an die örtlichen Muslime gerichtet gewesen. Das ist ein wichtiger Punkt, den wir uns gerade heute vor Augen halten müssen. Jede Religion hat ein fanatisches, fundamentalistisches, terroristisches Element. Doch die politischen Händel kleiner Gruppen dürfen nicht mit den reinen, ursprünglichen Lehren der Mutterreligion vermischt werden.

Die buddhistische Antwort auf Terror und Gewalt besteht in einer Gesellschaft ethischer Solidarität. Dies ist nicht auf den Buddhismus beschränkt. Heutzutage fordern viele religiöse und politische Führer rund um den Erdball die Rückkehr zu den grundlegenden ethischen Werten. König Manjushri-Yashas gab seinem Volk den Rat, die eigenen Bräuche und die der Barbaren zu untersuchen. Wenn zwischen beiden Ähnlichkeiten bestünde, würden Kinder und Enkel keinen großen Unterschied sehen zwischen der Lebensweise ihrer Vorväter und der der Barbaren. Wäre dies der Fall, würden sie die Herrschaft der Barbaren viel eher akzeptieren. Manjushri-Yashas glaubte, dass wir, wenn wir angesichts von Bedrohungen immer sofort gewalttätig werden, uns in keiner Weise anders verhalten als die Barbaren. Wir müssen nach friedlichen Lösungen suchen.

Bedeutungsebenen Shambhalas

Aus Sicht eines modernen Historikers ist Shambhala somit am ehesten im heutigen Nordafghanistan zu suchen. Die Tatsache, dass die großen buddhistischen Klöster dieser Gegend den Gepflogenheiten des vorislamischen iranischen Hofs folgten und die zwölf Tierkreiszeichen rund um die Decke der Haupthalle anbrachten, stützt diese Hypothese zusätzlich. Gestalten, die die zwölf Tierkreiszeichen repräsentieren, umgeben auch das Kalachakra-Mandala. Je nach Zielsetzung unterscheiden sich die Beschreibungen von Shambhala wie schon zuvor die Beschreibungen des Universums. Wenn es um die Erklärung der Berechnung der Länge des kürzesten Tages im Jahr geht, so ist es die Gegend um den Berg Kailash. Stehen historische Zyklen von Invasionen zur Debatte, so ist es Nordafghanistan. Im Zusammenhang mit dem spirituellen Ziel ist es ein Geisteszustand, der nur durch intensive Meditationspraxis erreicht werden kann. Shambhala ist also lediglich ein Name, der verschiedenen Orten gegeben wurde, um bestimmte Anforderungen zu kennzeichnen. Letztlich ist es nirgends zu finden.

Wichtig ist das Verständnis dieses Punktes vor allem deshalb, weil es den Argwohn bezüglich des Ursprungs und der Gültigkeit der Kalachakra-Praktiken beseitigt. Die Überlieferung besagt, dass der Buddha das Kalachakra vor 2800 Jahren lehrte, dass es in Shambhala aufbewahrt wurde und in Indien durch eine mittels einer Vision erfolgten Übertragung wieder eingeführt wurde. Den meisten modernen Menschen kommt das eher unglaubwürdig vor, und sie bezweifeln, dass es sich bei Kalachakra um eine authentische Lehre des Buddha handelt.

Der indisch-buddhistische Meister Dharmakirti, der im siebten Jahrhundert lebte, hat hierzu erklärt: Wenn eine Lehre mit den Erläuterungen des Buddha übereinstimmt und hilft, das Ziel der Befreiung oder Erleuchtung zu erreichen, lässt sich sagen, dass ihre Quelle der allwissende Geist eines Buddha ist, ob sie nun vom historischen Buddha stammt oder nicht. Für den Zweck, Vertrauen zu einem allwissenden Geist zu fassen, können wir daher die Quelle der Kalachakra-Lehren als Buddha und Shambhala bezeichnen. Zum Zwecke der historischen

Analyse können wir die buddhistischen Klöster des neunten Jahrhunderts in Nordafghanistan als ihren Ausgangsort postulieren. Aus dem Blickwinkel der Leerheit und des abhängigen Entstehens liegt da kein Widerspruch vor. Da die Kalachakra-Lehren mit anderen vom Buddha gelehrten Systemen übereinstimmen und ihre Praxis ganz gewiss die gewünschten Erfolge zu bringen imstande ist, wie dies durch Seine Heiligkeit den Dalai Lama und andere große zeitgenössische Kalachakra-Meister bezeugt wird, können wir versichert sein, dass die Ermächtigung der Zugang zu einem verlässlichen spirituellen Pfad ist.

Die Nutzung von Hindu-Bildern

Um sein Volk zu einen, folgte König Manjushri-Yashas dem Beispiel des Buddha und verwendete die Sprache und die Metaphern der Zuhörerschaft, die er unterwies. Da die Mehrheit seiner Untertanen Hindus waren, machte er von den Bildern, den Vorstellungen und der Terminologie der Hindus Gebrauch. Er stilisierte sich selbst und seine Nachfolger zu Kalki-Herrschern. Kalki ist der zehnte und letzte Avatar, also die Inkarnation des Hindu-Gottes Vishnu, der in der Zukunft als Messias auftreten wird, um in einem apokalyptischen Krieg zu kämpfen. Gemäß den hinduistischen Puranas wird Kalki in Shambhala geboren werden, das in den Bergen des heutigen Uttar Pradesh in Indien lokalisiert wird. Vielleicht hat Manjushri-Yashas den Namen Shambhala lediglich von daher entlehnt, und sein Königreich wurde tatsächlich nie so genannt. All das ist so gut wie ohne Bedeutung. Wichtig ist, dass eine friedliche Zusammenarbeit zwischen Menschen unterschiedlicher Kulturen und Religionen nur möglich ist, wenn man darauf verzichtet, andere dazu zu zwingen, die eigene Sprache zu sprechen, die eigenen kulturellen Metaphern zu benutzen und zu der eigenen Religion oder dem eigenen politischen System zu konvertieren. Der Weg, andere dazu zu ermutigen, offen im Geist und für Botschaften des Friedens empfänglich zu sein, besteht darin, die Aspekte ihrer Kultur, Religion und politischen Philosophie aufzugreifen, die diesem Ziel dienen.

Die Vorhersage eines künftigen Weltkrieges

König Manjushri-Yashas prophezeite eine erneute barbarische Invasion für das Jahr 2424. Dann würden antispirituelle Kräfte einen galaktischen Eroberungs- und Zerstörungskrieg führen, der nicht auf diesen Planeten begrenzt bliebe. Er gab den Menschen dieser zukünftigen Ära den Rat, sich ebenso zu vereinen, wie dies seine Untertanen getan hatten. Er sagte auch voraus, dass vom 25. Kalki-Herrscher angeführte Kräfte aus Shambhala in fliegenden Schiffen eintreffen würden, um den Krieg zu entscheiden und die barbarischen Horden zu besiegen. Aufgrund dieser Prophezeiung wurde die Ansicht geäußert, dass sich Shambhala irgendwo in den Tiefen des Alls befinde und dass sich seine Bewohner in fliegenden Untertassen fortbewegen würden. Zur Stützung dieser These wurde aufgeführt, dass die Aymará in Bolivien und die Zulu in Südafrika glauben, dass vor einigen Jahrtausenden außerirdische Wesen die Kenntnis der Kalendererstellung und andere wissenschaftliche Errungenschaften auf diesen Planeten gebracht hätten. Hier muss man Vorsicht walten lassen und sich vor voreiligen Schlüssen hüten. Zwar akzeptiert der Buddhismus das Vorhandensein intelligenten Lebens in anderen Teilen des Universums, aber sobald man Helden aus den Tiefen des Alls einfliegen lässt, öffnet man auch die Tür für Hexen, die auf Besenstielen fliegen.

Die Kalachakra-Kommentare erklären, dass man die Kriege gegen die Spiritualität auf zwei Ebenen verstehen muss: als Invasion äußerer barbarischer Horden und als Angriffe innerer Schwärme störender Emotionen und Einstellungen, die angeführt werden von der Verwirrung in Bezug auf die Wirklichkeit. Die verschiedenen vom König erwähnten Waffen und Kräfte, die benutzt werden müssen, um den Sieg davonzutragen, symbolisieren verschiedene durch spirituelle Praxis erlangte Verwirklichungen, wie zum Beispiel Mitgefühl und eine klare Sicht der Wirklichkeit. Diese Kräfte sind im Geist des klaren Lichts beheimatet, der der Aufenthaltsort der Glückseligkeit ist, genauso wie im Falle der etymologischen Bedeutung von Shambhala.

Der Gelug-Kommentator Kädrubje aus dem 15. Jahrhundert

hat davor gewarnt, diese Kriege nur auf einer symbolischen Ebene anzusiedeln, und daran erinnert, dass sie sich auch auf historische Ereignisse beziehen. Die äußeren, inneren und alternativen Zyklen der Zeit sind alle gleich real. Das dem am nächsten kommende westliche Beispiel ist der Bericht über den Exodus im Alten Testament. In der mystischen Tradition des Judentums symbolisiert der Exodus den spirituellen Pfad. In die Sklaverei der Verwirrung hineingeboren, müssen wir uns zuerst von den gröbsten Fesseln befreien und dann in der Wüste weiterer spiritueller Praxis umherwandern, bis wir das gelobte Land finden. Dieser Symbolismus basiert auf einem historischen Geschehen, und die Anwendung als Analogie stellt nicht in Frage, dass das Ereignis tatsächlich stattfand. Das Gleiche gilt für den prophezeiten Krieg der Zukunft.

Kriege verhindern durch Technologieaustausch

Wie geht man am besten mit einem drohenden Krieg um? König Manjushri-Yashas meinte, dass das Teilen der Errungenschaften der eigenen Kultur die Invasoren von ihrem barbarischen Vorhaben abbringen könnte, ohne dass ein Kampf stattfinden müsse. Er sprach sich dagegen aus, die wissenschaftlichen und technologischen Kenntnisse Shambhalas geheim zu halten. Der Ratschlag des Königs ist auch heute noch von Bedeutung. Universelle Erziehung und gleiche Chancen zur Selbstentfaltung für alle sind die kraftvollste Methode, um der Gewalt vorzubeugen.

Zur Zeit von Manjushri-Yashas wurden Tabellen mit den Planetenpositionen erstellt und in Umlauf gebracht, damit sich die Leute nicht selbst mit den komplizierten Berechnungen herumplagen mussten. In einigen Gesellschaften jener Zeit geschah dies allerdings mit dem Hintergedanken, dass auf diese Weise die einschlägigen Fähigkeiten im Volk bald verloren gehen würden. So wären die Menschen gezwungen, sich auf die Pandits, die so genannten «Fachleute», zu verlassen, die dies zu ihrem wirtschaftlichen Vorteil und im Sinne ihres sozialen Status nutzen würden. Zudem wäre der Täuschung der Öffentlichkeit Tür und Tor geöffnet. Die Anführer jener Tage planten Aufstände und Angriffe auf der Grundlage positiver astrologischer Zeichen. Waren die Planetenpositionen in den amtlichen Tabellen gefälscht und fehlerhaft, so konnte das niemand überprüfen und korrigieren. Um Derartiges zu verhindern, war es von größter Wichtigkeit, dass jeder die entsprechenden Berechnungen durchführen konnte. Daher sind im ersten Kapitel des *Kalachakra-Tantra* die mathematischen Formeln zur Berechnung der Planetenpositionen, des Zeitpunkts von Finsternissen und für die Herstellung eines Mondkalenders in Verbindung mit dem Sonnenjahr niedergelegt.

Heute begegnen wir ähnlichen Gefahren, wenn Leute so abhängig von Taschenrechnern und Computern werden, dass sie nicht einmal mehr zu den einfachsten Rechenvorgängen fähig sind. Und wenn wir uns wieder daran erinnern, wie schwer es ist, Computerfehler etwa in unserer Telefonrechnung zu korrigieren oder bei unserer Kreditfähigkeit zu korrelieren, dann wissen wir, wie wichtig Kenntnisse sind, die einen vor Fehlinformationen schützen.

Genauso wie das Bild des Universums im Kalachakra mit dem der modernen Wissenschaft nicht deckungsgleich ist, da sie unterschiedlichen Zielsetzungen dienen, korrespondieren auch die jeweiligen Planetenpositionen nicht miteinander. Der Hauptzweck der Astronomie und des Kalenders im Kalachakra ist nicht das Errichten interstellarer Navigationsführungssysteme, sondern das Erhalten astrologischer Informationen. So legte König Manjushri-Yashas dar, dass man, wenn man gezwungen ist, in den Krieg zu ziehen, astrologische Daten benötigt, um den besten Zeitpunkt für den Beginn von Feldzügen und Angriffen zu ermitteln. Dies gilt für äußere wie für innere Schlachten. Das erste Kapitel des *Kalachakra-Tantra* enthält eine Fülle von astrologischen Berechnungen und Lehren, die Grundlage eines großen Teils des tibetomongolischen Astrologiesystems, das sein restliches Material aus der chinesischen Tradition bezieht.

Karma und Astrologie

Da die alternativen Zeitzyklen Methoden darstellen, sich vom Beherrschtwerden durch äußere und innere Zyklen zu befreien, also davon, unter der Kontrolle von Karma zu stehen, ist es unabdingbar, die Beziehung zwischen Karma und Astrologie klar herauszuarbeiten. Andernfalls wird die Astrologie einfach nur unseren Aberglauben verstärken. Zur Zeit von König Manjushri-Yashas pflegte man der Sonne Tier- und sogar Menschenopfer darzubringen, um sein Schicksal günstig zu beeinflussen. Im Gegensatz hierzu betonte der König, dass die himmlischen Körper die Ereignisse, die im Leben stattfinden, nicht verursachen. Aus buddhistischer Perspektive ist kein Ereignis fix oder vorherbestimmt, sonst wären Befreiung und Erleuchtung nicht möglich.

Jede Person wird mit einem enormen karmischen Potenzial geboren, das über anfangslose Lebenszeiten hinweg angesammelt wurde. Ein Geburtshoroskop und die darauf basierenden Voraussagen weisen nur auf ein beherrschendes karmisches Muster hin, mit dem wir geboren wurden. Darüber hinaus gibt es noch viele andere Möglichkeiten. Außerdem verwendet eine astrologische Aufstellung nur eine begrenzte Anzahl von Variablen; Karma hingegen ist sehr viel komplexer. Wie Kädrubje sagte: «Wenn ein Geburtshoroskop alles zeigen würde, dann hätten ein Mensch und ein Hund, die zur gleichen Zeit am gleichen Ort geboren wurden, die gleiche Persönlichkeit und die gleichen Erlebnisse.» Ebenso würde an einem Glück verheißenden Tag, wenn er dies für jedermann wäre, niemand irgendwo auf der Welt bei einem Unfall verletzt oder getötet. Was astrologische Konfigurationen zur Verfügung stellen, sind lediglich mögliche Umstände für das Reifen geeigneter karmischer Potenziale. Ohne diese Potenziale passiert nichts Besonderes, und auch wenn sie vorhanden sind, sind manchmal weitere Umstände für ihr Reifen nötig.

Kalachakra-Astrologie

Dies im Geist behaltend, lassen Sie uns kurz das astrologische Material des Kalachakra durchsehen. Wie andere indische Systeme hat Kalachakra bestimmte Merkmale mit der alten griechischen Astrologie gemeinsam. Dazu gehören die zwölf Tierkreiszeichen und ihre Namen, die Siebentagewoche mit Tagen, die nach den Himmelskörpern benannt sind, und Darlegungen über die Sonne, den Mond sowie die Planeten Merkur, Venus, Mars, Jupiter und Saturn.

Das *Kalachakra-Tantra* erörtert auch die nördlichen und südlichen Mondknoten, die als Planeten behandelt werden. Diese Knoten werden in der Hindu-Astrologie Rahu und Ketu genannt, im Kalachakra-System Rahu und Kalagni. Obwohl sowohl die Sonne als auch der Mond durch jenen Streifen am Himmel ziehen, der als Ekliptik bezeichnet wird, sind ihre Umlaufbahnen nicht gleich. Die Schnittpunkte dieser beiden sind der nördliche und der südliche Mondknoten. Wenn sich bei Neumond Sonne und Mond an einem dieser beiden Punkte am Himmel befinden, kommt es zu einer Mondfinsternis. Wenn bei Vollmond Sonne und Mond sich an den entgegengesetzten Punkten befinden, entsteht eine Sonnenfinsternis. Der Symbolismus der Finsternisse ist ein immer wiederkehrendes Thema bei der Erörterung der inneren und alternativen Zeitzyklen.

Wie schon die Beschreibungen des Universums und die Berechnung der Planetenpositionen unterscheiden sich auch die astrologischen Systeme je nach ihrem Zweck. Die westliche Astrologie analysiert die Persönlichkeit auf der Grundlage eines Geburtshoroskops – den Planetenpositionen in Beziehung zur exakten Zeit und zum exakten Ort der Geburt der jeweiligen Person. Sie sagt die zukünftigen Erlebnisse einer Person voraus, indem sie diese Geburtspositionen damit vergleicht, an welcher Stelle sich die Himmelskörper an verschiedenen Punkten ihres Lebens befinden. Hindu-Systeme erstellen ebenfalls ein Geburtshoroskop, betonen aber die Entfaltung des Lebens einer Person durch Perioden hindurch, die von einander folgenden Planeten regiert werden. Das Kalachakra teilt weitgehend den Hindu-Standpunkt, gibt aber der voraussagenden

Astrologie auf der Grundlage der Benutzung des Kalenders selbst zusammen mit ausführlichen Almanachinformationen ein größeres Gewicht.

Techniken zur Vorhersage der Zukunft

In der Astrologie des Kalachakra finden sich zwei Hauptsysteme, die dazu dienen, Vorhersagen zu machen. Das erste unterteilt die Ekliptik in 27 Konstellationen statt der zwölf, die üblicherweise den Tierkreis bilden. Es ordnet jeder Konstellation und jedem der sieben Wochentage eines der vier Elemente zu – Erde, Wasser, Feuer und Luft bzw. Wind. Indem es das Element des Wochentages mit dem Element der Konstellation vergleicht, in der sich der Mond zu einer bestimmten Tageszeit befindet, deutet es diese Kombination, um die Gunst des Augenblicks für den Beginn einer Unternehmung wie einer Feldschlacht oder einer Meditationsklausur festzustellen.

Das zweite System wird «aus Vokalen entstehend» genannt. Das Sanskrit-Alphabet hat fünf Vokalfamilien: *a*, *i*, selbstlautendes *r*, *u* und selbstlautendes *l*. Diese sind verbunden mit den fünf Elementen in der Reihenfolge Raum, Wind, Feuer, Wasser und Erde. Mit dem Vokal jeder Familie sind ein Diphthong und ein Halbvokal verbunden, so zum Beispiel *e* und *ya* mit *i*, und sie alle haben in die Länge gezogene Formen, zum Beispiel *ī*, *ai* und *yā*. Das System verknüpft je einen der sich so ergebenden 30 Vokale mit einem der 30 Tage des Mondmonats. Wenn nun jemand Auskunft über den Ausgang einer Unternehmung wünscht, lässt er sich von einem Astrologen beraten, der das Element des ersten Vokals des Namens des Klienten mit dem Element des Vokals vergleicht, der dem Tag zugeordnet ist, an dem er die Frage stellt. Das System verbindet auch ein Element mit jeder Richtung. Somit kann ein Astrologe die Richtung feststellen, aus der ein bestimmter General zu einem bestimmten Datum am besten angreifen sollte oder aus der ein Meditierender sich einem Ritualfeuer nähern sollte, um am Ende seiner Klausur Brandopfer darzubringen.

Die Darlegung des «aus Vokalen entstehenden» Systems führt zu einer vollständigen phonemischen Analyse des Sanskrit-Alphabets, wobei jeder Buchstabe einem Element zugeordnet wird. Dieses System besitzt ein Gegenstück in den inneren Zeitzyklen, spielt aber besonders in den alternativen Zyklen eine Rolle. Es bildet die Grundlage für die Analyse scheinbar unsinniger Wörter in Mantras, den als Hilfestellung für die Aufrechterhaltung der Achtsamkeit in Bezug auf eine Buddha-Form wiederholten Sanskrit-Ausdrücken. Es wird auch benutzt, um «Keimsilben» zu verstehen – Sanskrit-Buchstaben, die entweder Anfangssilben oder Code-Namen für Buddha-Formen oder eines der Elemente darstellen. Wie ein Keim sind sie nur eine Spur von dem, was sie andeuten, sowie das, woraus das Angedeutete entsteht. Während der Initiation und später während der Meditationspraxis stellen wir sie uns wiederholt an bestimmten Punkten in unserem Körper vor, und wir erzeugen verschiedene Gestalten und Objekte aus ihnen. Diese ansonsten verwirrenden Visualisationen fangen an Sinn zu machen, wenn wir uns die Verbindung zwischen den Vokalfamilien und den fünf Elementen gegenwärtig halten.

Kriegstechnologie und Friedenstechnologie

Der nächste Abschnitt des ersten Kapitels des *Kalachakra-Tantra* präsentiert die Technologie für das Anfertigen von Waffen wie zum Beispiel Katapulten und Flammenwerfern. Einige Leute finden es seltsam, dass ein buddhistischer Text erklärt, wie man einen echten Krieg führt und nicht nur einen symbolischen gegen unsere eigenen Verblendungen. Schließlich lehrt der Buddhismus Gewaltlosigkeit. Wenn Seine Heiligkeit der Dalai Lama die Bedeutung von wahrer Gewaltlosigkeit erklärt, dann gibt er folgendes Beispiel.

Einmal saßen zwei Meditierende am Ufer eines reißenden Flusses. Da kam ein Verrückter, der vorhatte, hinüberzuschwimmen. Beide Meditierende wussten, dass die Strömung äußerst trügerisch war und dass der Mann ganz sicher untergehen würde. Sie versuchten, ihn von seinem Vorhaben abzubringen, aber der Mann wollte keine Vernunft annehmen. Der eine der beiden Meditierenden entschied, dass man nichts tun könne, und versank wieder in Konzentration. Der andere stand auf und schlug den Mann bewusstlos, damit dieser sich nicht im Fluss umbringen konnte. Wer beging hier einen Akt der Gewalttätigkeit? Es war derjenige Meditierende, der die Möglichkeit scheute, ein Leben zu retten. Wenn alle anderen Mittel zur Bereinigung einer extremen Situation fehlschlagen, dürfen wir, aus dem Wunsch heraus, das Leiden anderer zu verhindern, nicht zögern, ohne Ärger und Hass kraftvoll zu handeln. Wenn wir so vorgehen, müssen wir allerdings bereit sein, die schmerzhaften Folgen unseres Tuns zu akzeptieren, selbst wenn das die Leiden der Hölle bedeutet. Das ist der Lebenswandel eines Bodhisattva.

Wenn die Schlacht gewonnen ist, wird die Kriegstechnologie auf Friedenszwecke hin ausgerichtet. Daher fährt das erste Kapitel fort mit Anweisungen, wie man Karusselle und andere Vergnügungsstätten baut, damit die Leute den Sieg feiern können, sowie dekorative Springbrunnen, um den Geist zu entspannen, und Bewässerungssysteme, um die Lebensumstände zu verbessern. Wenn man eine friedliche, angenehme Umgebung herstellt, erzeugt man förderliche Umstände für das Entstehen freundlicher Beziehungen zwischen den Menschen. Aus einem hohen Grad der Bewaffnung hingegen resultieren eher die Voraussetzungen von Misstrauen und Angst.

Das goldene Zeitalter im Kalachakra und das Zeitalter des Wassermanns

Das Kapitel endet mit der Vorhersage eines goldenen Zeitalters, in dem die spirituelle Praxis des Kalachakra blühen wird. Unter Benutzung der Hindu-Namen für die vier Abschnitte eines Weltzeitalters wird prophezeit, dass das gegenwärtige Kaliyuga, das dunkle Zeitalter, mit der Niederlage der barbarischen Kräfte enden werde. Die neue goldene Ära werde im Jahre 2424

65

beginnen, einem Datum, das mit nur wenigen Jahren Abweichung mit dem Anfang des Zeitalters des Wassermanns übereinstimmt. Die Kalachakra-Literatur verwendet diesen Namen freilich nicht. Das Datum dieses Einschnitts geht auf ein Phänomen zurück, das als Präzession der Tagundnachtgleiche bezeichnet wird. Es gibt zwei gängige Tierkreissysteme. Entsprechend dem in allen indischen Traditionen einschließlich des Kalachakra verwendeten Fixsternsystem ist die Position der Sonne Null Grad Widder, wenn sie sich am Beginn der Konstellation Widder befindet. Dies geschieht nicht jedes Jahr am gleichen Tag. In dem von den Griechen und im Westen benutzten siderischen System ist diese Position mit dem Sonnenkalender verbunden. So wird unabhängig davon, in welcher Konstellation am Himmel die Sonne sich tatsächlich befindet, ihre Position bei der Frühlings-Tagundnachtgleiche in der nördlichen Hemisphäre – dem Tag im Frühling, an dem Tag und Nacht gleich lang sind – als Null Grad Widder bezeichnet. Diese Position bewegt sich am Himmel jedes Jahr leicht rückwärts. Im Moment befindet sie sich in der Konstellation Fische, die dem Widder direkt vorausgeht. Wenn sie in die Konstellation Wassermann eintritt, beginnt das neue goldene Zeitalter dieses Namens. Wenn die Verfechter des New Age ein unmittelbar bevorstehendes Anbrechen des Zeitalters des Wassermanns postulieren, verwenden sie astrologische Termini für die christliche Ansicht des Jahrtausendwechsels.

Die äußeren Zeitzyklen setzen sich auch nach dem Anbruch des neuen goldenen Zeitalters fort. Das Universum wird wiederum durch vier Epochen hindurchgehen und in einem weiteren Kaliyuga enden. Dann werden die Lehren des gegenwärtigen Buddha von unserer Kontinent-Welt verschwinden. Die Kalachakra-Lehren werden in die nächste der zwölf Kontinent-Welten kommen, und die Zyklen werden sich wiederholen. Damit endet das erste Kapitel des *Kalachakra-Tantra*. Wie wir gesehen haben, enthält es bedenkenswerte Ratschläge, den Weltfrieden betreffend. Somit empfiehlt sich sein Studium, selbst wenn man der Initiation nur als Beobachter beiwohnt und sich nie mit der Meditationspraxis beschäftigen wird.

4

INNERES KALACHAKRA

Das zweite Kapitel des *Kalachakra-Tantra* handelt von den inneren Zeitzyklen. Es beschäftigt sich mit den Wesen, die in den Milieus leben, die die äußeren Zyklen durchlaufen. Ohne eine grundlegende Kenntnis der hier angesprochenen Punkte ist es schwierig, vielen Prozeduren der Ermächtigung zu folgen oder sie zu verstehen. Sie ist der Schlüssel dafür, Zutritt zu den tief gehenden Kalachakra-Techniken für das Erlangen der Erleuchtung zu erhalten.

Die vier Arten der Wiedergeburt

Das Kapitel beginnt mit einer Erörterung des gröbsten inneren Zyklus, der in der Wiederkehr von Tod, Bardo und Wiedergeburt besteht. Ganz allgemein kennt der Buddhismus vier Arten der Wiedergeburt: die aus einem Mutterschoß, die aus einem Ei, die aus Hitze und Feuchtigkeit sowie die durch Transformation. Da das Kalachakra-System die Reinigung der Elemente betont, klassifiziert es die Wiedergeburten entsprechend den Elementen, aus denen heraus sie stattfinden. Die Geburt der Vögel aus Eiern wird Geburt aus Wind genannt, da die meisten Vögel fliegen. Die Geburt eines Säugetiers aus dem Mutterschoß wird Geburt aus Feuer genannt, da der Mutterschoß warm ist. Die Geburt von Insekten aus Hitze und Feuchtigkeit wird Geburt aus Wasser genannt, da sich im Sommer so viele Insekten in der Umgebung von Teichen finden. Die Geburt eines Baums aus der Umwandlung eines Samens in der Erde wird Geburt aus Erde genannt. Zu guter Letzt wird die Geburt von wundersamen Wesen durch große Transformation, ohne irgendeinen Reifungsprozess, als Geburt aus Raum bezeichnet, da sie aus dünner Luft ohne Hindernisse entstehen.

Die Kommentare unternehmen große Anstrengungen, um darzulegen, dass Bäume nur aus Analogiegründen erwähnt werden und dass ihre Einreihung in die Wiedergeburtszustände nicht wörtlich zu nehmen ist. Obwohl Pflanzen eine Form biologischen Lebens sind, können sie nicht mit Absicht handeln, eine Wahl treffen oder aufgrund von Verwirrung karmische Potenziale aus vorsätzlichem Verhalten anhäufen. Das liegt daran, dass sie keinen Geist besitzen – im Buddhismus definiert als bloße Klarheit und bloßes Gewahrsein, die kognitive Grundlage für karmische Handlungen. Nur Lebewesen, aus Übersetzungen buddhistischer Texte als «fühlende Wesen» bekannt, haben einen Geist. Nichtsdestoweniger besagt die Aufnahme der Bäume in diese Liste, dass sie auch Respekt und Schutz verdienen. Friede beinhaltet nicht nur, Menschen und Tiere freundlich zu behandeln, sondern auch die Wälder.

Auch für einen Menschen mag die Geburt entweder aus einem Mutterschoß, aus einem Ei, aus Hitze und Feuchtigkeit oder durch Transformation erfolgen. Das ist nicht so seltsam, wie es auf den ersten Blick erscheinen mag. Normalerweise ist der Ort der Geburt der Mutterschoß. Geburt aus einem Ei ist bei der Verbindung von Samen und Ei, aber aus einem anderen Behältnis als dem nackten Mutterschoß gegeben. Unzweifelhaft fallen Retortenbabys in diese Kategorie. Geburt aus Hitze und Feuchtigkeit, mit anderen Worten: nicht aus Samen und Ei, könnte sich auf eine Geburt mittels Klontechniken beziehen. Im Falle der Geburt durch Transformation ist der Körper zu dem Zeitpunkt, an dem das Leben beginnt, bereits voll ausgeformt. Wiedergeburt als Androide in einem voll computerisierten Körper scheint die dem am nächsten kommende Vorstellung zu sein. Obwohl die Kalachakra-Texte nicht ausdrücklich von diesen Zukunftsformen menschlichen Lebens sprechen, erhalten wir, wenn wir die klassischen buddhistischen Kategorien und Beschreibungen mit der modernen Wissenschaft zusammenbringen, einen intellektuellen und ethischen Rahmen für die gesellschaftliche Integration derartiger Personen.

Was sich von einem Leben zum nächsten fortsetzt

Nach anderen tantrischen Systemen wie dem Guhyasamaja fließt der sich laufend ändernde Strom der Kontinuität von subtilstem Geist und subtilsten Energiewinden unabhängig von der Art der Wiedergeburt von einem Leben zum nächsten und setzt sich sogar bis in die Buddhaschaft fort. Um auf die Analogie des ewig spielenden Radios zurückzukommen, ist, wenn der subtilste Geist dem Eingeschaltetsein des Radios entspricht, der subtilste Energiewind wie der elektrische Strom, der es speist. Das Eingeschaltetsein eines Radios und der Strom, der es speist, treten stets zusammen auf, in einer «Packung». Es gibt das eine nicht ohne das andere. Ebenso sind der subtilste Geist und der substilste Energiewind für immer eins. Tatsächlich arbeiten alle Ebenen des Geistes auf der Grundlage irgendeiner Form von Energiewind, von dem sie nicht zu trennen sind.

Sowohl karmische «Samen» beziehungsweise Tendenzen als auch karmische Potenziale begleiten uns zusammen mit dem Strom der Kontinuität unseres subtilsten Geistes und Energiewindes. Sie sind dennoch kein integraler Bestandteil der Packung. Wie Karma selbst sind sie subtile Form, die lediglich dem Fluss unseres subtilsten Energiewindes eine zeitweilige Gestalt gibt. Wenn wir die Erleuchtung erlangen, sind sie beseitigt, genau wie die Störungen in einem perfekt eingestellten Radio verschwinden.

Gelübde sind ebenfalls subtile Formen, die mit dem Geststrom reisen und ihn gestalten, indem sie unser körperliches, sprachliches und geistiges Verhalten formen. Obwohl die Laien-

und Ordiniertengelübde zur eigenen Befreiung (Pratimoksha-Gelübde) nur ein Leben lang anhalten, verbleiben die Bodhisattva- und tantrischen Gelübde im Strom der Kontinuität von einem Leben zum nächsten und geben dem Geistesstrom seine Gestalt auf dem ganzen Weg bis zur Erleuchtung. Gelübde sind wie die Frequenz einer bestimmten Radiowelle, auf die der Empfänger ganz genau eingestellt werden kann. Schließlich kann man sich, weil jedermanns Strom der Kontinuität individuell ist, auf jeden mittels eines Namens beziehen, zum Beispiel «ich». Diese konventionelle Identität, welche die Individualität jedes Geiststroms markiert, ist ebenfalls Teil der Packung, die sich von einer Lebensspanne zur nächsten fortsetzt bis in die Erleuchtung hinein.

Das Kalachakra-System akzeptiert die Guhyasamaja-Darstellung dieser Punkte und erweitert sie, benutzt aber seine eigene, besondere Terminologie, wie zum Beispiel Winde des Karma. Es klärt, dass es untrennbar von der Packung aus subtilstem Geist und Energiewind und bis in die Erleuchtung mit ihr von Leben zu Leben gehend noch die subtilste Rede und den subtilsten kreativen Tropfen gibt. Subtilste Rede bezieht sich auf die natürliche Vibration beziehungsweise Resonanz dieser subtilsten Packung. Der subtilste Tropfen ist eine Spur von Erd-, Wasser-, Feuer- und Windpartikeln in einer unverbundenen, konzentrierten Form. Die Kontinuität dieses Tropfens ist wie ein Strom von Elektronen – einer Spur von Atomen –, der aus der Elektrizität besteht, die das Radio am Laufen hält.

Subtilste kreative Tropfen und Raumpartikel

Die subtilsten Tropfen sind den Raumpartikeln analog. Während leerer Äonen zwischen den manifesten Perioden eines Universums gibt es keine fassbaren Atome, dennoch verbleibt ein Raumpartikel als konzentrierte Spur der getrennten Elementarteilchen dieses Universums. Wie die in ein Schwarzes Loch gezogene Materie sind diese Spuren zeitweilig frei von den physikalischen Gesetzen, die normalerweise ein aus gröberen Teilchen und Atomen bestehendes Universum regieren. In gleicher Weise verweilt während der Todesperiode unserer Existenz, bevor unsere nächste Wiedergeburt sich mit dem mit ihr verbundenen Bardo manifestiert, ein subtilster kreativer Tropfen als Teil unseres Stroms der Kontinuität. Auch er besteht aus Spuren von Elementarteilchen, die ebenfalls zeitweilig frei von den Gesetzen des Karma sind, die für gewöhnlich aus Atomen bestehende Körper regulieren.

Wenn das Raumpartikel eines Universums schließlich vom Wind des kollektiven Karma vieler Wesen beeinflusst wird – was das Ende seines leeren Äons markiert –, dann funktioniert er als Kernchen, das die körperliche Materie der nächsten Phase des Universums auftreten lässt. Ebenso lässt der subtilste kreative Tropfen, wenn er schließlich von den Winden des persönlichen Karma beeinflusst wird – was das Ende seiner Todesperiode markiert –, die körperliche Materie des nächsten Wiedergeburtszustandes einer Einzelperson auftreten. Im Falle der Wiedergeburt als Mensch oder als Tier geschieht dies im Zusammenhang mit den groben Elementen der Verbindung Samen und Ei. Wie ein körperlicher Schlüssel, allerdings nicht aus Atomen bestehend, öffnet der subtilste kreative Tropfen das Potenzial des befruchteten Eis, sodass es wächst und sich entwickelt.

Auf der subtilsten Ebene basieren die physikalischen Prozesse eines Universums und die karmischen Prozesse einer Wiedergeburt auf einem kontinuierlichen Strom von Raumatomen beziehungsweise subtilsten Tropfen in einer ausgebildeteren Form. Dies bedeutet im Falle eines Universums den Raum zwischen den Teilchen und im Falle einer menschlichen Wiedergeburt die subtilen kreativen Tropfen des Energiesystems, das wir kurz erörtern werden.

Leere Formen

Es gibt mehrere Arten von Phänomenen, die Form haben, aber nicht aus groben Teilchen oder Atomen bestehen. Eine nur im Kalachakra auftauchende Klasse davon sind die «leeren Formen». Dabei handelt es sich um Formen ohne Atome. Sie sind keine geistigen Erzeugnisse wie die Erscheinungen in Visualisationen, Träumen oder dem Bardo-Zustand. Stattdessen sind sie natürliche Reflexionen des Geistes des klaren Lichts, die unter bestimmten Umständen auftreten, und zwar unabhängig davon, ob irgendwelche gröberen Ebenen des Geistes beteiligt sind oder nicht. Der Text vergleicht sie mit Bildern, die in einem Zauberspiegel erscheinen, nur ohne einen Spiegel.

Es gibt leere Formen der Grundlage, des Pfades und des Ergebnisses. Der farbige Fleck, den wir sehen, wenn wir von einem gleißenden Licht wegschauen, ist ein Beispiel für eine leere Form der Grundlagen-Ebene. Er besteht nicht aus Atomen, erscheint nicht nur in der Vorstellung und wird unbegrifflich mit offenen oder geschlossenen Augen gesehen. Auf der Pfad-Ebene treten leere Formen während der Yogas der vollständigen Stufe auf, sobald die Energiewinde in den Zentralkanal gebracht worden sind. Als Auswirkung vorhergehender Visualisationspraxis lässt der subtilste Geist dann innerhalb dieses Kanals leere Formen der Körper der Buddha-Form Kalachakra entstehen, die für das Erlangen der Erleuchtung genutzt werden. Als Ergebnis dieser Praxis lässt der allwissende Geist des klaren Lichts auf der Ergebnis-Ebene ein Netzwerk unbegrenzter leerer Formen als Kalachakra entstehen, die man zum Wohle anderer benutzt.

Da das Ziel der Kalachakra-Praxis darin besteht, in Pfad- und Ergebnis-Formen zu erstehen, die nicht aus Atomen gemacht sind, müssen wir uns von unserer instinktiven Gewohnheit reinigen, die durch unseren Geist entstandenen Erscheinungen auf die Atome und Teilchen unserer äußeren und inneren Elemente zu gründen. Hier ist die Ursache dafür zu suchen, dass die Elemente ein derart beherrschendes Thema im Kalachakra-System darstellen und dass sie eine so herausragende Rolle in der Initiationsprozedur spielen. Einige Abteilungen in der Ermächtigung reinigen die Elemente, indem sie vom Geist seine Gewohnheit entfernen, alle Erscheinungen auf ihnen basieren zu lassen. Auf diese Weise pflanzt die Initiation Samen für des Erstehen in der erleuchtenden leeren Form eines Buddha.

Menschliche Wiedergeburt

Nachdem es den Prozess von Tod, Bardo und Wiedergeburt dargestellt hat, konzentriert sich das *Kalachakra-Tantra* nun auf die Wiedergeburt aus einem Mutterschoß als Mensch. Es zeichnet zehn Stufen von der Empfängnis bis zum Tod nach, wobei die ersten drei den Fötus betreffen. Ebenso wie bei der Erklärung der Empfängnis im Guhyasamaja geht die «Packung» des Bardo-Wesens in den Mund des zukünftigen Vaters hinein und durch dessen Geschlechtsorgan hindurch in den Schoß der zukünftigen Mutter, um eine neue Wiedergeburt zu beginnen. Wir visualisieren während der inneren Ermächtigung der Kalachakra-Initiationsprozedur, dass dieser Prozess mit uns selbst geschieht, wenn wir als spirituelles Kind unseres tantrischen Meisters geboren werden. Daraus folgt allerdings nicht, dass wir diese Prozedur als Beschreibung dessen zu betrachten haben, was aus biologischer Sicht geschieht, wenn wir aus einem Mutterschoß Geburt annehmen. Ebenso, wie die verschiedenen buddhistischen Beschreibungen des Universums auf bestimmte Zwecke ausgerichtet sind, verhält es sich auch hier. Die Anuttarayoga-Darstellung der Empfängnis zielt darauf ab, zu zeigen, dass der Geist des klaren Lichts von Natur aus glückselig ist, in Harmonie mit dem Geist der die Glückseligkeit der Vereinigung erlebenden Eltern. Auf einer anderen Ebene soll dies auf die starke Verbindung zwischen der Glückseligkeit des orgastischen Abflusses und der Wurzel der unkontrolliert sich wiederholenden Wiedergeburt, des Samsara, hinweisen. Um in Bezug auf brisante ethische Fragen wie Abtreibung und Empfängnisverhütung eine Entscheidung treffen zu können, ist es daher besser, Kriterien der modernen Wissenschaft für die Festlegung des Beginns des Lebens zu benutzen.

Der Kalachakra-Text beschreibt die zehn Stufen eines Menschenlebens in Analogie zu der Hindu-Darstellung der zehn Avatare Vishnus. Damit ist eine innere Parallele zu Ereignissen in Shambhala gegeben. Als letzter Avatar steht Kalki symbolisch für den Tod. Genau wie Manjushri-Yashas sein Volk im Kalachakra-Mandala vereint hatte, versammelt der Tod all die durcheinander geratenen Energiewinde des subtilen Körpers im Herzen und löst sie auf, um so den subtilsten Geist des klaren Lichts zu manifestieren. Darüber hinaus macht der Tod, genau wie der 25. Kalki-Herrscher die Barbaren in der zukünftigen Apokalypse besiegen und ein neues Zeitalter einleiten wird, allen verstörenden Ebenen des Geistes ein zeitweiliges Ende und verkündet den Beginn einer neuen Wiedergeburt mit der Möglichkeit größeren spirituellen Fortschritts.

Der subtile Körper

Nach der detaillierten Beschreibung der Entwicklung des Fötus fährt das zweite Kapitel fort mit der Darlegung der Anatomie sowohl des groben wie auch des subtilen menschlichen Körpers. Der subtile Körper ist, obwohl er aus Teilchen besteht, für das gewöhnliche menschliche Auge unsichtbar, selbst wenn es durch ein Mikroskop unterstützt wird. Er besteht aus Energiekanälen, die Chakras genannte Knoten umfassen, Energiewinden, subtilen Vibrationen beziehungsweise subtiler «Rede» und kreativen Tropfen. Somit ist er einem aus Planetenumlaufbahnen, Zentrifugalenergie, der Geschwindigkeit der Planeten und den Planeten bestehenden Universum vergleichbar. Diese subtilen Kanäle, subtilen Winde, subtile Rede und subtilen Tropfen spielen eine große Rolle im Kalachakra-System einschließlich der Initiation. Lassen Sie uns sie daher etwas näher betrachten.

Genauso wie der grobe Körper die sichtbaren Kanäle des Kreislaufs sowie des Verdauungs- und des Nervensystems besitzt, hat der subtile Körper unsichtbare Kanäle, durch die Energiewinde fließen. Die chinesische Medizin präsentiert ein ähnliches Phänomen in Form von unsichtbaren Meridianen, die in der Akupunktur genutzt werden. Auch die allopathische Medizin ist gerade dabei, die Existenz unsichtbarer Pfade innerhalb des Körpers zu überprüfen. Sie tut dies, weil die Befehle des Immunsystems, weiße Blutkörperchen einzusetzen, nicht über das Nervensystem oder irgendeinen anderen sichtbaren Kommunikationskanal laufen.

Der tibetische Begriff für subtile Energiekanäle, *tsa*, bedeutet auch Wurzel. Wenn wir den groben Körper mit dem Teil der Pflanze über der Erde gleichsetzen, sind die Kanäle die unsichtbaren Wurzeln, die ihn mit seiner tiefsten Ebene und seinem tiefsten Ursprung verbinden – dem subtilsten Geist, dem subtilsten Energiewind, der subtilsten Rede und dem subtilsten kreativen Tropfen. Die Praxis der vollständigen Stufe führt unter die sichtbare Oberfläche des groben Körpers zu den Chakras des Zentralkanals und erlangt durch sie Zutritt zu dieser subtilsten, am tiefsten unter der Oberfläche liegenden Ebene.

Auf einer groben Ebene strömen die Atemwinde durch die groben Kanäle des Atmungssystems und erhalten das Leben ganz allgemein. In ähnlicher Weise strömen die subtilen Energiewinde durch die subtilen Kanäle und stellen die Energie für Bewegung, Verdauung und das Funktionieren der Sinne zur Verfügung. Die Praktiken der vollständigen Stufe beinhalten Techniken, die diese Winde dazu bringen, sich in den Chakras des Zentralkanals aufzulösen, ungefähr so wie Wasser, das in ein Abflussrohr läuft und unter der Erde verschwindet. Da der Geist von diesen Winden nicht zu trennen ist, lenkt dieser Auflösungsprozess das Gewahrsein auf die subtile, unterirdische Ebene, welche der Geist des klaren Lichts ist.

Grobe Rede ist der Klang der Vibration des Atems in den Atmungskanälen von Nase, Kehle und Lungen. Subtile Rede ist ein gleich gelagertes Phänomen, das im subtilen Energiesystem auftritt. Es scheint, dass die moderne Medizin die Existenz dieser subtilen Resonanz bestätigt, wenn sie Geräte verwendet, um etwa Hirnwellen zu messen. Die Methoden der vollständigen Stufe erzeugen subtile Klänge innerhalb des zentralen Energiekanals, die dabei helfen, die Energiewinde dorthin zu ziehen und sie aufzulösen. Während der Initiation und der Praxis der Erzeugungsstufe bauen wir Ursachen für das Erreichen dieses Prozesses auf, indem wir Keimsilben in den Chakras unseres Zentralkanals visualisieren.

Genauso wie karmische Winde die sichtbaren kreativen Tropfen von Sperma, Samen, Eizelle und vaginalen Sekreten dazu bringen, durch die groben Kanäle unseres sichtbaren Körpers zu gehen, bewegt sich eine große Auswahl subtiler kreativer Tropfen durch die unsichtbaren Kanäle des subtilen Körpers. Das dem am nächsten kommende Gegenstück in der westlichen Medizin ist vielleicht der Hormonfluss. Die Praxis der vollständigen Stufe verschafft uns die Fähigkeit, diese subtilen Tropfen willentlich zu steuern und sie so zu positionieren, dass sie das glückselige Gewahrsein der Leerheit durch den Geist des klaren Lichts unterstützen.

Die vier subtilen kreativen Tropfen

Zusätzlich zu den Tropfen, die sich durch die Kanäle des subtilen Energiesystems bewegen, gibt es vier subtile kreative Tropfen, die unser ganzes Leben hindurch an derselben Stelle bleiben. Bei diesen handelt es sich um die Tropfen von Körper, Rede, Geist und tiefem Gewahrsein, die sich in dieser Reihenfolge im Zentrum des Stirnmitte-, des Kehl-, des Herz- und des Nabel-Chakra befinden. Diese sind gröber als der vom Geist des klaren Lichts untrennbare subtilste Tropfen und setzen sich, wie auch der grobe Körper und der Rest des Energiesystems, weder im Tod noch in der Buddhaschaft fort.

Wenn wir wach sind, träumen, im traumlosen Schlaf und in Spitzenmomenten der orgastischen Glückseligkeit, sammeln sich mit jeder dieser Erfahrungen verbundene karmische Energiewinde in der Nähe der kreativen Tropfen von Körper, Rede, Geist und tiefem Gewahrsein, allerdings nicht innerhalb des Zentralkanals. Unser Geist projiziert dann die Erscheinungen, die er während dieser Zustände wahrnimmt, auf die Grundlage äußerer oder innerer Teilchen oder Atome. Der Prozess ist der Herstellung eines Kunstwerks vergleichbar. Der Geist taucht die Energiewinde wie einen Pinsel in einen der vier subtilen Tropfen und malt Erscheinungen auf die Leinwand der Atome unserer äußeren und inneren Elemente.

Die karmischen Winde, die von diesen Tropfen angezogen werden wie Eisenspäne von einem Magneten, tragen die karmischen Potenziale, die das Erleben dieser vier Ereignisse verdunkeln, sodass sie mit Verwirrung verbunden sind. So erleben wir Erscheinungen von fester Existenz auf der Basis unseres Wach-Tropfens, verwirrte Rede auf der Basis unseres Traum-Tropfens, einen blanken, unwissenden Geist auf der Basis unseres Tiefschlaf-Tropfens und die Glückseligkeit des orgastischen Abflusses auf der Basis des Tropfens des tiefen Gewahrseins. Diese bauen weitere karmische Winde auf, welche unsere sich fortsetzende Wiedergeburt in Formen aufrechterhalten, die Probleme und Leiden erfahren.

Die Erscheinungen, die der Geist bei diesen vier Ereignissen auftreten lässt, sind täuschend, weil sie unter dem Einfluss des Karma und der Verwirrung stehen, die die karmischen Winde transportieren. Es ist so, als würde ein Künstler einen schmutzigen Pinsel zum Malen verwenden. Erscheinungen sind in diesem Zusammenhang nicht nur visuelle Formen, sondern auch Geräusche, Gerüche, Geschmäcke und körperliche beziehungsweise fühlbare Berührungen. Der Geist lässt all diese Formen als fest existierend erscheinen, doch in Wahrheit existiert nichts auf diese Weise. Schließlich bestehen materielle Objekte aus Atomen. Der Geist verbindet lediglich die Tupfen und lässt sie konkret und fest erscheinen.

Die Beseitigung der karmischen Winde durch die Erzeugung unseres Geistes des klaren Lichts als eines unwandelbaren glückseligen Gewahrseins der Leerheit entfernt auch die Verdunkelungen, die mit diesen Energiewinden einhergehen. Als Ergebnis treten die Erscheinungen von fester Existenz, verwirrter Rede und so weiter nicht mehr auf. In dieser Weise werden die vier subtilen Tropfen gereinigt. Sie werden von ihrer Verknüpfung mit verwirrten Geisteszuständen gesäubert – ein Prozess, der mit der Kalachakra-Initiation beginnt.

Kalachakra und Beschreibungen des subtilen Körpers in anderen Systemen

Die Erörterung der vier subtilen Tropfen, die sich exklusiv in der Kalachakra-Literatur findet, hilft, viele der unklaren Punkte anderer Systeme zu verstehen. So ist es zum Beispiel eine übliche Praxis, sich auf die Stirnmitte auszurichten, um aus Dumpfheit und Schläfrigkeit während der Meditation aufzuwachen. Schon durch das bloße Lesen des *Kalachakra-Tantra* wird klar, dass dies daran liegt, dass die Stirnmitte der Ort des Körpertropfens ist, der mit dem Wachzustand verknüpft ist. Da sich der mit den Träumen verbundene Redetropfen in der Kehle befindet, spannt in ganz ähnlicher Weise die Ausrichtung auf die Kehle vor dem Schlafengehen den Traumzustand für die Praxis des Traum-Yoga ein. Weil der mit dem unbegrifflichen Zustand des traumlosen Tiefschlafs verbundene Geisttropfen sich im Herzen befindet, manifestiert die Konzentration auf das Herz-Chakra in den Praktiken des klaren Lichts den subtilsten Geist. Und wegen der Lokalisierung des mit den glückseligen Spitzenmomenten verbundenen Tropfens des tiefen Gewahrseins am Nabel benutzt die Praxis des Tummo beziehungsweise inneren Feuers das Nabel-Chakra für die Erzeugung glückseligen tiefen Gewahrseins, um dieses für das Verständnis der Leerheit zu nutzen.

Die Beschreibung der Energiekanäle und Chakras des Kalachakra-Systems weicht ein wenig von den in den anderen Anuttarayoga-Tantras vorzufindenden Darstellungen ab, wie sie vom Guhyasamaja repräsentiert werden. Die Kalachakra-Lehren strukturieren alles auf die Parallelen zwischen äußerer und innerer Welt hin, sodass eine Meditation in Analogie zu beiden modelliert werden kann. Genauso wie es sechs Elemente in der Welt gibt, gibt es in der Anatomie sechs Haupt-Chakras entlang dem Zentralkanal – an der Kopfkrönung, der Stirn, der Kehle, dem Herz, dem Nabel und der Schamgegend. Visualisierungen von verschiedenen Silben und farbigen Scheiben an diesen Punkten während der Kalachakra-Initiation reinigen sowohl die Chakras als auch die dazugehörigen Elemente.

Die unterschiedliche Darstellung des subtilen Energiesystems des Körpers kann auch unter dem Aspekt der verschiedenen Arten von Praktizierenden verstanden werden. Wir haben nicht nur *eine* Art von subtilem Energiesystem, etwa wie eine Blutgruppe, die in einer Untersuchung durch einen tantrischen Meditationsmeister festgestellt werden könnte. Vielmehr besitzt jeder von uns das ganze Spektrum von Energiesystemen, ungefähr so wie Quantenebenen. Mit einem Meditationsmeister zusammenzuarbeiten hilft uns klarzustellen, welches dieser Systeme für uns das wichtigste und am leichtesten zugängliche ist, damit wir die subtilste Ebene unseres Geistes erreichen können, um mit deren Hilfe das effektivste Verständnis der Leerheit zu erlangen.

Kalachakra und die tibetisch-mongolische Medizin

Die Präsentation der Kanäle und Chakras in der tibetischen Medizin unterscheidet sich ein wenig sowohl von derjenigen des Kalachakra- als auch von der des Guhyasamaja-Systems. In seinen medizinischen Kommentaren hat Desi Sangye Gyatso, der Minister des 5. Dalai Lama aus dem 17. Jahrhundert, darauf hingewiesen, dass diese Abweichung hilfreich ist. Sonst könnte es sein, dass Leute einfach einen medizinischen Text zur Anatomie lesen und dann glauben, sie seien imstande, fortgeschrittene tantrische Meditationen unter Einschluss des subtilen Energiesystems zu praktizieren, ohne die direkte Aufsicht und Anleitung durch einen qualifizierten Meister. Derartige Meditationen in einer Selbermacher-Mentalität anzugehen ist in Wahrheit ziemlich gefährlich.

Obwohl das meiste des tibetisch-mongolischen Medizinsystems aus anderen indisch-buddhistischen Quellen stammt, entlehnt es doch eine Anzahl von anatomischen Begriffen vom Kalachakra-System. Die Abschnitte des Zentralkanals oberhalb und unterhalb des Nabel-Chakra zum Beispiel werden Rahu und Kalagni genannt, während der rechte und linke Hauptkanal, die sich um dieses Chakra herum verweben, als Sonne und Mond bezeichnet werden. In dieser Weise läuft das Aufeinandertreffen dieser vier Kanäle im Nabel-Chakra mit der Struktur von Sonnen- und Mondfinsternissen parallel, bei denen diese vier Himmelskörper ebenfalls zusammenkommen. Dieser Symbolismus einer Finsternis tritt auch in der Praxis des alternativen Zeitzyklus einschließlich der Ermächtigung dann auf, wenn man sich als die Buddha-Form Kalachakra auf einer

Mond-, Sonnen-, Rahu- und Kalagni-Scheibe stehend hervor-bringt, die wie Kissen übereinander geschichtet sind. Diese Visualisation trägt zu der Fähigkeit bei, während der Praxis der vollständigen Stufe die Energiewinde am Nabel-Chakra zu ver-sammeln, sodass sie sich decken, in den Zentralkanal eintreten und sich auflösen. Auf einer anderen Ebene symbolisieren die weiße, rote, schwarze und gelbe Scheibe dieser Himmelskörper die subtilen Tropfen des Körpers, der Rede, des Geistes und des tiefen Gewahrseins, die gereinigt und für das Erlangen des er-leuchtenden Körpers, der erleuchtenden Rede, des erleuch-tenden Geistes und des erleuchtenden glückseligen tiefen Ge-wahrseins eines Buddha genutzt werden. Die gelbe Scheibe befindet sich oben auf dem Stapel, um darauf hinzuweisen, dass die leere Form, welche die unmittelbare Ursache für das Errei-chen des erleuchtenden Kalachakra-Körpers ist, zuerst am Na-bel-Chakra erzeugt wird, dem Ort des Tropfens des tiefen Gewahrseins.

Die Beziehung zwischen inneren und äußeren Zyklen

Das zweite Kapitel fährt mit der Darstellung des menschlichen Körpers fort, indem es die täglichen Zyklen beschreibt, die er durchläuft, welche alle analog sind zu den äußeren Zyklen des Universums. Der wichtigste innere Zyklus ist der des Atems, da eine starke Verbindung zwischen dem Atem und den Ener-giewinden besteht. Tatsächlich ist die Bezeichnung für beide die gleiche. Wenn man auf einer äußeren Ebene eine Tag-und-Nacht-Periode in 60 Kalachakra-Stunden unterteilt – es gibt kein Gesetz, wonach sie nur in 24 unterteilt werden könnte –, dann gibt es in einem 360-tägigen Mondjahr 21 600 Stunden. In ähnlicher Weise atmen wir, wenn unsere Energien ausge-glichen sind, 21 600 Mal während des Ablaufs eines Tages und einer Nacht. Damit kommt es zu einem Atemzug nach ungefähr vier modernen Sekunden, was zutrifft, wie sich leicht nach-prüfen lässt. Genauso wie die Sonne die eine Hälfte des Jahres durch den nördlichen Sektor des Himmels reist und die andere durch den südlichen – astronomisch bekannt als die nördliche und südliche Deklination der Sonne –, atmen wir die eine Hälfte der Zeit vornehmlich durch das rechte Nasenloch und die andere Hälfte der Zeit durch das linke. Wenn wir die Hand unter die Nase halten, können wir verifizieren, dass wir zur gleichen Zeit immer hauptsächlich durch ein Nasenloch atmen. Mit Ausnahme einiger Atemzüge während des Umschwenkens von einem Nasenloch zum anderen geht der Atem normalerweise nicht gleichmäßig durch beide. Darüber hinaus wechselt ebenso, wie die Sonne im Laufe eines Jahres durch die zwölf Tierkreiszeichen wandert, der Atem zwölfmal während des Tages und der Nacht von einem Nasenloch zum anderen. Alle diese Parallelen haben ihre Gegenstücke im alternativen Kalachakra-Praxissystem.

Der Zyklus des Lebensgeistes und guter Gesundheitszustand

Das zweite Kapitel erörtert auch einen speziellen Typus von subtilem kreativem Tropfen, der unsere Lebensgeist-Energie (Skt. *bodhichitta*; tib. *bla*) wie ein Magnet anzieht. Diese Energie hilft, unseren Geist ausgeglichen zu halten. Aus ihrem Verlust resultieren Nervenzusammenbrüche oder Kriegsneurosen. Der Lebensgeist-Tropfen repräsentiert die stärkste Macht dieser Energie und zirkuliert durch den Körper in einem Dreißig-Tage-Zyklus, verbunden mit den Phasen des Mondes. Zu jedem Vollmond befindet er sich an der Kopfkrönung. Während des abnehmenden Mondes wandert er auf der einen Seite des Körpers nach unten und während des zunehmenden Mondes auf der anderen wieder nach oben.

Dieses Phänomen ist von einiger Bedeutung für die Medizin. Wenn die Zeit und die Umstände es erlauben, ziehen tibetisch-mongolische Ärzte diesen Zyklus heran, um den besten Tag etwa für die Durchführung einer Moxibustion-Hitzebehandlung eines arthritischen Gelenks herauszufinden. Wenn an einem bestimmten Punkt des Körpers eine Operation an dem Datum des Mondmonats durchgeführt wird, an dem die Lebensgeist-Energie dort am mächtigsten ist, erholt sich der Körper schneller. Vielleicht steht diese Tatsache in Beziehung zu Zyklen des Immunsystems. Wenn die Phasen des Mondes Einfluss auf die Gezeiten haben, dann ist es nicht abwegig, dass sie sich auch auf die Stärke der subtilen Energien des Körpers auswirken.

Der Zyklus des Lebensgeistes verhilft uns auch zum Verständnis bestimmter rätselhafter Lehren des Buddhismus, zum Beispiel der, dass es an Vollmond angeraten ist, auf Sex zu verzichten. Wenn der subtile Tropfen des Lebensgeistes sich an der Kopfkrönung befindet, sammeln sich dort die Lebensgeist-Energien. Dies stellt die förderlichsten Umstände für das Einleiten dieser und anderer Energiewinde in den Zentralkanal an diesem Knotenpunkt dar. Da der Orgasmus subtile kreative Tropfen einschließlich dem des Lebensgeistes freisetzt, zerstört das Erleben eines Orgasmus die beste Gelegenheit im Monat für die Auflösung der Energiewinde und den Zutritt zum Geist des klaren Lichts. Die Tatsache, dass an Vollmond die Lebensgeist-Energie am machtvollsten an der Kopfkrönung ist – dem wichtigsten Punkt im subtilen Körper –, mag auch besonders feinfühligen Menschen die Wahrnehmung erklären, dass ihre Energien vom Vollmond beeinflusst werden.

Die inneren Zeitzyklen wirken sich generell auf unsere Gesundheit aus. In seinem Kommentar zum zweiten Kapitel des *Kalachakra-Tantra* aus dem 14. Jahrhundert hat der 3. Karmapa erklärt, wie unsere Verwirrung hinsichtlich der Wirklichkeit das periodische Entstehen von Zyklen giftiger Einstellungen von Anhaftung, Ärger und verbohrter Dummheit verursacht. Diese unausgeglichenen Einstellungen bringen Krankheiten hervor, indem sie Unausgeglichenheiten in den drei zusammenhängenden physiologischen Systemen des Körpers hervorrufen, die als die Körpersäfte von Wind, Galle und Schleim bezeichnet werden. Weil die Praxis des Kalachakra Verwirrung und Unwissenheit beseitigt, welche die Wurzel sowohl von geistigen Problemen als auch von körperlichen Krankheiten sind, folgt, wenn die Emotionen durch Meditationspraxis ausgeglichener werden, der Körper dem in entsprechender Weise. Genauso wie die äußeren Kalachakra-Lehren Richtlinien für das Erreichen des Weltfriedens bereitstellen, ist die Verbindung von emotionaler und körperlicher Gesundheit im inneren Kalachakra eine der besten Richtlinien für inneren Frieden.

Alchemie

Das letzte Hauptthema des zweiten Kapitels ist die Alchemie, die Transformation einer Grundsubstanz in etwas Hilfreiches und Nützliches. Zuerst werden Rezepte zur Herstellung von Räucherwerk aufgeführt, das der Desinfektion, der Heilung und der Darbringung dient. Dann wird erklärt, wie man Metalle umwandelt, nicht in Gold, sondern in Medizin. Dabei liegt der Schwerpunkt auf der Entgiftung von Quecksilber, damit es als Hauptzutat bei der Herstellung der «kostbaren Pille» verwendet werden kann.

Als Teil des inneren Zeitzyklus breiten sich periodisch neue Krankheiten aus. Viele von denen, deren Auftreten der Text prophezeit, stehen in Verbindung mit Umweltverschmutzung, die wir heute als von Chemikalien, Strahlung usw. herstammend bestimmen können. Die beschriebenen Krankheiten scheinen auch Krebs und AIDS zu beinhalten. Gereinigtes Quecksilber entgiftet den Körper von Schadstoffen und hilft, alle seine Systeme erneut zu vitalisieren. Tibetische Ärzte haben die nach Kalachakra-Rezepturen hergestellten kostbaren Pillen benutzt, um Opfer des Chemikalienaustritts im indischen Bhopal und der Tschernobyl-Katastrophe zu behandeln – mit positivem Ergebnis. Sie haben auch bescheidene Erfolge zumindest bezüglich der Lebensverlängerung einiger Krebs- und AIDS-Patienten vorzuweisen.

Parallel zum alchemistischen Prozess präsentieren die alternativen Zyklen Methoden des Anuttarayoga-Tantra zur Umwandlung der Energiewinde, die den störenden Emotionen wie sehnsüchtiger Begierde zugrunde liegen, um sie für den spirituellen Pfad nutzbar zu machen. Die Energien dieser Emotionen

83

einzuspannen erlaubt eine einfachere Auflösung anderer Energiewinde im Körper, die nur unter besonderen Schwierigkeiten in den Zentralkanal eingeleitet werden können. Auf diese und andere Weise wirkt die umgewandelte Energie der Begierde wie eine kostbare Medizin, die hilft, Zutritt zum Geist des klaren Lichts zu erhalten und dessen glückseliges tiefes Gewahrsein für die Ausrichtung auf die Leerheit zu nutzen. Die Erzeugung und Nutzung glückseligen Gewahrseins für das Verständnis von Leerheit sind Hauptpunkte, die sich durch die ganze Kalachakra-Initiation und -Meditationspraxis hindurch wiederholen. Eine gewisse Kenntnis der inneren Zeitzyklen hilft uns, die daran beteiligte Physiologie zu verstehen.

5

ALTERNATIVES KALACHAKRA

Die Qualifikation eines Kalachakra-Meisters

Die Kapitel 3 bis 5 des *Kalachakra-Tantra* befassen sich mit den alternativen Zeitzyklen. Das dritte Kapitel, das die Ermächtigung betrifft, beginnt mit der Erörterung der Qualifikation eines tantrischen Meisters des Kalachakra und der Prozedur, an die man sich vor der Initiation bezüglich der Wahl eines solchen Lehrers halten sollte. Es ist äußerst wichtig, einen tantrischen Meister einer kritischen Überprüfung zu unterziehen, bevor man sich ihm gegenüber als Schüler verpflichtet. Erfolg beim Erreichen des Erleuchtungsziels und beim Erlangen der vollen Fähigkeit, anderen zu nutzen, hängt von der Reinheit und Ehrlichkeit unserer Beziehung zu unserem Lehrer ab. Erst nachdem eine starke Verbindung und völliges Vertrauen entstanden sind, ist es angebracht, von einem Meister die Kalachakra-Ermächtigung zu erbitten. Da die meisten Leute nicht das Glück oder die Gelegenheit haben, eine enge persönliche Beziehung zu einem großen Meister aufzubauen, der gerade die Kalachakra-Initiation überträgt, sind sie darauf angewiesen, diese Lehrer aufgrund des eben möglichen Kontakts zu beurteilen oder glaubwürdige Berichte aus erster Hand zu Rate zu ziehen. Auch wenn wir den Meister vor der Ermächtigung nicht persönlich treffen können, ist es bei weitem besser, zur Initiation mit begründeter Zuversicht und festem Vertrauen zu kommen, als mit blindem Glauben, der dem Namen und der Bekanntheit der Person geschuldet ist. Da es in den meisten Fällen nicht möglich ist, vorher in einem privaten Treffen um Ermächtigung zu bitten, wird die Anfrage formell in die anfänglichen Schritte der Zeremonie einbezogen.

Gemäß dem dritten Kapitel des *Kalachakra-Tantra* müssen authentische tantrische Meister dieses Systems ungebrochene, starke Verbindungen zu ihren eigenen Meistern haben, zu den Praktiken, ihren Gelübden und der wahren Natur der Wirklichkeit. Insbesondere müssen sie die tantrischen Gelübde des Kalachakra strikt einhalten und erfolgreich über die Erzeugungs- und vollständige Stufe des Kalachakra meditiert haben. Sie sind frei von Anhaftung an irgendetwas, einschließlich ihrer Familie, ihrer Freunde und sogar ihres Körpers. Ebenso müssen sie unbefleckt sein von Gier, Ärger, Dummheit und verbohrter Unwissenheit, Stolz, Eifersucht sowie Geiz. Mit großer Geduld arbeiten sie zum Segen ihrer Schüler mit ernsthaftem Interesse an deren Wohlergehen und ohne einen Gedanken daran, persönlich Dienste, Liebe, Respekt, Ruhm oder Reichtum zu erlangen. Sie werden ausschließlich von Bodhichitta motiviert, dem Wunsch, ein Buddha zu werden zum Wohle anderer. Da sie den Pfad-Geist erlangt haben, der zur Erleuchtung führt, sind sie fähig, anderen ebenfalls das Erlangen eines solchen Geistes zu ermöglichen und sie so von Ängsten zu befreien. Da sie ein unveränderliches glückseliges Gewahrsein erlangt haben, das auf die Leerheit ausgerichtet ist, bleiben sie vollständig keusch, büßen also nie ihren glückseligen Geisteszustand ein durch einen Orgasmus.

Darüber hinaus sind tantrische Meister des Kalachakra gefasst, emotional stabil, erfüllt von gesundem Menschenverstand, geduldig, ehrlich, sie machen einem nichts vor, sind liebevoll besorgt um andere, versiert in Bezug auf die Schriften und Kommentare, geschickt in der Anwendung der tantrischen Techniken und völlig vertraut mit allen Abläufen tantrischer Rituale. Sie besitzen sämtliche Qualitäten und Fähigkeiten, um die vier Maras, die dämonischen Störungen, zu eliminieren.

Dem Kalachakra-System zufolge bestehen die vier Maras aus unseren körperlichen, sprachlichen und geistigen Hindernissen beziehungsweise Blockierungen sowie den Hindernissen, die durch die Fixierung auf ein falsches Verständnis der Wirklichkeit verursacht werden. Das Beispiel, das der Text für Letztere anführt, ist, zu glauben, es sei unnötig, im Leben zuträglich zu handeln, da alles Glück als Geschenk von den Göttern komme.

Für den Fall, dass drei gleichermaßen qualifizierte tantrische Meister – ein voll ordinierterer Mönch, ein Novize und ein Haushälter – zur Wahl stehen, wir unter ihnen einen auswählen müssen, rät der Text, sich auf den voll ordinierten Meister zu stützen. Hingabe an einen Laienlehrer und diesem somit den Vorzug vor einem perfekt qualifizierten Mönch zu geben untergräbt die Lehre des Buddha. Leute, die sehen, dass ein solcher Mönch übergangen wird, erhalten den Eindruck, dass die klösterliche Gemeinschaft, der Sangha, also eine der drei Kostbarkeiten, die dem Leben eine sichere Richtung verleihen, unnötig sei. Es ist wichtig, dies zu bedenken angesichts der im Westen bestehenden Tendenz, die Rolle und Bedeutung von Mönchen und Nonnen im Buddhismus herunterzuspielen und die der Laien hervorzuheben.

Ungeeignete Lehrer

Das dritte Kapitel erklärt auch, wie man einen ungeeigneten Kalachakra-Meister erkennt. Derartige Lehrer sind stolz, voller Vorurteile und Hass, haben die enge Verbindung zu ihrem Lehrer, ihren Gelübden und ihrer Praxis abgebrochen, sie verhalten sich respektlos im Bezug auf heilige Objekte, und sie haben die Kalachakra-Praxis nur wenig studiert. Sie sind ausschließlich an der Täuschung ihrer Schüler interessiert, ihr Geist ist aus dem unveränderlichen glückseligen Gewahrsein herausgefallen – so sie denn je so weit gekommen sind –, und sie lehren ohne ausreichende Ermächtigung oder Meditationserfahrung. Sie haften an Begierdeobjekten der Sinne an, sind nicht pflichtbewusst, befleißigen sich grober Rede und streben nur die ephemere Glückseligkeit des sexuellen Orgasmus an. Das *Kalachakra-Tantra* rät dringend, solche Lehrer wie brennende Höllen zu meiden. Selbst wenn wir die Ritualprozedur einer tantrischen Initiation von solchen so genannten «Gurus» erbitten und sie mit ihnen vollziehen, erhalten wir keine eigentliche Ermächtigung. Das liegt daran, dass ihre Mängel sie disqualifizieren, jene zu übertragen.

Falls man sich bereits einem solchen ungeeigneten Lehrer anvertraut hat, dem es an Mitgefühl mangelt, der mit Ärger angefüllt ist, an Sinnesvergnügen anhaftet, arrogant ist und sich immer selbst lobt, rät der Text, sich von ihm zu lösen. Der Privatlehrer des 2. Dalai Lama, Kädrub Norsang-Gyatso, der im 15. Jahrhundert lebte, legte großen Wert darauf, dass dies nicht gleichbedeutend ist mit Verachtung und Respektlosigkeit. Vielmehr geht es schlicht darum, nichts mehr mit einen solchen Menschen zu tun zu haben. Da es schwierig ist, einen wirklich qualifizierten Lehrer zu finden, sollte man sich auf jemanden stützen, der zumindest einen Hauptanteil an guten Eigenschaften besitzt; dabei ist das Wichtigste, dass der Betreffende seine Gelübde rein hält.

Qualifikation für das Erhalten der Ermächtigung

Das dritte Kapitel widmet sich als Nächstes der Qualifikation des Schülers für das Erhalten der Kalachakra-Ermächtigung. Wir müssen uns selbst ehrlich prüfen, um herauszufinden, ob wir den Anforderungen genügen. Gemäß dem «Gekürzten Kalachakra-Tantra» haben für die volle Ermächtigung geeignete Schüler ein tiefes Interesse am unveränderlichen glückseligen Gewahrsein der Leerheit und an leeren Formen, und sie erfreuen sich daran, von abträglichem Verhalten Abstand zu nehmen und die tantrischen Gelübde streng einzuhalten. Sie haben es aufgegeben, sich mit trivialen Beschäftigungen abzulenken, messen Reichtum und Besitztümern keine Bedeutung zu, haben ein unvergängliches Vertrauen in die drei Kostbarkeiten und kein Interesse an den weltlichen Früchten der tantrischen Praxis, sondern nur an der Erleuchtung. Darüber hinaus respektieren sie vollständig die tantrischen Abläufe, halten weder bloße Visualisation noch Ritualpraxis für ausreichend, sind fähig, die Richtlinienanweisungen für die vollständige Stufe vertraulich zu behandeln, bis sie deren Verwirklichung erlangt haben, und lassen sich nicht mit Leuten ein, die sie von ihrer Praxis oder ihrem Ziel abhalten könnten.

Der Kommentar zum «Makellosen Licht» fügt hinzu, dass für eine der Ebenen der Kalachakra-Ermächtigung geeignete Schüler ihre ernsthafte spirituelle Übung mit dem Erhalt und dem Einhalten der Laiengelübde des Vermeidens von Töten, Stehlen, Lügen, unpassendem sexuellem Verhalten und von Rauschmitteln begonnen haben. Für diejenigen, die nicht die Gelegenheit hatten, diese Gelübde zuvor abzulegen, sind sie in den 25 Arten des bezähmten Verhaltens enthalten, welche die Initianten als Teil der Ermächtigung aufrechtzuerhalten versprechen. Wir werden die Bedeutung und Auswirkung dieser Versprechen untersuchen, wenn wir diese Arten des bezähmten Verhaltens in Kapitel 8 erläutern.

Darüber hinaus haben geeignete Schüler auf der festen Grundlage ethischer Selbstdisziplin eine Mahayana-Geisteshaltung entwickelt, erfüllt von Liebe, Mitgefühl, außergewöhnlicher Entschlossenheit und Bodhichitta, und sind bei einer Madhyamaka-Sichtweise der Wirklichkeit angelangt, indem sie schrittweise die weniger anspruchsvollen buddhistischen Lehrsysteme studiert haben. Sich stufenweise zur Madhyamaka-Sichtweise vorzuarbeiten sichert ein tieferes Verständnis, das auf einer festeren Basis steht.

Da jeder Schritt der Kalachakra-Ermächtigung und Praxis auf Bodhichitta und einem Verständnis der Leerheit gründet, ist zumindest eine gewisse Vertrautheit mit ihnen nötig. Der Text führt nicht aus, welche Ebene der Kompetenz dies sein muss. Es ist allerdings immer eine sichere Entscheidungsgrundlage, wenn man den grundlegenden buddhistischen Richtlinien folgt. Ein sich bemühender Praktizierender ist mehr an zukünftigen Leben als am jetzigen interessiert, mehr an der Befreiung von Samsara als an einer besseren Wiedergeburt in der Zukunft, mehr an der Hilfe für andere als an der Befriedigung eigensüchtiger Begierden, und mehr am Sehen der Wirklichkeit als am fraglosen Akzeptieren der Erscheinungen. Auch wenn wir Leerheit nicht studiert oder nicht tief über sie meditiert haben, müssen wir an ihr zumindest ein ehrliches Interesse haben, ebenso die Absicht, ihr sobald wie möglich ernsthaft nachzugehen.

Als letzten Punkt führt das «Makellose Licht» an, dass die Schüler vor der Ermächtigung größten Respekt vor den Methoden des Anuttarayoga-Tantra haben müssen, insbesondere vor derjenigen des Kalachakra. Um diese Bewunderung und dieses Interesse zu erlangen, ist ein gewisses Maß an Studium und intellektuellem Verständnis unabdingbar.

Die Entscheidung für oder gegen die Teilnahme an der Initiation

Viele Menschen würden es vorziehen, eine Autorität darüber befinden zu lassen, ob sie für die Kalachakra-Praxis geeignet sind. Doch die wenigsten haben eine solche Gelegenheit. Grundsätzlich müssen wir selbst entscheiden, ob wir für Tantra und insbesondere für Kalachakra bereit sind.

Es gibt unterschiedliche Motive, an einer Kalachakra-Initiation teilzunehmen. Einige Leute sind bereits tief in ein anderes Anuttarayoga-Tantra-System involviert und wollen das Kalachakra studieren, um ein klareres Verständnis anderer tantrischer Praktiken zu erlangen. Einige sind Praktizierende, die sich nicht sicher sind, welche Buddha-Form sich für sie am besten eignet, und die ihre Möglichkeiten zu erweitern wünschen, indem sie Kalachakra mit aufnehmen. Viele fühlen sich nicht bereit für Anuttarayoga-Praxis, sondern sind lediglich Zuschauer und stellen eine karmische Verbindung mit der Praxis her, um diese in der Zukunft zu verfolgen. Wenn es uns allerdings ernst ist mit der Praxis des Kalachakra selbst, wie können wir dann wissen, ob sie für uns die richtige ist?

Der zu bedenkende Hauptfaktor bei der Auswahl eines

Anuttarayoga-Systems ist der Stil seiner Praxis der vollständigen Stufe. Wir müssen unser vorherrschendes subtiles Energiesystem identifizieren und herausbekommen, welche Methoden auf der vollständigen Stufe dieses System am effektivsten nutzen, um uns Zugang zum Geist des klaren Lichts zu verschaffen. Dies können wir nur feststellen über die Meditationserfahrung, die wir durch das Studium von mehreren Systemen und das Experimentieren mit ihnen erlangen, unter der direkten Aufsicht eines qualifizierten tantrischen Meisters. Nachdem wir den geeignetsten Stil der vollständigen Stufe eruiert haben, richten wir uns, wenn wir uns darauf vorbereitet haben, die gesamte Zeit in ihre Praxis zu investieren, intensiv auf die entsprechende Erzeugungsstufe aus, was dann zum Erfolg dieser Anstrengung heranreift. Das übliche Verhalten bis zum Erreichen dieses Punktes der Sicherheit besteht darin, sich in bestimmtem Umfang mit der Praxis der Erzeugungsstufe mehrerer Anuttarayoga-Systeme zu beschäftigen – wobei ein so großes Spektrum abgedeckt sein sollte, wie es unser Fassungsvermögen erlaubt –, um so die karmischen Verbindungen und die Vertrautheit aufzubauen, die für eine abschließende Auswahl des Systems nötig sind.

Es bleibt aber immer noch die Frage, wie wir die Entscheidung treffen, ob wir das Kalachakra in unsere Anuttarayoga-Praxis aufnehmen sollen. Wir beurteilen unsere Neigung, indem wir einfach unsere natürlichen Interessen untersuchen. Obwohl der Text diesen Punkt nicht ausarbeitet, haben diejenigen, die von Astronomie, Astrologie, Kernphysik, Mathematik, Technologie, Geschichte oder der Kunst der Konfliktlösung fasziniert sind und die sich von den äußeren und inneren Kalachakra-Erörterungen dieser Punkte angezogen fühlen, höchstwahrscheinlich eine gewisse Verbindung zum Kalachakra. Dieselbe Schlussfolgerung können wir ziehen, wenn unser Leben sehr komplex ist, wir jeden Tag mit vielen Dingen jonglieren müssen und wir ganz natürlich angezogen sind von dem positiven Selbstbild, das Kalachakra bietet – der Fähigkeit, mit allen Situationen umgehen zu können, und das zu jeder Zeit und in jedem Umfang.

In Notsituationen das Selbstbild des Kalachakra zu haben und geeignete Mantras zu rezitieren, um dessen Vergegenwärtigung aufrechtzuerhalten, ist auch für diejenigen von großem Nutzen, die sich nie ernsthaft auf die Kalachakra-Praxis einlassen. In den modernen Gesellschaften führen viele Menschen ein fragmentarisches Leben. Sie fühlen sich entfremdet von vitalen Komponenten wie zum Beispiel ihrem Körper, ihren Gefühlen, ihrer Kreativität oder ihren Eltern. Es ist schwierig, alles im Gleichgewicht zu halten und es zu integrieren. Es ist so, als ob wir viele Leben gleichzeitig führen würden – ein öffentliches und ein privates, ein Büroleben, ein Familienleben, dazu ein soziales, intellektuelles, spirituelles, ein Sport-, Vereins-, Ferien-, Muße- und politisches Leben. Die Situation wird sogar noch komplizierter, wenn es zu Scheidungen und Wiederverheiratungen gekommen ist. Kalachakra repräsentiert die Fähigkeit, eine ganze Person zu sein, also alle diese Elemente harmonisch zusammenzubringen.

Das Kalachakra-Selbstbild stammt von der gleichzeitigen Visualisation aller 722 Gestalten eines komplexen Mandala und der Identifikation mit ihnen allen. Wenn wir im Büro von der Arbeit überwältigt werden und uns unser Vorgesetzter dennoch ein weiteres Projekt auf den Tisch legt, werden wir uns nicht aufregen, wenn wir uns an das Kalachakra-Selbstbild erinnern. Es ist so, als ob wir einer der Ecken unserer riesigen Mandala-Welt eine weitere Gruppe von Gestalten hinzufügen würden. Es ist für uns ganz einfach, damit umzugehen. Daher mag es sein, dass, auch wenn wir Kalachakra nicht als unsere Hauptpraxis wählen oder es noch nicht einmal als eine mögliche zukünftige Ausrichtung ansehen, wir uns dafür entscheiden, die Kalachakra-Ermächtigung zu nehmen mit dem Ziel, sein Selbstbild zu entwickeln und mit ihm zu arbeiten.

Das für die Übertragung der Ermächtigung benutzte Mandala

Nachdem es die Qualifikation des tantrischen Meisters und der Schüler für die Ermächtigung erläutert hat, befasst sich das *Kalachakra-Tantra* als Nächstes mit dem Mandala dieser Zeremonie. Während der Ermächtigung werden wir in die dreidimensionale Mandala-Welt von Kalachakra eingeführt, und die Ermächtigung wird tatsächlich in diesem Mandala übertragen. Das Mandala besteht aus durchscheinendem, klarem Licht und ist eine Emanation des erleuchtenden Geistes des tantrischen Meisters als der Buddha-Form. Wer keine äußerst fortgeschrittenen Verwirklichungen besitzt, kann dieses Mandala nicht wirklich sehen. Während der Initiation stellen sich die meisten Leute lediglich vor, es sei gegenwärtig. Allerdings muss hierfür eine Grundlage bestehen, damit diese Visualisation eine gültige Wahrnehmung ist.

Dieser Punkt kann erläutert werden am Beispiel des geistigen Benennens. Denken wir an das Errichten eines neuen Hauses. Ein Haus kann nicht ohne geistiges Schema oder einen Bauplan oder ein Architektenmodell gebaut werden. Das Haus selber ist aber keine dieser Repräsentationen. Niemand wird in dem winzigen Modell wohnen. Wir können von dem jeweiligen Haus nur auf der Basis, sagen wir, einer Zeichnung sprechen. Wenn es kein Schema gibt, lässt sich nur von einem neuen Haus im Allgemeinen reden, nicht von demjenigen, das zu bauen man vorhat. Das Haus ist nicht das Wort «Haus», sondern das, worauf sich das Wort auf der Grundlage der Zeichnung bezieht. In buddhistischer Terminologie sind die Zeichnung oder das Modell die Grundlage für das geistige Benennen des Hauses. Wir können mit dem Haus nicht anders umgehen als unter Nutzung einer Grundlage, auf der man ein solches benennen kann. Wenn das Haus dann tatsächlich erbaut ist, stellen seine Räume die Benennungsgrundlage dar.

Auch für den Umgang mit dem Kalachakra-Mandala während der Initiation muss eine Grundlage für die Benennung vorhanden sein. Nach Naropas aus dem elften Jahrhundert stammendem Kommentar zum dritten Kapitel muss für die Kalachakra-Ermächtigung diese Grundlage ein aus farbigem Pulver gemachtes Mandala sein. Falls für die Herstellung eines solchen Mandala die Mittel fehlen und die Schüler äußerst qualifiziert sind, können tantrische Meister die Ermächtigung auf der Grundlage eines Mandala übertragen, das sie aus ihrem Geist des klaren Lichts emanieren und durch die Kraft ihrer stabilen Konzentration aufrechterhalten. Das ist die einzige Ausnahme, abgesehen von jener besonderen Situation, als König Manjushri-Yashas eine im königlichen Garten von Shambhala errichtete dreidimensionale Nachbildung des Mandala in voller Größe benutzte, um sein Volk zu einen. Heutzutage, wenn die entsprechenden Mittel nicht zur Verfügung stehen, übertragen allerdings viele Meister die Ermächtigung auf der Grundlage eines auf Stoff gezeichneten Mandala.

Die drei Ebenen der Ermächtigung

Die Kalachakra-Initiation besteht aus vielen verschiedenen Einzelermächtigungen, und entsprechend ihrer Zahl kann ein Kalachakra-Meister die Gesamtinitiation auf drei Umfassungsebenen übertragen. Alle Ebenen der Initiation enthalten einen Satz von sieben Ermächtigungen, bekannt als die «Sieben des Eintretens wie ein Kind». Jede von diesen korrespondiert mit einer Entwicklungsstufe des Menschen von der Geburt bis zur Jugend. Über die «Sieben des Eintretens wie ein Kind» hinaus gibt es höhere und höchste Sätze von Vasen-, geheimer, Weisheits- und vierter beziehungsweise Wort-Ermächtigung sowie die große Vajra-Meister-Ermächtigung.

Auf der ersten Umfassungsebene überträgt der Meister nur die «Sieben des Eintretens wie ein Kind». Sie zu erhalten ermächtigt uns, in die Praxis der Erzeugungsstufe einzusteigen. Auf der zweiten Ebene werden elf Ermächtigungen übertragen: die «Sieben des Eintretens wie ein Kind», die höhere Vasen-, die geheime und die Weisheits-Ermächtigung und dann sowohl die höhere als auch die höchste vierte Ermächtigung, die als eine gezählt werden. Diese zweite Ebene ermächtigt uns, sowohl über die Erzeugungsstufe als auch über die vollständige Stufe der Kalachakra-Praxis zu meditieren. Die umfassendste Ebene der Initiation beinhaltet die sieben Ermächtigungen des Eintretens wie ein Kind, die vier höheren und die vier höchsten Ermächtigungen sowie die große Vajra-Meister-Initiation. Sie ermächtigt diejenigen, die durch die Praxis der Erzeugungs-

und der vollständigen Stufe tatsächlich Verwirklichungen erlangt haben, zur Übertragung der Kalachakra-Initiation an andere. Da die meisten von uns im Moment kein drängendes Bedürfnis nach dieser letzten Ermächtigung haben, sollten wir nicht schmollen, wenn die Ebene der Initiation, die wir erhalten, nicht die vollständigste ist. Wir verpassen nichts von dem, was wir im Augenblick brauchen, selbst wenn wir nur eine Kalachakra-Ermächtigung der ersten Ebene erhalten.

Zusätzlich zu diesen drei Ebenen der Ermächtigung gibt es auch eine Kalachakra-Zeremonie der nachfolgenden Erlaubnis. Leute im Westen unterscheiden oft nicht zwischen einer Ermächtigung und einer nachfolgenden Erlaubnis – einem *wang* und einem *jenang* – und verwenden den Begriff «Initiation» für beides. Das führt zu Verwirrung. Tsenshab Serkong Rinpoche benutzte oft die Analogie, wonach das Erhalten einer Ermächtigung so ist, als ob man ein Schwert ausgehändigt bekommt, während es sich beim Erhalten einer nachfolgenden Erlaubnis so verhält, als ob dieses Schwert für die wirksamere Benutzung geschärft wird. Die nachfolgende Erlaubnis des Kalachakra steuert weitere Inspiration bei für die Verwendung von Körper, Rede und Geist in erleuchtender Weise entlang des spirituellen Pfades, anderen zu nutzen. Die Zeremonie der nachfolgenden Erlaubnis kann jeder der drei Ermächtigungsebenen angefügt werden. Aber auch ohne sie ist die Initiation weiterhin vollständig. Wir haben das Schwert. Wenn wir erst einmal einige Erfahrung mit seiner Benutzung haben, können wir es schärfen lassen.

Das dritte Kapitel beschreibt als Nächstes die Vorbereitungen, die ein Meister vor der Übertragung der Ermächtigung treffen muss, einschließlich der Art, wie man den Ort weiht und einen geschützten Raum errichtet, um Störungen während der Zeremonie abzuwehren. Abschließend legt es im Detail die Prozedur jeder Ermächtigung dar. Einige dieser Punkte werden wir in späteren Kapiteln erörtern.

Zugang finden zur Komplexität der Kalachakra-Praxis

Die Kapitel 4 und 5 erläutern die Praktiken der Erzeugungsstufe und der vollständigen Stufe und beschreiben das Erlangen der Erleuchtung mittels dieses Pfades. Sie können nach dem Erhalt der Ermächtigung studiert werden. Viele Leute befürchten allerdings, die Kalachakra-Praxis könnte zu schwierig sein, da das Kalachakra-Mandala 722 Gestalten beinhaltet, die gleichzeitig und in allen Details zu visualisieren man angehalten ist. Es gibt aber keinen Grund, sich eingeschüchtert zu fühlen. Obwohl die Kalachakra-Praxis nicht einfach ist, beginnen wir bei der Meditation seiner Erzeugungsstufe nicht mit dem Versuch, die Gesamtheit des Ganzen zu visualisieren. Normalerweise fangen wir mit einem vereinfachten Schema der Sadhana an, das entweder eine Figur oder zwei Figuren enthält mit je nur einem Gesicht und zwei Armen. Mit zunehmenden Fähigkeiten dehnen wir unsere Visualisation stufenweise aus, bis wir fähig sind, uns das gesamte Mandala vorzustellen. Studium und Praxis eines anderen Anuttarayoga-Tantra, wie zum Beispiel Guhyasamaja, können zwar hilfreich sein, sind aber nicht erforderlich, um sich mit Kalachakra zu befassen.

Kalachakra hält nicht den Rekord bezüglich der Anzahl von Figuren im Mandala, doch es gibt genug davon. Das Mandala beinhaltet Figuren, welche die 360 Tage des Jahres repräsentieren, die Tierkreiszeichen, die Hauptkonstellationen und die Planeten, wie auch die meisten Bestandteile des menschlichen Körpers, z. B. die Knochen, den Sinnesapparat sowie die Winde, Kanäle und Chakras des subtilen Energiesystems. Da unser Körper und unser Geist wie das Leben selbst sehr komplex sind und derart viele Bestandteile aufweisen, bedarf es eines komplizierten Schemas, um sie alle zu symbolisieren, zu integrieren und um mit ihnen arbeiten zu können. Daher sind alle Phasen der Kalachakra-Praxis einschließlich der Ermächtigung genauer ausgearbeitet als die in anderen Tantras. Die Theorie, die dahinter steht, ist, dass, da das Mandala die zu reinigende Basis symbolisiert, ein ausgedehnteres Mandala zu einer gründlicheren Reinigung führt. Das bedeutet allerdings nicht, dass man nach dem Erhalt der Kalachakra-Ermächtigung ein detailliertes Studium der tibetisch-mongolischen Astrologie und Medizin auf sich nehmen muss, um eine möglichst umfassende Kenntnis der zu reinigenden Grundlage zu erhalten. Die Bekanntschaft mit ihren allgemeinen Prinzipien ist vollkommen ausreichend. Unser Hauptaugenmerk liegt auf dem alternativen Kalachakra-System.

Die Praxis der vollständigen Stufe des Kalachakra führt zum Erhalt einzigartiger unmittelbar vorausgehender Ursachen für den erleuchtenden Körper und Geist eines Buddha – namentlich zu einer leeren Form und einem unveränderlichen glückseligen Gewahrsein der Leerheit. Die mittels dieser erlangte Erleuchtung unterscheidet sich jedoch nicht von der, die auch durch jede andere buddhistische Technik möglich ist. Wenn einige der klassischen tibetischen Texte Kalachakra die Spitzenstellung unter allen Tantras einräumen, so beruht dies auf der Fülle und Klarheit des Kalachakra-Materials und nicht auf dem durch seine Praxis erzielten Resultat.

6

ZUFLUCHTSVERPFLICHTUNGEN UND BODHISATTVA-GELÜBDE

Das Studium der Verpflichtungen und Gelübde

Die meisten Leute, die daran denken, der Kalachakra-Initiation als aktive Teilnehmer und nicht nur als Beobachter beizuwohnen, zeigen ein reges Interesse für die Gelübde. Sie möchten wissen, worin ihre Verpflichtungen bestehen, damit sie ihre Fähigkeit, diese einzuhalten, realistisch einschätzen können. Derartige Ehrlichkeit und Gewissenhaftigkeit sind äußerst lobenswert. Dennoch studieren die angehenden Praktizierenden traditionell nur die Laien- und Bodhisattva-Gelübde und befassen sich nicht mit den Details der klösterlichen oder der tantrischen Gelübde, bis sie tatsächlich gelobt haben, sie einzuhalten. Die Idee ist hier, dass die mit dem Eintritt in das klösterliche Leben verbundene Entsagung so stark ist und Bodhichitta so sehr zur Ausübung einer tantrischen Praxis drängt, dass wahrhaft Suchende bereit sind, alles dafür zu tun. Heutzutage sind die Leute allerdings besonders kritisch und vorsichtig. Es gibt Fehlinformationen und Verwirrung zum Thema Tantra im Überfluss. Aus diesem Grund haben die großen buddhistischen Meister die Veröffentlichung eindeutiger Erklärungen aller Gelübdegruppen sanktioniert, um so zu gewährleisten, dass diejenigen, die ernsthaft daran interessiert sind, eine Grundlage für ihr Studium haben.

Verhalten, das nach der formalen Zufluchtnahme zu übernehmen ist

Da die Zuflucht die Grundlage für alle buddhistischen Gelübde darstellt, besteht die erste Verpflichtung, die wir als Teilnehmer einer Kalachakra-Initiation eingehen, in der Zufluchtnahme. Zuflucht zu nehmen bedeutet, dem Leben in förmlicher Weise eine sichere und positive Richtung zu geben, wie sie von den drei Kostbarkeiten verdeutlicht wird – dem Buddha, dem Dharma und dem Sangha –, und zu versprechen, die somit eingeschlagene Richtung unerschütterlich beizubehalten, bis sie uns zur Erleuchtung führt. Formal Zuflucht zu nehmen in einer Ermächtigung ist gleichwertig mit einer Zufluchtnahme in einer separaten Zeremonie mit einem Lehrer. Das Abschneiden einer Haarlocke und der Erhalt eines Dharma-Namens sind keine essenziellen Bestandteile der Prozedur und werden weggelassen, wenn man Zuflucht in der Initiation nimmt, selbst wenn es das erste Mal ist.

Wenn wir in formaler Weise unser Leben orientieren an der sicheren und positiven Richtung der Zuflucht, dann verpflichten wir uns zu drei Gruppen von Handlungen, die für die Beibehaltung dieser Richtung hilfreich sind. Die erste Gruppe besteht aus acht Handlungen, die das Verhalten im Allgemeinen betreffen. Diese 8 sind: In Entsprechung zum Annehmen der sicheren Ausrichtung von den Buddhas vertrauen wir uns aus ganzem Herzen einem spirituellen Lehrer an (1). Wenn wir zu dem Meister, der die Ermächtigung überträgt, keinen Zugang haben und bis jetzt keinen persönlichen Lehrer gefunden haben, der unsere Praxis anleitet, besteht die Verpflichtung darin, einen solchen zu finden.

Wenn wir formal in einer getrennten Zeremonie, die nicht Teil einer tantrischen Initiation ist, mit einem Lehrer Zuflucht nehmen, dann impliziert das nicht notwendigerweise, dass wir uns verpflichten, diesem Lehrer als unserem persönlichen spirituellen Führer zu folgen. Natürlich ist es wichtig, stets Respekt und Dankbarkeit gegenüber dieser Person an den Tag zu legen, welche die Tür geöffnet hat zur sicheren Richtung in unserem Leben. Unsere Zuflucht bleiben aber die drei Kostbarkeiten – während der Zeremonie repräsentiert durch eine Buddha-Statue oder ein Gemälde – und nicht die Person, die das Ritual leitet. Lediglich im Kontext einer tantrischen Initiation verkörpert der Lehrer die drei Kostbarkeiten, und nur hier erzeugt das Nehmen einer sicheren Richtung das formelle Band zwischen spirituellem Meister und Schüler. Darüber hinaus ist unsere sichere Richtung, unabhängig vom Kontext, die der drei Kostbarkeiten im Allgemeinen und nicht die einer bestimmten Linie oder Tradition des Buddhismus. Wenn der Lehrer, der die Zufluchtszeremonie oder Initiation ausführt, von einer bestimmten Linie herkommt, dann macht uns das Erhalten der sicheren Ausrichtung oder Ermächtigung von ihm oder ihr nicht notwendig zu einem Anhänger derselben Linie.

Um die Dharma-Richtung im Leben aufrechtzuerhalten, studieren wir die buddhistischen Lehren (2) und wenden sie an (3), um unsere störenden Emotionen und Einstellungen zu beseitigen. Akademische Studien sind nicht ausreichend. Um die Richtung des Sangha, der Gemeinschaft der hochverwirklichten Praktizierenden, einzuschlagen, folgen wir ihrem Beispiel (4). Dies bedeutet nicht unbedingt, dass man ins Kloster geht, sondern vielmehr, dass man ernsthafte Anstrengungen unternimmt, die vier wahren Tatsachen des Lebens – die «vier edlen Wahrheiten» – in unmittelbarer und unbegrifflicher Weise zu erkennen. Diese sind: Das Leben ist schwierig; unsere Schwierigkeiten haben eine Ursache, nämlich Verwirrung bezüglich der Realität; wir können unsere Probleme beenden; um dies zu tun, benötigen wir ein Verständnis von Leerheit im Sinne eines Pfad-Geistes.

Wir machen das Arbeiten an uns selbst zur vorrangigen Aufgabe in unserem Leben (5). Das bedeutet, dass wir, anstatt uns andauernd zu beschweren und andere zu kritisieren, unsere Zeit und Energie der Beseitigung unserer Mängel und der Entfaltung unserer Talente und Potenziale widmen. Wir übernehmen die ethischen Maßstäbe, welche die Buddhas aufgestellt haben (6). Diese Ethik basiert auf einer klaren Unterscheidung zwischen dem, was hilfreich ist, und dem, was schädlich ist für die positive Richtung im Leben. Der buddhistischen Ethik zu folgen bedeutet daher, von bestimmten Verhaltensweisen Abstand zu nehmen, weil sie destruktiv sind und die Fähigkeit beeinträchtigen, uns und anderen zu nutzen. Weiter nehmen wir andere Verhaltensweisen an, weil sie konstruktiv sind und uns helfen zu wachsen. Wir versuchen, anderen gegenüber so offen und mitfühlend wie möglich zu sein (7). Selbst wenn unser spirituelles Ziel begrenzt ist auf das Erreichen der Befreiung von unseren eigenen Problemen, geht das nie auf Kosten anderer. Schließlich machen wir, um unsere Verbindung mit den drei Kostbarkeiten aufrechtzuerhalten, besondere Darbringungen in Form von Früchten, Blumen usw. an den buddhistischen Feiertagen, zum Beispiel am Jahrestag von Buddhas Erleuchtung (8). Religiöse Feiertage mit traditionellen Ritualen zu begehen hilft uns, uns als Teil einer größeren Gemeinschaft zu fühlen.

Aufzugebende Handlungen und Formen der Respektbezeugung

Die zweite Gruppe von Zufluchtsverpflichtungen besteht darin, in Verbindung mit jeder der drei Kostbarkeiten bestimmte Handlungen aufzugeben und andere aufzunehmen. Die Handlungen, die aufzugeben sind, führen zu einer entgegengesetzten Richtung im Leben, während die anzunehmenden die Achtsamkeit für das Ziel fördern. Die drei zu vermeidenden Handlungen sind: 1. Obwohl man sichere Ausrichtung vom Buddha bekommen hat, nimmt man seine Hauptausrichtung von irgendwo anders her. Das Wichtigste im Leben ist nicht länger das Anhäufen von so vielen materiellen Dingen und unterhaltsamen Erlebnissen wie möglich, sondern das Ansammeln von so vielen guten Eigenschaften – zum Beispiel Liebe, Geduld, Konzentration und Weisheit –, wie wir nur können, um von größerem Nutzen für andere zu sein. Darin liegt kein

Gelübde der Armut oder Abstinenz, sondern vielmehr eine Bestätigung, dass wir eine tiefere Ausrichtung im Leben besitzen. Im engeren Sinne bedeutet diese Verpflichtung, keine letztendliche Zuflucht zu Göttern oder Geistern zu nehmen. Der Buddhismus und insbesondere seine tibetische Form beinhaltet oft rituelle Zeremonien, so genannte Pujas, die an verschiedene Buddha-Formen oder wilde Schützer gerichtet werden, um Hindernisse zu beseitigen und konstruktive Ziele zu erreichen. Die Durchführung dieser Zeremonien stellt förderliche Umstände dafür zur Verfügung, dass negative Potenziale zu trivialen anstatt zu großen Hindernissen heranreifen und dass positive Potenziale früher statt später heranreifen. Wenn wir allerdings überwältigend negative Potenziale aufgebaut haben, sind diese Zeremonien für die Abwendung von Schwierigkeiten unwirksam. Götter, Geister, Schützer oder auch Buddhas günstig zu stimmen ist daher niemals ein Ersatz dafür, auf unser Karma aufzupassen: Destruktives Verhalten vermeiden und in konstruktiver Art handeln. Der Buddhismus stellt keinen spirituellen Pfad der Schützerverehrung dar, auch nicht der Buddha-Verehrung. Die sichere Richtung des buddhistischen Pfades besteht in der Arbeit, selbst ein Buddha zu werden.

2. Obwohl man sichere Ausrichtung vom Dharma genommen hat, Menschen oder Tieren Verletzungen oder Schaden zufügen. Eine der Hauptrichtlinien, die der Buddha gelehrt hat, besteht darin, anderen so viel wie möglich zu helfen und, wenn wir nicht helfen können, sie zumindest nicht zu verletzen.

3. Obwohl man sichere Richtung vom Sangha genommen haben, enge Verbindungen mit negativen Leuten einzugehen. Solche Kontakte zu vermeiden hilft uns, ein schnelles Abschwenken von unseren positiven Zielen zu vermeiden, solange wir in unserer Lebensausrichtung noch schwach sind. Das bedeutet nicht, dass wir in einer buddhistischen Gemeinschaft leben müssen, sondern sorgfältig zu sein bezüglich der Menschen, mit denen wir umgehen, und alle angemessenen und nötigen Maßnahmen zu treffen, um abträgliche Einflüsse zu vermeiden.

Zum Zeichen der Ehrerbietung übernehmen wir die folgenden drei Handlungen: Wir zeigen Hochachtung für alle Statuen, Gemälde und anderen künstlerischen Darstellungen von Buddhas (4), für alle Bücher, insbesondere für die den Dharma betreffenden (5) sowie für alle Personen mit buddhistischen Kloster-Gelübden und auch für ihre Roben (6). Traditionell wird es als Zeichen der Respektlosigkeit angesehen, wenn man auf solche Objekte tritt oder über sie hinwegsteigt, auf ihnen sitzt oder steht und wenn man sie direkt auf den Boden legt, ohne zumindest ein Stück Stoff dazwischen. Diese Objekte sind nicht die eigentliche Quelle der sicheren Richtung. Dennoch repräsentieren sie die erleuchteten Wesen, ihre höchsten Errungenschaften sowie die hochrealisierten Praktizierenden, die bereits weit auf das Ziel hin fortgeschritten sind, und sie helfen uns, diese drei im Geist zu behalten.

Allgemeine Zufluchtsverpflichtungen

Die dritte Verpflichtungsgruppe der Zuflucht besteht darin, sechs Übungen aufzunehmen, die sich auf das dreifache Juwel als Ganzes beziehen. Diese sechs sind: 1. Das Erneuern unserer sicheren Ausrichtung, indem wir uns selbst kontinuierlich an die Eigenschaften der drei Zufluchts-Kostbarkeiten erinnern sowie an den Unterschied zwischen ihnen und anderen möglichen Lebensausrichtungen. 2. Aus Dankbarkeit für ihre Freundlichkeit und ihre spirituelle Unterstützung bringen wir jeden Tag den ersten Teil unserer heißen Getränke und Speisen dem dreifachen Juwel dar. Dies geschieht gewöhnlich in der Vorstellung, doch man kann auch einen kleinen Teil des ersten heißen Getränks am Tag vor eine Buddha-Statue oder ein Buddha-Gemälde stellen, um ihn dann später selbst zu trinken. Wenn wir Speisen oder Getränke darbringen, ist es nicht nötig, dass wir einen Vers rezitieren in einer Sprache, die wir nicht kennen, es sei denn, wir fänden ihn inspirierend. Es ist ausreichend, einfach zu denken: «Buddhas, bitte genießt dies.» Wenn die Leute, mit denen wir zusammen essen, keine Buddhisten sind, ist es am besten, diese Darbringung auf diskrete Art und Weise durchzuführen, sodass niemand weiß, was wir tun. Aus unserer Praxis eine Show zu machen führt nur zu Unbehagen bei den anderen und zu ihrem Spott.

3. Eingedenk des Mitgefühls der drei Kostbarkeiten ermutigen wir in indirekter Art und Weise andere, ebenfalls in ihre Richtung zu gehen. Die Absicht hinter dieser Verpflichtung besteht nicht darin, dass wir zu Missionaren werden und versuchen, andere zu bekehren. Dennoch gibt es Menschen, die bereit sind, etwas von uns anzunehmen, und die entweder ohne eine Richtung sind oder eine negative eingeschlagen haben. Diese Leute finden es oft hilfreich, wenn man ihnen erklärt, welchen Stellenwert es für einen selbst hat, eine sichere und positive Richtung zu haben, und welchen Nutzen man daraus gezogen hat. Ob andere Buddhisten werden oder nicht, ist nicht der Punkt. Vielmehr kann unser eigenes Beispiel andere dazu ermutigen, etwas Konstruktives mit ihrem Leben anzufangen, indem sie an sich selbst arbeiten, um sich zu verbessern und zu wachsen.

4. Wir erinnern uns der Vorteile, eine sichere Richtung zu haben, indem wir diese dreimal während des Tages und dreimal während der Nacht formell erneuern – gewöhnlich am Morgen kurz nach dem Aufwachen und am Abend vor dem Zubettgehen. Diese Bekräftigung wird normalerweise durchgeführt, indem man wiederholt: «Ich nehme sichere Ausrichtung von den Lehrern, den Buddhas, dem Dharma und dem Sangha.» Die spirituellen Lehrer erzeugen keine vierte Kostbarkeit, sondern stellen den Zugang zu den dreien dar. Im Kontext des Tantra verkörpert der spirituelle Meister sie alle drei.

5. Wir verlassen uns auf unsere sichere Richtung, was auch immer geschieht. In Krisenzeiten ist die sichere Richtung die beste Zuflucht, weil sie mit Notlagen direkt umgeht, indem sie versucht, ihre Ursachen zu beseitigen. Freunde mögen uns ihre Zuneigung schenken, aber irgendwann werden sie uns fallen lassen, es sei denn, sie sind erleuchtete Wesen. Sie haben selbst Probleme und sind in dem, was sie tun können, begrenzt. Stets an der Beseitigung von Fehlern und der Überwindung von Schwierigkeiten in einer vernünftigen und realistischen Weise zu arbeiten hingegen ist ein Mittel, das in Stunden, in denen wir der Unterstützung bedürfen, nie versagt. 6. Dies führt zur letzten Verpflichtung, nämlich der, diese Richtung ein Leben lang nicht aufzugeben, ganz egal, was passiert.

Was bedeutet die Zufluchtnahme für Anhänger anderer Religionen oder spiritueller Pfade?

Einige Leute fragen sich, ob das Ablegen von Zufluchtsgelübden gleichbedeutend ist mit einer Konversion zum Buddhismus und somit dem Aufgeben ihrer eigenen, angestammten Religion. Dies ist nicht der Fall, es sei denn, dass man dies wünscht. Im Tibetischen gibt es kein eigentliches Äquivalent für den Begriff «Buddhist». Das Wort, das für einen Praktizierenden benutzt wird, bedeutet «jemand, der innerhalb lebt», nämlich innerhalb der Grenzen, die gezogen werden durch das Einschlagen einer sicheren und positiven Lebensrichtung. Ein derartiges Leben zu führen erfordert nicht, dass man ein rotes Schutzband um den Hals trägt, und auch nicht, dass man nie mehr eine Kirche, eine Synagoge, einen Hindu-Tempel oder einen konfuzianischen Schrein betritt. Vielmehr bedeutet es, dass man an sich selbst arbeitet, um seine Fehler auszumerzen und seine Potenziale zu verwirklichen – mit anderen Worten, den Dharma wirklich umzusetzen –, genau so, wie es die Buddhas getan haben und wie es die hochverwirklichten Praktizierenden, die Mitglieder des Sangha, gerade tun. Wir unternehmen unsere Anstrengungen hauptsächlich in dieser Richtung. Wie viele buddhistische Meister, einschließlich meines eigenen späten Lehrers Tsenshab Serkong Rinpoche, gesagt haben, müssen wir, wenn wir betrachten, was andere Religionen, etwa das Christentum, in Bezug auf Mildtätigkeit und Liebe lehren, zu der Schlussfolgerung kommen, dass ihnen zu folgen der Ausrichtung des Buddhismus nicht entgegensteht. Die humanitäre Botschaft aller Religionen ist gleich.

Unsere sichere und positive Ausrichtung der Zuflucht besteht hauptsächlich darin, von den zehn destruktivsten Handlungen Abstand zu nehmen: das Leben eines beliebigen lebenden Wesens zu nehmen; nehmen, was nicht gegeben wurde; in unangebrachtem sexuellem Verhalten schwelgen; lügen; trennende Rede; Benutzung von verletzender und grober Sprache; bedeutungsloses Geschwätz; denken in begehrlicher, bösartiger oder verzerrter, antagonistischer Weise. Die buddhistische Lebensausrichtung anzunehmen beinhaltet lediglich, sich von denjenigen Lehren anderer religiöser, philosophischer oder politischer Systeme abzuwenden, die Handlung, Rede und Denken dazu ermutigen, eben diese zehn destruktiven Handlungen zu begehen oder etwas, das uns selbst und anderen Schaden zufügt. Obwohl es kein Verbot gibt, zur Kirche zu gehen, bedeutet das Aufrechterhalten einer stetigen Ausrichtung darüber hinaus, dass wir nicht all unsere Energie auf diesen Aspekt unseres Lebens konzentrieren und darüber unsere buddhistischen Studien und die Praxis vernachlässigen.

Einige Leute fragen sich, ob die Zufluchtnahme als Teil einer tantrischen Zeremonie von ihnen verlangt, dass sie aufhören müssen, Zen zu praktizieren oder körperliche Übungssysteme wie zum Beispiel Hatha-Yoga oder Kampfsport. Die Antwort lautet Nein, denn diese Praktiken stellen ebenfalls Methoden dar, mit denen wir unser positives Potenzial verwirklichen können, und sie beeinträchtigen unsere sichere Lebensausrichtung nicht. Alle großen Meister haben jedoch dazu geraten, Meditationspraktiken nicht zu vermischen und zu verfälschen. Wenn wir mittags Suppe und eine Tasse Kaffee haben wollen, dann schütten wir nicht den Kaffee in die Suppe und essen die Mischung. Sich jeden Tag mit mehreren verschiedenen Praktiken zu beschäftigen ist in Ordnung. Dennoch ist es am besten, sie in unterschiedlichen Sitzungen durchzuführen und sich dabei jeder Praxis unter Beachtung ihrer speziellen Gebräuche zu widmen. Genauso, wie es grotesk wäre, drei Niederwerfungen vor dem Altar zu vollziehen, wenn man eine Kirche betritt, wäre es unangebracht, während einer Zen- oder Vipassana-Meditation Mantras zu rezitieren.

Handlungen, die dazu dienen, dem Verlust der Bodhichitta-Entschlossenheit vorzubeugen

Die erste Gruppe von Gelübden, die wir als Teilnehmer einer Kalachakra-Initiation und auch einer Ermächtigung irgendeiner Klasse des Tantra annehmen, sind die Bodhisattva-Gelübde. Ein Bodhisattva ist jemand mit Bodhichitta, einem Herz, das sich völlig anderen widmet sowie der Erlangung der Buddhaschaft mit dem Ziel, ihnen umfassend zu nutzen. Es gibt zwei Arten des Bodhichitta: anstrebendes und handelndes. Anstrebendes Bodhichitta besteht in dem starken Wunsch, seine Fehler zu eliminieren und seine Potenziale zu verwirklichen, um allen zu nutzen. Handelndes Bodhichitta bedeutet, sich in Praktiken zu üben, die einen dieses Ziel erreichen lassen, und die Bodhisattva-Gelübde zu nehmen, um Handlungen einzuschränken, die dem abträglich sind. Der Unterschied zwischen diesen beiden Ebenen ist ungefähr der Gleiche wie der zwischen dem Wunsch, Arzt zu werden, und dem tatsächlichen Eintritt in eine medizinische Hochschule. Das anstrebende Bodhichitta beinhaltet die Stufen des bloßen Wünschens, ein Buddha zum Wohle anderer zu werden, und des Versprechens, dieses Ziel niemals aufzugeben, bis es erreicht ist. Bevor wir in der Kalachakra-Initiation die Bodhisattva-Gelübde nehmen, erzeugen wir in formeller Weise diese beiden Stufen des Anstrebens.

Die Zusicherung, das Bodhisattva-Ziel nie mehr aufzugeben, beinhaltet das Versprechen, sich in fünf Handlungsarten zu üben, die uns helfen, niemals unsere Entschlossenheit zu verlieren. 1. Sich jeden Tag und jede Nacht an die Vorteile der Bodhichitta-Motivation zu erinnern. Genauso, wie wir unsere Müdigkeit überwinden und neue Energie finden, wenn wir uns unserem Kind zuwenden müssen, überwinden wir alle Schwierigkeiten ganz leicht und nutzen all unsere Potenziale, wenn unsere vorrangige Motivation im Leben das Bodhichitta ist. 2. Erneuern und Stärken dieser Motivation, indem wir erneut unser Herz auf die Erleuchtung und die anderen dreimal am Tag und dreimal in der Nacht ausrichten. 3. Bemüht sein, reichhaltige Bestände an positivem Potenzial und tiefem Gewahrsein aufzubauen, was üblicherweise mit «Ansammlungen von Verdienst und Einsicht» übersetzt wird. Mit anderen Worten: anderen so effektiv, wie wir nur können, helfen, und zwar mit so viel tiefem Gewahrsein der Wirklichkeit wie möglich. 4. Niemals den Versuch aufzugeben, einem anderen zu helfen, oder zumindest zu wünschen, dazu fähig zu sein, ganz egal, wie schwierig er oder sie sein mag. 5. Wir befreien uns von vier trüben Verhaltensarten und wenden stattdessen vier strahlende an.

Die vier Verhaltenspaare im fünften Versprechen sind die folgenden: 1. Wir hören damit auf, unsere spirituellen Lehrer, unsere Eltern oder das dreifache Juwel zu täuschen. Stattdessen sind wir immer aufrichtig ihnen gegenüber, insbesondere bezüglich unserer Motivation und unserer Anstrengungen, anderen zu helfen. 2. Wir hören damit auf, an Bodhisattvas nach Fehlern zu suchen oder sie gering zu schätzen. Stattdessen sehen wir jedermann auf reine Weise als unseren Lehrer an, da nur die Buddhas mit Sicherheit feststellen können, wer tatsächlich ein Bodhisattva ist und wer nicht. Auch wenn Leute grausam und geschmacklos sind, lehren sie uns, sich nicht auf diese Weise zu verhalten. 3. Wir hören damit auf, andere dazu zu bringen, etwas Positives, das sie getan haben, zu bereuen. Wenn jemand einen Brief für uns tippt und dabei zahlreiche Fehler macht und wir ihn deswegen anschreien, wird diese Person nie mehr ihre Hilfe anbieten. Stattdessen ermutigen wir andere, konstruktiv zu sein und, falls sie dafür offen sind, am Ablegen ihrer Fehler zu arbeiten und ihre Potenziale zu verwirklichen, um für jedermann zuträglicher zu werden. 4. Schließlich hören wir damit auf, heuchlerisch oder anmaßend zu sein im Umgang mit anderen, mit anderen Worten damit, unsere Fehler zu verstecken und vorzugeben, Eigenschaften zu besitzen, an denen es uns tatsächlich mangelt. Stattdessen sind wir aus der Verantwortung heraus, anderen zu helfen, immer ehrlich und offen bezüglich unserer Begrenzungen und unserer Fähigkeiten. Es ist sehr unbarmherzig, mehr zu versprechen, als man halten kann, und so bei anderen falsche Hoffnungen zu wecken.

Die Wurzelgelübde des Bodhisattva

Das Nehmen der Bodhisattva-Gelübde beinhaltet das Versprechen, von zwei Gruppen negativer Handlungen Abstand zu nehmen: achtzehn Handlungen, die, wenn begangen, eine Hauptübertretung, wörtlich: einen «Wurzelabstieg», darstellen, und sechsundvierzig Arten fehlerhaften Verhaltens. Eine Hauptübertretung bedeutet den Verlust der Gesamtheit der Bodhisattva-Gelübde. Sie ist ein «Abstieg» in dem Sinne, dass sie zu einem Rückgang in der spirituellen Entwicklung führt und das Wachsen positiver Eigenschaften behindert. Das Wort «Wurzel» kennzeichnet sie als eine Wurzel, die beseitigt werden muss. Der Einfachheit halber werden diese beiden Gruppen manchmal «Wurzel- und Nebengelübde» genannt. Sie bieten eine hervorragende Anleitung dafür, welche Verhaltensarten wir vermeiden sollten, wenn wir anderen so rein und umfassend wie möglich zu helfen wünschen.

Das Versprechen, die Bodhisattva-Gelübde einzuhalten, bezieht sich nicht nur auf dieses Leben, sondern auch auf alle folgenden Leben bis zur Erleuchtung. Dementsprechend setzen sich diese Gelübde in unserem Bewusstseinsstrom in zukünftige Leben fort. Wenn wir die Gelübde in vorhergehenden Leben erhalten haben, verlieren wir sie nicht, indem wir jetzt eine Übertretung begehen, es sei denn, wir haben sie während dieses Lebens frisch genommen. Das erneute Nehmen der Gelübde, erstmals in diesem Leben, verstärkt die Energie unserer Anstrengungen in Richtung der Erleuchtung, die immer weiter gewachsen ist, seit wir die Gelübde zum ersten Mal genommen haben. Daher betonen die Mahayana-Meister, wie wichtig es ist, mit starken und intakten Bodhisattva-Gelübden zu sterben. Ihre andauernde Gegenwart in unserem Bewusstseinsstrom fährt fort, positives Potenzial in zukünftigen Leben aufzubauen, sogar noch bevor wir sie neu beleben, indem wir sie wieder nehmen.

Folgen wir dem Kommentar des Begründers der Gelug-Schule, Tsongkapa, aus dem 15. Jahrhundert zu den Bodhisattva-Gelübden, und schauen wir uns zuerst die achtzehn negativen Handlungen an, die eine Hauptübertretung darstellen. Jede hat mehrere Bedingungen, die man kennen muss.

1. Uns selbst zu loben und /oder andere herabzusetzen. Diese Übertretung bezieht sich auf das Aussprechen derartiger Worte gegenüber jemandem in einer untergeordneten Stellung. Die Motivation muss entweder einen starken Wunsch nach Profit, Lob, Liebe, Respekt und so weiter von der angesprochenen Person beinhalten oder Eifersucht auf die herabgesetzte Person. Dabei macht es keinen Unterschied, ob das, was wir gesagt

haben, zutrifft oder nicht. Menschen, die in ihrem Beruf damit werben, dass sie Buddhisten sind, müssen sehr sorgfältig sein im Zusammenhang mit dieser Übertretung.

2. Dharma-Lehren und Besitz nicht mit anderen zu teilen. Hier muss die Motivation ganz speziell Anhaftung oder Geiz sein. Diese negative Handlung beinhaltet nicht nur, krampfhaft die eigenen Notizen oder den Kassettenrekorder zurückzuhalten, sondern auch knauserig mit unserer Zeit zu sein und abzulehnen, wenn um unsere Hilfe gebeten wird.

3. Die Entschuldigungen anderer nicht anzunehmen oder andere zu schlagen. Die Motivation für alle beide muss Ärger sein. Das erste bezieht sich auf eine Situation, in der wir jemanden anschreien oder schlagen und entweder diese Person uns um Vergebung bittet oder jemand anders uns dringend bittet aufzuhören und wir dies verweigern. Das zweite besteht einfach darin, jemanden zu schlagen. Manchmal kann es nötig sein, Kindern oder Haustieren einen leichten Klaps zu geben, um sie davon abzuhalten, auf die Straße zu rennen. Es ist aber nie angebracht oder hilfreich, einen anderen aus Ärger heraus zu disziplinieren.

4. Die Lehrer des Mahayana zu verwerfen und stattdessen erfundene zu verbreiten. Dies bedeutet, die zutreffenden Lehren über einige Punkte in Bezug auf Bodhisattvas, wie zum Beispiel ihr ethisches Verhalten, abzulehnen und an ihrer statt plausible, nichtsdestoweniger irreführende Anweisungen zu erfinden, zu behaupten, Letztere seien authentisch, und sie andere zu lehren, um ihre Befolgung zu erreichen. Ein Beispiel dieser Übertretung sind Lehrer, die in ihrem Eifer, keine zukünftigen Schüler abzuschrecken, über freizügiges ethisches Verhalten hinwegsehen und darlegen, dass jede Art von Handlung in Ordnung sei, solange sie nicht anderen schade. Man muss kein Lehrer sein, um diese Übertretung zu begehen. Es kann dies auch in einer zwanglosen Konversation mit anderen geschehen.

5. Gaben an sich zu nehmen, die für das dreifache Juwel bestimmt sind. Diese Übertretung besteht im Stehlen oder Unterschlagen – persönlich oder durch Anweisung an einen anderen – von etwas, das den Buddhas, dem Dharma oder dem

Sangha dargebracht wurde oder ihnen gehört, und danach diese Dinge als die unseren anzusehen. Sangha bezieht sich in diesem Zusammenhang auf eine beliebige Gruppe von vier oder mehr Ordinierten. Beispiele sind unter anderem das Unterschlagen von Geldern, die für den Bau buddhistischer Monumente, das Drucken von Dharma-Büchern oder die Ernährung einer Gruppe von Mönchen oder Nonnen gespendet wurden.

6. Den heiligen Dharma aufzugeben. Hier besteht die Übertretung darin, es zurückzuweisen, dass die Schriften des Shravaka-, Pratyekabuddha- oder Mahayana-Fahrzeugs die Worte des Buddha sind, oder − indem wir unsere Meinung äußern − andere dazu zu bringen, dies zurückzuweisen. Ein Shravaka ist jemand, der den Lehren eines Buddha zuhört, solange diese noch vorhanden sind, während Pratyekabuddhas Praktizierende sind, die sich selbst entfalten und hauptsächlich während der dunklen Zeitalter leben, in denen der Dharma nicht mehr direkt zur Verfügung steht. Um spirituelle Fortschritte zu machen, stützen sie sich auf intuitives Verstehen, welches sie durch Studium und Praktizieren erlangt haben, das sie in früheren Leben durchgeführt haben. Die Lehren für diese beiden stellen das Hinayana oder «bescheidene Fahrzeug» dar, das auf das Erreichen der eigenen Befreiung von Samsara abzielt. Das Mahayana-Fahrzeug bevorzugt Methoden zur Erlangung der vollen Erleuchtung. Zu verneinen, dass alle oder auch nur bestimmte Schriften eines dieser Fahrzeuge vom Buddha herstammen, ist eine Hauptübertretung.

Dieses Gelübde einzuhalten bedeutet nicht, eine historische Betrachtungsweise aufzugeben. Die Lehren des Buddha wurden jahrhundertelang mündlich übertragen, bevor sie niedergeschrieben wurden. Dementsprechend ist es unzweifelhaft zu Korrumpierungen und Fälschungen gekommen. Die großen Meister, die den tibetisch-buddhistischen Kanon kompilierten, haben definitiv Texte abgelehnt, die sie nicht für authentisch hielten. Anstatt ihre Entscheidung jedoch auf Vorurteile zu gründen, haben sie das Kriterium Dharmakirtis zur Überprüfung der Tauglichkeit eines bestimmten Materials angewandt: die Fähigkeit der damit verbundenen Praxis, die buddhistischen Ziele einer besseren Wiedergeburt, der Befreiung oder der

Erleuchtung erreichbar werden zu lassen. Stilistische Unterschiede zwischen einzelnen buddhistischen Schriften und sogar innerhalb eines bestimmten Textes weisen oft auf Zeitunterschiede hin bezüglich der Niederschrift verschiedener Teile der Lehren oder der Übersetzung in verschiedene Sprachen. Daher ist das Studium der Schriften mittels der Methoden der modernen Textanalyse oft sehr fruchtbar, und es steht in keinem Konflikt zu diesem Gelübde.

7. Ordinierten die Robe auszuziehen oder Handlungen zu begehen, wie ihre Roben zu stehlen. Diese Übertretung bezieht sich, genauer gesagt auf das Schädigen von einem, zwei oder drei buddhistischen Mönchen – es kann sich auch um Nonnen handeln – in irgendeiner Weise, und zwar unabhängig von ihrem moralischen Zustand oder der Ebene ihres Studiums oder ihrer Praxis. Derartige Handlungen müssen von Feindseligkeit oder Bösartigkeit getragen sein. Sie beinhalten, sie zu schlagen oder verbal zu beleidigen, ihren Besitz einzuziehen oder sie aus ihrem Kloster auszustoßen. Ordinierte auszustoßen ist jedoch keine Hauptübertretung, wenn sie eines ihrer vier Hauptgelübde gebrochen haben: nicht zu töten, insbesondere keinen anderen Menschen; nicht zu stehlen, insbesondere nichts, das der klösterlichen Gemeinschaft gehört; nicht zu lügen, insbesondere bezüglich spiritueller Verwirklichungen; das Zölibat vollständig einzuhalten.

8. Eine der fünf unmittelbar ins Elend führenden Taten zu begehen. Diese sind: unseren Vater, unsere Mutter oder einen Arhat (ein befreites Wesen) zu töten, mit schlechten Absichten das Blut eines Buddha fließen zu lassen sowie eine Spaltung der klösterlichen Gemeinschaft zu verursachen.

9. Eine verzerrte, antagonistische Sichtweise zu vertreten. Dies bedeutet, etwas zu verneinen, das wahr und von Wert ist, wie zum Beispiel die Gesetze von Ursache und Wirkung des Verhaltens, die sichere und positive Lebensausrichtung, Wiedergeburt sowie die Befreiung davon und gegenüber diesen Ideen sowie denen, die sie vertreten, feindselig zu sein.

10. Orte, zum Beispiel Dörfer, zu zerstören. Diese Übertretung beinhaltet, mit Absicht ein Dorf, eine Stadt, einen Distrikt oder eine Gegend dem Erdboden gleichzumachen, zu

bombardieren oder sie schwer zu schädigen und in einem Zustand zu lassen, der nachteilig für dort lebende Menschen oder Tiere ist.

11. Leerheit Personen zu lehren, deren Geist ungeübt ist. Das Hauptobjekt dieser Übertretung sind Personen mit Bodhichitta-Motivation, die im Augenblick noch nicht für ein Verständnis der Leerheit geeignet sind. Diese Personen würden verwirrt und verängstigt werden durch diese Lehre und im Weiteren den Bodhisattva-Pfad zugunsten des Pfades der eigenen Befreiung aufgeben. Dies kann passieren als Ergebnis folgenden Gedankens: Wenn alle Phänomene leer von inhärenter, auffindbarer Existenz sind, dann existiert niemand, und warum sollte man sich dann abmühen, zum Wohle anderer zu arbeiten? Diese Handlung beinhaltet auch, jemanden Leerheit zu lehren, der das missverstehen und daraufhin den Dharma vollständig aufgeben würde, zum Beispiel, weil er denkt, der Buddhismus lehre, dass nichts existiert, und sei daher völliger Unsinn. Ohne außersinnliche Wahrnehmung ist es schwierig festzustellen, ob der Geist eines anderen ausreichend geübt ist, um die Lehren über die Leerheit aller Phänomene nicht falsch auszulegen. Es ist daher wichtig, andere zu diesen Lehren hinzuführen durch Erklärungen mit unterschiedlichen Ebenen der Komplexität und periodisch ihr Verständnis zu überprüfen.

12. Andere von der vollen Erleuchtung abzubringen. Das Objekt dieser Handlung sind Leute, die bereits eine Bodhichitta-Motivation entwickelt haben und in Richtung Erleuchtung streben. Die Übertretung besteht darin, ihnen zu sagen, sie seien unfähig, die ganze Zeit mit Freigebigkeit, Geduld und so weiter zu handeln, also zu sagen, es sei für sie unmöglich, ein Buddha zu werden, und dass es daher für sie bei weitem besser sei, lediglich ihre eigene Befreiung anzustreben. Diese Hauptübertretung ist allerdings unvollständig, bevor die Betreffenden nicht tatsächlich vom Ziel der Erleuchtung abkommen.

13. Andere von ihren Pratimoksha-Gelübden abzubringen. Die Pratimoksha-Gelübde beziehungsweise Gelübde zur eigenen Befreiung beinhalten Gelübde für Laien, Novizen und voll ordinierte Mönche und Nonnen. Die Objekte sind hier Personen, die sich an eine dieser Gruppen von Pratimoksha-

Gelübden halten. Die Übertretung besteht darin, ihnen mitzuteilen, es mache für einen Bodhisattva keinen Sinn, die Pratimoksha-Gelübde einzuhalten, weil für Bodhisattvas alle Handlungen rein seien. Damit diese Übertretung vollständig wird, müssen sie tatsächlich ihre Gelübde aufgeben.

14. Das Fahrzeug der Shravakas herabzusetzen. Die sechste Übertretung bestand darin, nicht anzuerkennen, dass die Schriften des Shravaka- oder Pratyekabuddha-Fahrzeugs authentische Worte des Buddha sind. Hier akzeptieren wir, dass sie es sind, verneinen aber die Effektivität ihrer Lehren und beharren darauf, dass es unmöglich sei, von den verstörenden Emotionen und Einstellungen frei zu werden mittels ihrer Anweisungen, zum Beispiel derjenigen, die die Vipassana-Einsichtsmeditation betreffen.

15. Eine Erkenntnis der Leerheit vorzugeben, die fehlerhaft ist. Dieser Übertretung machen wir uns schuldig, wenn wir die Leerheit nicht vollständig erkannt haben, aber dennoch darüber lehren oder schreiben und dabei so tun, als hätten wir sie erkannt. Dies tun wir aus Eifersucht auf die großen Meister. Es macht keinen Unterschied, ob irgendein Schüler oder Leser durch unser So-tun-als-ob genarrt wird oder nicht. Allerdings müssen sie verstehen, was wir erklären. Wenn sie unsere Darlegung nicht begreifen, ist die Übertretung unvollständig. Obwohl sich dieses Gelübde speziell auf das Vorgeben einer Erkenntnis der Leerheit bezieht, die in Wirklichkeit fehlerhaft ist, ist es offensichtlich, dass wir das Gleiche vermeiden müssen, wenn wir uns über Bodhichitta oder andere Punkte des Dharma äußern. Dennoch liegt kein Fehler darin, die Leerheit zu lehren, bevor man sie vollständig erkannt hat, solange man diese Tatsache offen legt ebenso wie den Umstand, dass man lediglich auf der Ebene eines vorläufigen Verständnisses argumentiert.

16. Etwas, das dem dreifachen Juwel gestohlen wurde, anzunehmen. Diese Übertretung besteht darin, etwas als Geschenk, Darbringung, Gehalt, Preis, Bußgeld oder Bestechung anzunehmen, das jemand anders persönlich oder durch Anweisung eines Dritten den Buddhas, dem Dharma oder dem Sangha gestohlen oder unterschlagen hat, einschließlich von Dingen, die nur einem, zwei oder drei Mönchen beziehungsweise Nonnen gehören.

17. Unfaire Verhaltensstrukturen aufzubauen. Dies bedeutet, gegen ernsthafte Praktizierende aufgrund von Ärger oder Feindseligkeit ihnen gegenüber voreingenommen zu sein und andere mit geringeren oder gar keinen Verwirklichungen aufgrund von Anhaftung an sie zu bevorzugen. Ein Beispiel dieser Übertretung wäre, wenn man als Lehrer die meiste Zeit den eher lässigen Privatschülern widmen würde, die hohe Gebühren zu zahlen in der Lage sind, und dadurch ernsthafte Schüler vernachlässigen würde, die nichts zahlen können.

18. Bodhichitta aufzugeben. Dies bedeutet, den Wunsch aufzugeben, die Erleuchtung zu erlangen zum Wohle anderer. Bezüglich der beiden Ebenen des Bodhichitta – anstrebendes und handelndes – bezieht sich dies vor allem auf das Verwerfen der ersten. Wenn wir dies tun, haben wir die zweite ebenfalls aufgegeben.

Die Einhaltung von Gelübden

Wenn die Leute von derartigen Gelübden erfahren, haben sie manchmal das Gefühl, es sei schwierig, sie einzuhalten, und sie schrecken davor zurück, sie zu nehmen. Wir können diese Art Einschüchterung vermeiden, indem wir uns klarmachen, was Gelübde sind. Es gibt zwei Wege, dies darzulegen. Der erste besteht darin, zu sagen, dass Gelübde eine Einstellung sind, die wir bezüglich des Lebens einnehmen, um uns selbst von bestimmten negativen Verhaltensarten abzuhalten. Der andere ist zu verdeutlichen, dass sie eine subtile Gestalt oder Form sind, die wir unserem Leben geben. In beiden Fällen benötigt das Einhalten von Gelübden Vergegenwärtigung, Wachsamkeit und Selbstkontrolle. Durch Vergegenwärtigung bleiben während des Tages die Gelübde im Geist anwesend. Mit der Wachsamkeit erhalten wir die Beobachtung unseres Verhaltens aufrecht, um zu überprüfen, ob es mit den Gelübden übereinstimmt. Wenn wir entdecken, dass wir sie brechen oder kurz davor stehen, sie zu brechen, üben wir Selbstkontrolle. Auf diese Weise geben wir unserem Leben eine ethische Gestalt und erhalten sie aufrecht.

Gelübde einzuhalten und ihre Vergegenwärtigung aufrecht-zuerhalten ist nichts besonders Ungewöhnliches oder Schwieriges. Wenn wir Auto fahren, akzeptieren wir, bestimmten Regeln zu folgen, um die Zahl der Unfälle zu minimieren und die Sicherheit zu maximieren. Diese Regeln gestalten unser Fahren – wir vermeiden das Rasen und bleiben auf unserer Straßenseite – und skizzieren die praktischste und realistischste Art, unser Ziel zu erreichen. Mit einiger Erfahrung wird das Befolgen der Regeln so natürlich, dass ihre Vergegenwärtigung keine Anstrengung mehr erfordert und keine Last darstellt. Genauso verhält es sich mit dem Einhalten von Bodhisattva- oder irgendwelchen anderen ethischen Gelübden.

Die vier vervollständigenden Faktoren des Verlusts der Gelübde

Wir verlieren unsere Gelübde, wenn wir ihre Gestalt vollständig von unserem Leben abfallen lassen oder aufhören zu versuchen, sie aufrechtzuerhalten. Das nennt man eine Hauptübertretung, einen Wurzelabstieg. Wenn dies eintritt, besteht der einzige Weg, diese ethische Gestalt zurückzugewinnen, darin, seine Einstellung erneut zu formen, durch eine Bereinigungspro-zedur wie die Meditation über Liebe und Mitgefühl zu gehen und die Gelübde erneut zu nehmen. Innerhalb der achtzehn Hauptübertretungen des Bodhisattva sind es die Geisteszustände der neunten oder achtzehnten Übertretung – das Festhalten an verzerrten, antagonistischen Einstellungen beziehungsweise das Aufgeben von Bodhichitta –, die, sobald sie entwickelt wurden, rein durch die Tatsache der Veränderung im Geist zum Verlust der ethischen Gestalt unseres Lebens führen, die von den Bo-dhisattva-Gelübden geformt wurde. Daher beenden wir auch alle Anstrengungen, sie aufrechtzuerhalten. Folglich verlieren wir augenblicklich alle unsere Bodhisattva-Gelübde, und nicht nur das eine, das wir im Besonderen verworfen haben.

Die anderen sechzehn Bodhisattva-Gelübde zu brechen stellt keine Hauptübertretung dar, es sei denn, dass die Einstellung, die diesen Akt begleitet, vier vervollständigende Faktoren beinhaltet. Diese Faktoren müssen aufgebaut und beibehalten werden von dem Moment unmittelbar nach der Entwicklung der Motivation an, das Gelübde zu brechen, bis zu dem Moment direkt nach Abschluss des Übertretungsaktes. Die vier vervollständigenden Faktoren sind: 1. Die negative Handlung nicht als abträglich zu betrachten, in ihr nur Vorteile zu sehen und die Handlung ohne Reue durchzuführen. 2. Wir haben bereits zuvor die Gewohnheit gehabt, diese Übertretung zu begehen, und verspüren nicht den Wunsch oder die Absicht, uns jetzt oder in Zukunft von ihrer Wiederholung abzuwenden. 3. Wir erfreuen uns an der negativen Handlung und vollziehen sie auch mit Freude. 4. Wir haben kein Ehrgefühl oder den Wunsch, das Gesicht zu wahren, was bedeutet, dass wir schamlos sind und es uns nicht interessiert, was sich unser Lehrer oder irgendjemand anders denkt, und daher haben wir auch nicht die Absicht, den Schaden, den wir uns selbst zugefügt haben, zu reparieren.

Wenn die Übertretung eines der sechzehn Gelübde nicht von allen dieser vier Einstellungen begleitet wird, ist die Bodhisattva-Gestalt unseres Lebens immer noch vorhanden, ebenso die Bereitschaft, sie aufrechtzuerhalten, aber beides wurde geschwächt. Bei den sechzehn Gelübden macht es also einen Unterschied, ob wir sie brechen oder ob wir sie verlieren.

Nehmen wir zum Beispiel an, dass wir jemandem ein Buch nicht leihen aus Geiz und Anhaftung daran. Wir sehen darin nichts Falsches – schließlich könnte diese Person Kaffee darüber schütten oder es nicht zurückgeben. Wir haben es noch nie zuvor verliehen und auch nicht die Absicht, an dieser Gewohnheit jetzt oder in Zukunft etwas zu ändern. Darüber hinaus sind wir, wenn wir ablehnen, mit unserer Entscheidung sehr zufrieden. Wir schämen uns auch nicht, weil wir Nein gesagt haben, trotz der Tatsache, dass wir jemand sind, von dem angenommen werden darf, dass er alle Wesen zur Erleuchtung führen will. Wie könnten wir da unwillig sein, alle uns zur Verfügung stehenden Wissensquellen zu teilen? Nicht im Mindesten verlegen, interessiert es uns nicht, was unser Lehrer denken würde, wenn er oder sie von unserer Handlung wüsste. Und wir haben auch nicht die Absicht, irgendwie unseren selbstbezogenen Akt auszugleichen. Wenn wir alle diese Einstellungen haben, während wir es ablehnen, unser Buch zu verleihen, haben wir definitiv die Bodhisattva-Gestalt unseres Lebens verloren. Wir haben in unserer Mahayana-Übung völlig versagt und alle unsere Bodhisattva-Gelübde verloren. Wenn auf der anderen Seite einige dieser Einstellungen fehlen und wir dann unser Buch nicht verleihen, haben wir lediglich unsere Anstrengungen gelockert, die Bodhisattva-Gestalt unseres Lebens aufrechtzuerhalten. Wir besitzen die Gelübde noch, aber in einer abgeschwächten Form.

Schwächung von Gelübden

Wenn wir eines der sechzehn Gelübde brechen, ohne dass einer der vier vervollständigenden Faktoren gegenwärtig ist, schwächen wir nicht wirklich unsere Bodhisattva-Gelübde. Wir verleihen zum Beispiel unser Buch nicht an jemanden, der darum gebeten hat, aber wir wissen, dass das grundsätzlich falsch ist. Wir haben nicht die Absicht, dies zu einem Verhaltensmuster zu machen, es macht uns auch nicht glücklich, Nein zu sagen, und die Frage der Ehre und des Wahrens des Gesichts ist uns nicht gleichgültig. Wir haben einen guten Grund dafür, das Verleihen abzulehnen, wie zum Beispiel, dass wir das Buch dringend selbst benötigen oder dass wir es bereits jemand anderem versprochen haben. Unsere Motivation besteht weder in Anhaftung an das Buch noch in Geiz. Wir entschuldigen uns dafür, dass wir das Buch im Moment nicht verleihen können, erklären, warum dies so ist und versichern der betreffenden Person, dass wir es ihr so bald wie möglich borgen werden. Um die Enttäuschung auszugleichen, bieten wir unsere Notizen an. Auf diesem Weg erhalten wir die Bodhisattva-Gestalt unseres Lebens vollständig aufrecht.

Je mehr wir unter den Einfluss von Anhaftung und Geiz geraten, desto mehr fangen wir an, diese Form zu schwächen und unser Festhalten an den Gelübden zu lockern. Wenn alle vier vervollständigenden Faktoren vorhanden sind, befinden wir uns gänzlich unter dem Einfluss dieser beiden verstörenden

Emotionen, und das bedeutet, dass wir nicht länger dabei sind, sie zu beseitigen oder unser Potenzial zu verwirklichen, damit wir anderen nutzen können. Durch das Aufgeben der handelnden Ebene des Bodhichitta verlieren wir unsere Bodhichitta-Gelübde, die diese Ebene strukturieren.

Wenn wir das Gelübde aufrechterhalten, uns davon abzuhalten, Dharma-Belehrungen und andere Wissensquellen nicht zu teilen, dann befreit uns das nicht von Anhaftung oder Geiz bezüglich unserer Bücher. Es bewahrt uns lediglich davor, unter ihrem Einfluss zu handeln. Es mag sein, dass wir unser Buch verleihen oder, weil wir es dringend selber brauchen, im Moment nicht verleihen, und wir können dennoch daran anhaften und ein richtiger Geizhals sein. Gelübde helfen jedoch in dem Kampf, in dem wir diese verstörenden Emotionen vernichten und Befreiung von den Problemen und Leiden erlangen, die sie mit sich bringen.

Das Stärken geschwächter Gelübde

Der erste Schritt, unsere Bodhisattva-Gelübde zu reparieren, wenn wir sie geschwächt oder verloren haben, besteht darin, offen zuzugeben, dass unsere Übertretung ein Fehler war. Wenn wir schon beim tatsächlichen Bruch eines bestimmten Gelübdes das Gefühl hatten, dass dies nicht richtig war, dann geben wir unseren Fehler erneut zu. Dann erzeugen wir vier Faktoren, die als Gegenkräfte wirken. Diese vier Faktoren sind:

1. Reue bezüglich unserer Handlung zu empfinden. Reue, zum Zeitpunkt der Übertretung oder danach ist nicht das Gleiche wie Schuldgefühle. Reue ist der Wunsch, nicht so stark von den Geistesgiften beherrscht zu werden, sodass wir den Akt, den wir gerade durchführen oder den wir durchgeführt haben, nicht begehen müssten oder hätten begehen müssen. Sie ist das Gegenteil davon, Vergnügen dabei zu empfinden oder sich später an der Handlung zu erfreuen. Schuld hingegen ist das starke Gefühl, dass unsere Handlung wirklich schlecht ist oder war und dass wir daher wahrhaft schlechte Menschen sind. Indem wir

diese Identifikationen als inhärent und ewig ansehen, halten wir sie in krankhafter Weise fest und lassen nicht los. Schuldgefühle sind aber nie eine geeignete oder hilfreiche Reaktion auf unsere Fehler. Wenn wir zum Beispiel etwas essen, das uns krank macht, dann bereuen wir unsere Handlung: Wir haben einen Fehler gemacht. Die Tatsache, dass wir das gegessen haben, macht uns nicht prinzipiell böse. Wir sind für unsere Handlungen und ihre Auswirkungen verantwortlich, aber nicht schuld an ihnen in einem verurteilenden Sinn, der es uns unmöglich macht, irgendeine Form von Selbstwert oder Würde zu empfinden.

2. Zu versprechen, dass wir unser Bestes tun werden, um den Fehler nicht zu wiederholen. Selbst wenn wir eine solche Absicht bereits hatten, während wir das Gelübde gebrochen haben, erneuern wir bewusst unseren Entschluss.

3. Zur Grundlage zurückzukehren. Dies bedeutet, unsere sichere und positive Lebensausrichtung zu erneuern und unser Herz erneut dem Erlangen der Erleuchtung zum Wohle aller zu widmen. Mit anderen Worten, wir beleben unsere Zuflucht und die anstrebende Ebene des Bodhichitta neu und festigen sie.

4. Heilmaßnahmen zu ergreifen, um unsere Übertretung auszugleichen. Derartige Maßnahmen sind die Meditation über Liebe und Freigebigkeit, das Sichentschuldigen für unfreundliches Verhalten sowie andere positive Taten. Da konstruktives Handeln ein Gefühl für Ehre und Gesichtwahrung erfordert, wirkt dies einem Mangel an einem solchen Gefühl entgegen, der unsere negative Handlung begleitet haben mag. Selbst wenn wir uns zum Zeitpunkt der Übertretung beschämt und verlegen gefühlt haben, stärken diese positiven Schritte unsere Selbstachtung und den Respekt für das, was unser Lehrer und andere denken würden.

Wir sehen also, dass es ziemlich schwierig ist, die Bodhisattva-Gelübde vollständig zu verlieren. Solange wir sie ernsthaft respektieren und versuchen, sie als Richtlinien zu behalten, büßen wir sie nie wirklich ein. Das liegt daran, dass die vier vervollständigenden Faktoren nie vollständig vorliegen, selbst wenn unsere verstörenden Emotionen uns dazu bringen, ein Gelübde zu brechen. Wenn wir unseren Fehler zugeben, die

Gegenkräfte von Reue und so weiter zusammenbringen und die Gelübde erneut nehmen, können wir sogar für den Fall, dass wir verzerrte, antagonistische Einstellungen haben oder Bodhichitta aufgegeben haben, unseren Weg zurückgewinnen und wieder aufnehmen. Wenn es darum geht, ob wir die Gelübde nehmen sollen oder nicht, ist es daher vernünftiger, die Entscheidung auf eine Einschätzung unserer Fähigkeit zu gründen, fortwährende Anstrengung auf den Versuch zu verwenden, sie als Richtlinien beizubehalten, als auf unsere Fähigkeit, sie perfekt einhalten zu können. Dennoch ist es am besten, wenn wir unsere Gelübde nie schwächen oder verlieren. Auch wenn wir nach einem Beinbruch wieder gehen können, bleibt vielleicht ein Hinken zurück.

Die Nebengelübde des Bodhisattva

Die Nebengelübde des Bodhisattva bestehen darin, sich von sechsundvierzig fehlerhaften Handlungen abzuwenden. Diese fehlerhaften Handlungen werden in sieben Gruppen unterteilt, die in ihrer Abfolge abträglich sind für die sechs weit ausgreifenden Einstellungen und die Fähigkeit, anderen zu nutzen. Die sechs weit ausgreifenden Einstellungen oder «Vollkommenheiten» sind Freigebigkeit, ethische Selbstdisziplin, geduldige Toleranz, positiver Enthusiasmus, geistige Festigkeit und unterscheidendes Gewahrsein. Ein Beispiel für diese fehlerhaften Handlungen ist, den Älteren keinen Respekt zu zollen. Obwohl solche Handlungen den Fortschritt in Richtung Erleuchtung behindern, zieht ihr Vollzug nicht den Verlust der Bodhisattva-Gelübde nach sich, selbst dann nicht, wenn die vier vervollständigenden Faktoren vorhanden sind. Der Schaden, den wir unserem Bodhisattva-Pfad zufügen, ist dennoch desto geringer, je weniger Faktoren diese Handlungen begleiten und je schwächer sie sind. Wenn wir eine der fehlerhaften Handlungen begehen, ist es daher am besten, den Fehler so bald wie möglich zuzugeben und die Gegenkräfte wie im Fall der Wurzelgelübde des Bodhisattva anzuwenden.

Diese sechsundvierzig Handlungen haben zahlreiche Details, und es gibt viele Ausnahmen, bei denen es keinen Fehler darstellt, sie zu begehen. Diese können später eingehender studiert werden, wenn wir tatsächlich mit dem Bodhisattva-Pfad arbeiten. Ganz allgemein hängt jedoch der Schaden, den wir der Entwicklung der weit ausgreifenden Einstellungen und dem Nutzen, von dem wir für andere sein können, zufügen, von der Motivation ab, die hinter der fehlerhaften Handlung steht. Wenn diese Motivation ein verstörter Geisteszustand ist wie zum Beispiel Anhaftung, Ärger, Gehässigkeit oder Stolz, dann ist der Schaden viel größer, als wenn es ein nicht verstörter, wenn auch abträglicher ist, zum Beispiel Gleichgültigkeit, Faulheit oder Vergesslichkeit. Bei Gleichgültigkeit fehlt es uns an ausreichendem Vertrauen oder Respekt bezüglich der Übungen, sodass wir uns nicht die Mühe machen, sie durchzuführen. Bei Faulheit vernachlässigen wir unsere Praxis, weil wir es vergnüglicher und einfacher finden, nichts zu tun. Und wenn es uns an Vergegenwärtigung mangelt, vergessen wir völlig unsere Verpflichtung, anderen zu helfen. Für viele der sechsundvierzig gilt, dass wir keinen Fehler gemacht haben, wenn wir die Absicht haben, sie letztendlich aus unserem Verhalten zu entfernen, jetzt aber unsere verstörenden Emotionen und Einstellungen noch zu stark sind, um ausreichende Selbstkontrolle zu üben.

7

TANTRISCHE GELÜBDE

Ein Überblick

Wenn wir bei einer Kalachakra-Ermächtigung oder einer anderen Initiation des Anuttarayoga-Tantra noch nicht bereit sind, tantrische Gelübde zu nehmen oder uns zu einer täglichen tantrischen Meditationspraxis zu verpflichten, dann bedeutet das nicht, dass wir lediglich Beobachter der ganzen Prozedur sein können. Wir können zum Beispiel nur Zuflucht nehmen oder zusätzlich formell die anstrebende Stufe des Bodhichitta entwickeln und die damit verbundenen Verpflichtungen einhalten. Darüber hinaus mögen wir noch die Bodhisattva-Gelübde nehmen. Oder wenn wir schon zuvor Zuflucht oder sowohl Zuflucht als auch Bodhisattva-Gelübde genommen haben, können wir sie erneuern und stärken. Es ist nicht so, dass wir nur zwei Alternativen haben: entweder alle Gelübdegruppen zu nehmen, die angeboten werden, oder überhaupt keine. Um allerdings die Ermächtigung zu erhalten, ist es notwendig, die gesamte Gruppe der tantrischen Gelübde zu nehmen.

Wie schon im Falle der Bodhisattva-Gelübde gibt es tantrische Haupt- und Nebengelübde, die man bis zur Erleuchtung einzuhalten verspricht. Sie setzen sich ebenfalls mit unserem Bewusstseinsstrom in zukünftige Leben fort. Die Gelug-, die

Kagyü- und die Sakya-Tradition übertragen diese Gelübde bei jeder Initiation in eine der beiden höheren Tantra-Klassen –Yoga oder Anuttarayoga –, entsprechend ihrem vierfachen Klassifikationsschema, während die Nyingma-Tradition sie bei jeder Ermächtigung in eine der vier höheren Tantra-Klassen überträgt –Yoga, Anuttarayoga, Anuyoga und Atiyoga (Dzogchen) –, entsprechend ihrem sechsfachen Schema.

Das meiste, was über die Bodhisattva-Gelübde gesagt wurde, betrifft auch die tantrischen Gelübde. Die tantrischen Wurzelgelübde bestehen darin, sich von vierzehn Handlungen zurückzuhalten, die, wenn mit den vier vervollständigenden Faktoren begangen, eine Hauptübertretung darstellen und den Verlust der tantrischen Gelübde nach sich ziehen. Wenn unser Leben nicht von diesen tantrischen Gelübden gestaltet wird, können wir keinerlei Verwirklichung aus der tantrischen Praxis gewinnen. Das liegt daran, dass unserer Praxis dann der notwendige unterstützende Rahmen fehlt. Mit Ausnahme einer einzigen Hauptübertretungshandlung, nämlich – wie bei den Hauptgelübden des Bodhisattva – dem Aufgeben von Bodhichitta, führt jeder Bruch der restlichen dreizehn lediglich zu einer Schwächung der tantrischen Gelübde, solange die vier vervollständigenden Faktoren nicht alle vorhanden sind. Sie entfernt sie nicht aus unserem Bewusstseinsstrom. Die tantrischen Nebengelübde bestehen darin, von acht schwerwiegenden Handlungen Abstand zu nehmen, deren Vollzug unsere Praxis behindert. Der Schaden, den wir anrichten, verhält sich proportional zu Anzahl und Stärke der vervollständigenden Faktoren, die sie begleiten. Dennoch sind wir durch das Begehen einer der acht niemals unsere tantrischen Gelübde los, selbst nicht in dem Fall, dass alle vier vervollständigenden Faktoren vorhanden sind.

Im *Kalachakra-Tantra* sind die meisten der vierzehn tantrischen Hauptgelübde genauer definiert als in anderen Tantra-Systemen. Mit der Kalachakra-Initiation versprechen wir, sowohl die allgemeinen Hauptgelübde als auch ihre besonderen Ausgestaltungen im Kalachakra einzuhalten. Dies ist ein gewichtiger Rat für Praktizierende aller höheren Tantra-Systeme. Zur Bestätigung hat Ngari Panchen, ein Meister der Nyingma-Tradition aus dem 16. Jahrhundert, erklärt, dass die tantrischen

Hauptgelübde, die bei einer Dzogchen-Initiation genommen werden, eine Mischung der allgemeinen und der Kalachakra-Version darstellen, die in den anderen drei tibetischen Linien getrennt beschrieben werden. Lassen Sie uns dennoch den Kommentaren der Gelugpa-Autoren Tsongkapa und Kädrub Norsang-Gyatso folgen, um die beiden Versionen klar zu differenzieren.

Die allgemeinen tantrischen Hauptgelübde

Die vierzehn tantrischen Hauptgelübde, die bei allen Anuttarayoga-Tantra-Initiationen genommen werden, bestehen darin, sich von den folgenden Handlungen zurückzuhalten:

1. Unseren Vajra-Meister zu verhöhnen oder zu verspotten. Das Objekt ist jeder Lehrer, von dem wir entweder die Ermächtigung für eine der Tantra-Klassen erhalten haben, eine volle oder teilweise Erklärung eines ihrer Texte oder mündliche Anweisungen für eine ihrer Praktiken. Verspotten und Verhöhnen solcher Meister bedeutet, ihnen Verachtung zu zeigen, ihnen Fehler nachzusagen oder sie lächerlich zu machen, sich respektlos oder unfreundlich ihnen gegenüber zu verhalten oder zu denken oder zu sagen, dass ihre Belehrung oder ihr Rat nutzlos gewesen seien. Nachdem wir sie zuvor mit Hochachtung, Verehrung und Respekt angesehen haben, vollenden wir diese Hauptübertretung, wenn wir diese Einstellung aufgeben, sie als unsere Lehrer zurückweisen und sie von oben herab behandeln.

Derartige verächtliche Handlungen unterscheiden sich grundlegend vom Befolgen des Ratschlags im *Kalachakra-Tantra*, demzufolge wir einen respektvollen Abstand halten und nicht länger mit einem tantrischen Lehrer studieren oder zusammen sein sollten, bezüglich dessen wir entschieden haben, dass er für uns nicht geeignet oder nicht ausreichend qualifiziert ist, beziehungsweise der ein unangebrachtes Verhalten an den Tag legt. Einen Lehrer zu verachten oder herabzusetzen, der uns ausschließlich Dinge gelehrt hat, die nicht einzig im Tantra vorkommen, wie zum Beispiel Mitgefühl oder Leerheit, oder der uns lediglich die Zuflucht übertragen hat oder die Pratimoksha- oder Bodhisattva-Gelübde, erzeugt, technisch gesprochen, nicht diese erste Hauptübertretung. Eine derartige Handlung behindert dennoch ernsthaft unseren spirituellen Fortschritt.

2. Den Worten eines Erleuchteten zuwiderhandeln. Die Objekte dieser Handlung sind genau genommen die Inhalte einer Belehrung eines erleuchteten Wesens, welche die Pratimoksha-, Bodhisattva- oder tantrischen Gelübde betreffen, unabhängig davon, ob diese Person der Buddha selbst ist oder ein späterer großer Meister. Diese Übertretung zu begehen bedeutet nicht einfach nur, ein bestimmtes Gelübde aus einer dieser Gruppen zu brechen für den Fall, dass wir es genommen haben, sondern dies in Anwesenheit zweier zusätzlicher Faktoren zu tun. Diese sind, voll anzuerkennen, dass das Gelübde von jemandem herstammt, der alle geistigen Hindernisse beseitigt hat, und die Sache herunterzuspielen, indem man denkt oder sagt, dass die Tatsache, dass man dagegen verstößt, keine negativen Konsequenzen hat. Andere Anordnungen als die in einer der drei von uns genommenen Gelübdegruppen herunterzuspielen und zu übertreten, obwohl wir wissen, dass sie von einem Erleuchteten übermittelt wurden, oder aber Ratschläge, von denen wir nicht erkannt haben, dass sie von einem Erleuchteten stammen, führt nicht zu einer tantrischen Hauptübertretung. Dennoch erzeugt dies Hindernisse auf unserem spirituellen Pfad.

3. Aus Ärger an unseren Vajra-Brüdern und -Schwestern Fehler zu suchen. Unter Vajra-Brüdern und -Schwestern versteht man diejenigen, die tantrische Gelübde einhalten und vom selben tantrischen Meister eine Initiation in das System einer Buddha-Form irgendeiner der Tantra-Klassen erhalten haben. Die Ermächtigungen müssen nicht zum selben Zeitpunkt übertragen worden sein und auch nicht die gleiche Tantra-Klasse betreffen. Diese Übertretung ist dann gegeben, wenn wir im vollen Bewusstsein dessen, dass eine bestimmte Person unser Vajra-Bruder oder unsere Vajra-Schwester ist, diese wegen Fehlern, Mängeln, Fehlgriffen, Übertretungen verspotten oder verbal beleidigen und sie versteht, was wir sagen. Dabei ist es

unerheblich, ob sie diese besitzen oder begangen haben oder nicht. Die Motivation muss entweder in Feindseligkeit, Ärger oder Hass bestehen. Einer Person zu helfen, ihre Schwächen in freundlicher Weise zu zeigen, ist kein Fehler.

4. Die Liebe zu den fühlenden Wesen aufzugeben. Liebe ist der Wunsch, dass andere glücklich sein und die Ursachen des Glücks besitzen mögen. Die Übertretung ist, irgendeinem Wesen, einschließlich des schlimmsten Serienmörders, das Gegenteil zu wünschen – also jemandem zu wünschen, dass er des Glücks und seiner Ursachen beraubt sein möge. Die Ursachen des Glücks sind ein volles Verständnis der Realität und des karmischen Gesetzes von Verhaltensursache und -wirkung. Zumindest würde man einem Mörder wünschen, eine ausreichende Erkenntnis dieser Punkte zu erlangen, sodass er seine Gräueltaten in zukünftigen Leben nie mehr wiederholt und so schließlich Glück erlebt. Obwohl es keine tantrische Hauptübertretung darstellt, jemanden zu ignorieren, dem zu helfen in unserer Macht steht, ist es eine Übertretung, zu denken, wie wundervoll es doch wäre, wenn ein bestimmtes Wesen nie glücklich werden würde.

5. Bodhichitta aufzugeben. Dies ist das Gleiche wie die achtzehnte Hauptübertretung des Bodhisattva und kommt dem Aufgeben der anstrebenden Stufe von Bodhichitta gleich, wobei man denkt, dass man unfähig sei, die Buddhaschaft zum Wohle aller Wesen zu erlangen. Auch ohne die Anwesenheit der vier vervollständigenden Faktoren beraubt uns ein solcher Gedanke sowohl der Bodhisattva- als auch der tantrischen Gelübde.

6. Unsere eigenen Lehren oder die anderer lächerlich zu machen. Das ist das Gleiche wie die sechste Hauptübertretung des Bodhisattva, das Aufgeben des heiligen Dharma, und bezieht sich darauf, dass wir behaupten, dass eine der schriftlichen buddhistischen Lehren nicht aus Worten des Buddha besteht. «Lehren anderer» bezieht sich auf die Sutras des Shravaka-, Pratyekabuddha- oder Mahayana-Fahrzeugs, während «unsere eigenen» die Tantras sind, die auch in die Mahayana-Gruppe gehören.

7. Unreifen vertrauliche Lehren zu enthüllen. Vertrauliche Lehren betreffen die eigentlichen, spezifischen Praktiken der

Erzeugungs- und der vollständigen Stufe für die Erkenntnis der Leerheit, die nicht als Allgemeingut mit weniger fortgeschrittenen Praxisebenen geteilt werden. Sie beinhalten Details bestimmter Sadhanas und von Techniken zur Erlangung eines äußerst glückseligen tiefen Gewahrseins der Leerheit mittels des Geistes des klaren Lichts. Diejenigen, die dafür unreif sind, sind Menschen, welche die angemessene Ermächtigungsstufe bislang nicht erhalten haben. Dabei ist es unerheblich, ob sie zu diesen Praktiken Vertrauen hätten, wenn sie sie kennen würden. Diese Hauptübertretung entsteht, wenn wir eine dieser vertraulichen Prozeduren, die nicht mit anderen geteilt werden sollen, jemandem, von dem wir ganz genau wissen, dass er oder sie noch nicht reif ist, ausreichend detailliert erklären, sodass er oder sie genug Informationen besitzt, um die Praxis auszuprobieren, und wenn diese Person die Anweisungen verstanden hat. Die einzige Ausnahme ist gegeben, wenn eine starke Notwendigkeit für eindeutige Erklärungen besteht, zum Beispiel, wenn dies hilft, Fehlinformationen und verzerrte, antagonistische Ansichten über Tantra zu vertreiben. Auch ein Erklären der tantrischen Theorie im Allgemeinen auf Gelehrtenart, unzureichend für die Praxis, ist keine Hauptübertretung. Nichtsdestoweniger schwächt dies die Effektivität unserer tantrischen Praxis. Es liegt allerdings kein Fehler darin, vertrauliche Lehren interessierten Beobachtern während einer tantrischen Initiation zu enthüllen.

8. Unsere Aggregate zu verschmähen oder zu verachten. Jeder Moment unserer Erfahrung ist aus fünf Aggregaten oder Aggregatfaktoren aufgebaut, und zwar sind dies: Formen physischer Phänomene wie Sichtbares oder Klänge, Empfindungen von Glück und Leid, die Unterscheidung einer Sache von einer anderen, weitere Geistesfaktoren wie Liebe oder Hass und Bewusstseinsarten wie ein visuelles oder ein geistiges Bewusstsein. Kurz, unsere Aggregate umfassen unseren Körper, unseren Geist und unsere Gefühle. Normalerweise sind diese Aggregatfaktoren mit Verwirrung verbunden, was gewöhnlich übersetzt wird, indem man sie als «verunreinigt» bezeichnet. Durch die Praxis des Anuttarayoga-Tantra beseitigen wir diese Verwirrung bezüglich der Realität und transformieren so vollständig unsere Ag-

gregate. Anstatt dass jeder Erfahrungsmoment aus fünf mit Verwirrung verbundenen Faktoren besteht, wird jeder Moment schließlich zu einem Gebilde aus fünf Arten tiefen Gewahrseins, die von der Verwirrung abgetrennt sind und die die zugrunde liegende Natur der fünf Aggregate darstellen. Diese sind: das spiegelgleiche tiefe Gewahrsein, das tiefe Gewahrsein der Gleichheit der Dinge, das tiefe Gewahrsein der Individualität, das tiefe Gewahrsein dessen, wie man ein Ziel erreicht, und das tiefe Gewahrsein der Wirklichkeitssphäre. Jedes der fünf wird durch eine Buddha-Form repräsentiert, Vairochana usw. Eingehender werden wir dies in Kapitel 11 besprechen.

Damit diese Transformation stattfinden kann, werden bei einer Anuttarayoga-Tantra-Initiation hierfür Samen gepflanzt. Während der Praxis der Erzeugungsstufe kultivieren wir diese Samen, indem wir uns unsere Aggregate bereits in ihrer gereinigten Form vorstellen durch ihre Visualisation als die entsprechenden Buddha-Formen. Während der Praxis der vollständigen Stufe bringen wir diese Samen zur Reife, indem wir mit unseren Aggregaten bestimmte yogische Techniken anwenden, um den Geist des klaren Lichts zu manifestieren, mit dem wir dann die fünf Arten tiefen Gewahrseins verwirklichen.

Die achte Hauptübertretung besteht entweder darin, unsere Aggregate zu verachten, indem wir denken, sie seien ungeeignet, in dieser Weise transformiert zu werden, oder darin, sie vorsätzlich aus Abscheu oder Verachtung zu schädigen. Tantra zu praktizieren erfordert nicht, dass wir die Sichtweise der Sutras zurückweisen müssen, wonach es einen fehlerhaften Gedanken darstellt, den Körper als rein und von seiner Natur her als Glück zu betrachten. Es ist ziemlich offensichtlich, dass unser Körper ganz natürlich dreckig wird und uns Leiden bringt, zum Beispiel Krankheit und körperlichen Schmerz. Dennoch entdecken wir im Tantra, dass der menschliche Körper auch noch eine tiefere Natur besitzt, die ihn befähigt, auf vielen verschiedenen Ebenen auf dem spirituellen Pfad genutzt zu werden, um anderen umfassender zu helfen. Wenn wir uns dieser tieferen Ebene nicht bewusst sind oder nicht zugeben, dass es sie gibt, hassen wir unseren Körper, denken, dass unser Geist nichts wert ist, und halten unsere Gefühle für etwas Böses. Wenn wir eine von einem derart geringen Selbstwertgefühl geprägte Einstellung haben oder zusätzlich unseren Körper oder Geist missbrauchen mittels masochistischen Verhaltens, einem unnötig gefährlichen oder bestrafenden Lebensstil oder indem wir sie mit Drogen verseuchen, die körperlich oder psychisch abhängig machen, dann haben wir diese tantrische Hauptübertretung begangen.

9. Die Leerheit abzulehnen. Leerheit bezieht sich hier entweder auf die allgemeine Lehre der Prajnaparamita-Sutras, dass alle Phänomene und nicht etwa nur Personen leer davon sind, in fantasierter und unmöglicher Weise zu existieren, oder auf die speziellen Mahayana-Lehren der Chittamatra- oder einer der Madhyamaka-Schulen bezüglich des Leerseins der Phänomene hinsichtlich einer bestimmten fantasierten Existenzart. Solche Lehren abzulehnen bedeutet, sie zu bezweifeln, ihnen nicht zu glauben und sie zu verschmähen. Ganz egal, auf welches Mahayana-Philosophiesystem wir uns während unserer tantrischen Praxis stützen, wir müssen auf jeden Fall volles Vertrauen in die Leerheitslehren besitzen. Wenn wir die Leerheit im Verlauf unserer Praxis ablehnen oder eine Prozedur außerhalb dieses Kontextes durchführen, könnten wir zum Beispiel glauben, dass unsere Visualisationen konkret und echt sind. Derartige Fehlvorstellungen führen lediglich die Leiden von Samsara fort und mögen auch in geistiger Unausgeglichenheit münden. Es mag entlang des Weges nötig sein, unser Philosophiesystem von Chittamatra zu Madhyamaka zu steigern oder innerhalb der Madhyamaka-Schule von Svatantrika zu Prasangika überzugehen und währenddessen die Leerheitslehren unseres alten Philosophiesystems zu widerlegen. Darlegungen zu verwerfen, die weniger ausgefeilt sind, bedeutet jedoch nicht, dass wir dann ohne eine korrekte Sichtweise der Leerheit aller Phänomene dastehen, die für unsere Verständnisebene angebracht ist.

10. Sich gegenüber übel wollenden Menschen liebevoll zu verhalten. Übel wollende Menschen verachten entweder unseren persönlichen Lehrer, spirituelle Meister im Allgemeinen oder die Buddhas, den Dharma oder den Sangha, oder sie fügen einem von diesen Schaden oder eine Verletzung zu. Obwohl es unangemessen ist, den Wunsch aufzugeben, dass eine derartige

Person glücklich sein und die Ursachen des Glücks besitzen möge, begehen wir eine Hauptübertretung, wenn wir uns ihr gegenüber liebevoll verhalten oder liebevoll mit ihr sprechen. Derartige Handlungen umfassen: freundlich mit diesen Leuten zu sein, sie zu unterstützen, indem wir Waren kaufen, die sie herstellen, Bücher, die sie schreiben, usw. Wenn wir rein von Liebe und Mitgefühl motiviert sind und die Mittel besitzen, ihr destruktives Verhalten zu beenden und sie in einen positiveren Zustand zu führen, würden wir das natürlich tun, auch wenn dies bedeuten sollte, dass wir zu kraftvollen Methoden greifen müssen. Wenn uns diese Eigenschaften allerdings fehlen, begehen wir keine Verfehlung, wenn wir solche Personen einfach boykottieren.

11. Nicht kontinuierlich über Leerheit zu meditieren. Wie schon im Falle der neunten Hauptübertretung kann Leerheit entweder entsprechend dem Chittamatra- oder dem Madhyamaka-System aufgefasst werden. Wenn wir einmal ein Verständnis einer solchen Sichtweise erlangt haben, besteht die Hauptübertretung darin, mehr als einen Tag und eine Nacht verstreichen zu lassen, ohne über sie zu meditieren. Es ist üblich, zumindest dreimal im Verlauf des Tages und dreimal während der Nacht über Leerheit zu meditieren. Mit derartiger Praxis müssen wir fortfahren, bis wir uns von allen Hindernissen befreit haben, welche die Allwissenheit verhindern – ein Punkt, von dem an wir für alle Zeiten die Leerheit direkt vergegenwärtigt halten werden. Wenn wir eine Grenze ziehen und denken, dass wir genug über Leerheit meditiert haben, bevor wir das Ziel erreicht haben, werden wir niemals dorthin gelangen.

12. Die, die Vertrauen haben, abzuschrecken. Dies bezieht sich darauf, absichtlich andere Leute von einer bestimmten tantrischen Praxis abzubringen, zu der sie Vertrauen haben und für die sie ein geeignetes Gefäß, mit korrekter Ermächtigung usw., darstellen. Wenn wir die Verursacher dessen sind, dass ihr Wunsch, in diese Praxis einzusteigen, aufhört, ist diese Hauptübertretung komplett. Wenn sie aber jetzt noch nicht bereit sind für eine derartige Praxis, liegt kein Fehler darin, in realistischer Weise zu skizzieren, was sie zuvor noch meistern müssen, auch wenn das entmutigend erscheinen mag. Andere in dieser Weise

heranzuführen, sie und ihr Interesse ernst zu nehmen, anstatt sie als unfähig zu qualifizieren, lässt ihr Selbstbewusstsein wachsen, sodass sie Fortschritte machen.

13. Sich nicht korrekt auf die Substanzen zu stützen, die uns eng mit der tantrischen Praxis verbinden. Die Praxis des Anuttarayoga-Tantra beinhaltet, an regelmäßigen Darbringungszeremonien teilzunehmen, so genannten Tsog-Pujas. Während dieser Zeremonien kostet man Alkohol und Fleisch, die auf bestimmte Weise gesegnet wurden. Diese Substanzen symbolisieren die Aggregate, die Elemente des Körpers und im Kalachakra auch die Energiewinde – Faktoren also, die normalerweise verstörend sind, aber ihrer Natur nach fähig, tiefes Gewahrsein zu verleihen, wenn sie von Verwirrung getrennt sind und auf dem Pfad genutzt werden. Die Hauptübertretung besteht darin, diese Substanzen als widerlich anzusehen, sie abzulehnen, weil man Nichttrinker oder Vegetarier ist, oder aber sie im Gegenteil in großen Mengen mit Begeisterung und Anhaftung zu sich zu nehmen.

14. Sich über Frauen lustig zu machen. Das Ziel des Anuttarayoga-Tantra besteht darin, Zugang zum klaren Licht zu finden und es für das Erkennen der Leerheit nutzbar zu machen, um so schnell wie möglich die Verwirrung und daraus entstandene Instinkte und somit die Hauptfaktoren zu beseitigen, die uns von der Befreiung und vom Erreichen der vollen Fähigkeit, anderen zu nutzen, abhalten. Ein glückseliger Gewahrseinszustand ist für das Erlangen des Geistes des klaren Lichts äußerst förderlich, da er uns auf immer tiefere, intensivere und verfeinertere Ebenen des Bewusstseins und der Energie zieht. Darüber hinaus wird ein glückseliges Gewahrsein, wenn es die Ebene des klaren Lichts erreicht und sich mit vollem Verstehen auf die Leerheit ausrichtet, zum machtvollsten Werkzeug für die Bereinigung der Verwirrungsinstinkte.

Während des Prozesses zur Erlangung der vertieften Konzentration erfahren wir immer öfter glückseliges Gewahrsein als Ergebnis dessen, dass wir unseren Geist von Dumpfheit und Erregtheit befreit haben. Das Gleiche passiert, während wir ein immer tieferes Verstehen und Erkennen der Leerheit erlangen, und dies ist ein Ergebnis dessen, dass wir unseren Geist von verstörenden Emotionen und Einstellungen gereinigt haben.

Indem wir diese beiden kombinieren, erleben wir immer intensivere und verfeinertere Ebenen der Glückseligkeit im Zusammenhang damit, dass wir eine immer stärkere Konzentration auf ein immer tieferes Verständnis der Leerheit erlangen. Im Anuttarayoga-Tantra steigern Männer ihre Glückseligkeit des konzentrierten Gewahrseins der Leerheit sogar noch, indem sie sich auf Frauen stützen. Diese Praxis beinhaltet, sich entweder auf eine tatsächliche Frau zu stützen, die zur Vermeidung von Verwirrung als weibliche Buddha-Form visualisiert wird, oder, im Falle von verfeinerteren Fähigkeiten, allein auf lediglich visualisierte. Frauen steigern ihre Glückseligkeit aufgrund von Männern auf ähnliche Weise, indem sie sich auf die Tatsache ihres Frauseins stützen. Daher ist es eine tantrische Hauptübertretung, eine bestimmte Frau, Frauen ganz allgemein oder eine weibliche Buddha-Form herabzusetzen, sich über sie lustig oder sie lächerlich zu machen oder sie als minderwertig zu betrachten. Wenn wir unsere geringschätzige Meinung oder unsere Verachtung mit der Absicht, alles Weibliche lächerlich zu machen, direkt einer Frau gegenüber äußern und sie versteht, was wir gesagt haben, dann haben wir diese Hauptübertretung vollendet. Obwohl es unangemessen ist, sich über Männer lustig zu machen, stellt dies keine tantrische Hauptübertretung dar.

Tantrische Hauptübertretungen des Kalachakra

Die tantrischen Gelübde, die bei einer Kalachakra-Initiation übertragen werden, beinhalten die folgenden spezifischeren Formulierungen der vierzehn Hauptübertretungen.

1. Den Geist unseres Vajra-Meisters zu stören. Hier besteht die Übertretung anstatt im Verhöhnen und Lächerlichmachen unseres tantrischen Meisters darin, eine spezifische Rüge zu verursachen. Aufgrund von verstörten Emotionen und Einstellungen, nicht etwa zu einem altruistischen Zweck, handeln oder sprechen wir in destruktiver Weise und denken überhaupt nicht daran, davon abzulassen. Wenn unser Lehrer davon erfährt

und, um uns zu zähmen, Missfallen ausdrückt, dann ist diese Hauptübertretung vollständig.

2. Den Anordnungen unseres Lehrers nicht zu entsprechen. Dies ist bestimmter als das Trivialisieren und Verletzen eines Gelübdes, das von einem Erleuchteten stammt. Hier besteht die Übertretung darin, dass wir auf versteckte Weise eine der zehn destruktiven Handlungen begehen oder eines unserer Gelübde brechen, und zwar nachdem unser Vajra-Meister ausdrücklich gesagt hat, wir sollten dies nicht tun. Die Motivation muss in einer verstörten Emotion oder Einstellung bestehen, nicht in irgendeinem altruistischen Ziel. Wie schon bei der vorhergehenden Hauptübertretung müssen wir unseren tantrischen Meister als heiliges Wesen erkennen, ganz genau wissen, dass ein solches Verhalten ihm oder ihr missfällt, und uns nichts dabei denken, sie zu begehen. Hier ist es nicht nötig, dass unser Lehrer von unserem Fehlverhalten erfährt oder sein Missfallen zeigt.

3. Aus Ärger an Vajra-Brüder und -Schwestern Fehler zu suchen. Dies ist das Gleiche wie der entsprechende Fall in der Liste der allgemeinen tantrischen Hauptübertretungen.

4. Die Liebe zu den fühlenden Wesen aufzugeben. Dies ist ebenfalls das Gleiche wie bei der entsprechenden allgemeinen Hauptübertretung. Der Kommentar fügt hinzu, dass die Übertretung nur begangen wird, wenn die Liebe zu einem bestimmten Wesen, wenn sie einmal verloren wurde, länger als einen Tag und eine Nacht nicht zurückkehrt. Sich aufzuregen und die Liebe zu jemandem lediglich eine kürzere Zeitspanne zu verlieren ist keine Hauptübertretung.

5. Bodhichitta aufzugeben. In Entsprechung zur allgemeinen tantrischen Hauptübertretung, den Wunsch zu verwerfen, die Erleuchtung zum Wohle aller zu erlangen, verwerfen wir hier die subtilen kreativen Tropfen, die es uns durch die Praxis der vollständigen Stufe des Kalachakra erlauben, diese Erleuchtung durch ein unwandelbares, glückseliges Gewahrsein zu verwirklichen. Ein solches Gewahrsein erreicht man nur dadurch, dass man den Geist des klaren Lichts manifestiert und ihn als ein glückseliges Gewahrsein der Leerheit erzeugt. Nachdem man dieses machtvolle Werkzeug erlangt hat, wird im zentralen Energiekanal eine immer stabilere Basis dafür aufgebaut, indem

man dort mittels yogischer Techniken 21600 subtile Tropfen aufstapelt – entsprechend der Anzahl der Kalachakra-Stunden im Jahr und der Atemzüge pro Tag. Einmal aufgestapelt, verbleiben diese unsichtbaren Tropfen bis zur Erleuchtung unerschütterlich an ihrem Platz, weshalb man das höchste, glückselige Gewahrsein, das auf ihnen gründet, als «unwandelbar» bezeichnet. Ein derartiges Gewahrsein ermächtigt das Verständnis der Leerheit mittels des Geistes des klaren Lichts, stufenweise alle Verwirrungsinstinkte und karmischen Winde in der effektivsten Weise, die überhaupt möglich ist, zu vertreiben. Diese Tropfen verschwinden erst, wenn man ein Buddha wird, da man auf dieser Stufe nicht länger jene Art von physischem Körper besitzt, der subtile Tropfen oder einen Zentralkanal hat.

Egal, ob Mann oder Frau, immer dann, wenn wir den Energieabfluss erleben, der den sexuellen Orgasmus begleitet – und zwar unabhängig davon, ob grobstoffliche Flüssigkeiten ausgeschüttet werden –, verlieren wir subtile kreative Tropfen, die «Bodhichitta» oder «Tropfen der Jasminblume» genannt werden. Diese Tropfen stellen die Grundlage für das Erlangen eines unwandelbaren glückseligen Gewahrseins dar. Da ein derartiger Abfluss das effektivste Mittel für das Erreichen der Erleuchtung einfach wegwirft, wird dies als «Aufgeben von Bodhichitta» bezeichnet. Damit diese Hauptübertretung vollständig gegeben ist, müssen wir allerdings die Natur des unwandelbaren glückseligen Gewahrseins verstehen und dennoch diese subtilen Tropfen in irgendeiner Weise abfließen lassen, obwohl es keine besondere Notwendigkeit dafür gibt, und zwar mit dem Gedanken, Erleuchtung durch die Seligkeit des gewöhnlichen Abflusses während des Orgasmus zu erlangen. Die vier vervollständigenden Faktoren brauchen diese Handlung nicht zu begleiten.

Der Abfluss von orgastischer Energie oder von Flüssigkeiten während gewöhnlicher sexueller Handlungen stellt so lange keine tantrische Hauptübertretung dar, wie wir ihn nicht als etwas Spirituelles ansehen, insbesondere als ein Mittel, um Befreiung oder Erleuchtung zu erlangen. Dennoch schwächt jedes Erleben eines orgastischen Abflusses unabhängig davon, wie wir ihn betrachten, die Gestalt, die wir mit den Hauptgelübden des Kalachakra unserem Leben zu geben versuchen. Es steht dem Ziel entgegen, zu versuchen, mittels der Kalachakra-Technik des unwandelbaren glückseligen Gewahrseins so schnell wie möglich die Erleuchtung zu erlangen.

Es ist wichtig, in dieser Angelegenheit realistisch und nicht melodramatisch zu sein. Dieses Gelübde zu nehmen bedeutet nicht, kinderlos zu bleiben oder kein weiteres Baby haben zu können. Es verurteilt uns auch nicht dazu, aufzuhören, die ganz normale Sexualität zu genießen, und uns ihretwegen schuldig zu fühlen. Es bedeutet allerdings, die Seligkeit des orgastischen Abflusses im Licht des unwandelbaren glückseligen Gewahrseins zu sehen und uns zum Überdenken unserer Werte zu verpflichten. Kurz, wenn wir keine Kontrolle über unsere orgastischen Energien haben, dann betonen wir mit diesem Gelübde, die Seligkeit des orgastischen Abflusses im Rahmen gewöhnlicher sexueller Handlungen nie als spirituelle Erfahrung, als einen Weg zur Lösung unserer Probleme oder als einen Pfad zur Erleuchtung zu betrachten.

6. Zu vertreten, dass die Sicht der Wirklichkeit im Sutra der im Tantra unterlegen ist. Dies ist spezieller als das Sichlustigmachen über unsere eigenen Philosophiesysteme oder die anderer, indem man die Meinung äußert, eine Lehre des Sutra- oder Tantra-Fahrzeugs beruhe nicht auf den Worten des Buddha. Hier ist es eine Übertretung, speziell die Erklärungen der Leerheit, wie sie in den Prajnaparamita-Sutras zu finden ist, als unterlegen gegenüber denen zu bezeichnen, die in den Tantras zu finden sind, obwohl man weiterhin beide als authentische Lehren des Buddha akzeptiert. Die Motivation muss Ärger sein, zum Beispiel wegen sektiererischer Ansichten, und nicht einfach nur Unwissenheit.

7. Unreifen vertrauliche Lehren zu enthüllen. Dies ist ähnlich wie bei den allgemeinen Hauptübertretungen, mit der Ausnahme, dass es sich speziell auf Lehren über das höchste glückselige Gewahrsein bezieht, den intensivsten von vier Graden der Freude, die im Zentralkanal erlebt wird.

8. Unsere Aggregate zu missbrauchen. Während sich die allgemeine Hauptübertretung darauf bezieht, dass wir unsere

Aggregate entweder einfach verschmähen oder gar missbrauchen, geht es hier insbesondere um Letzteres. Wir nehmen unsere Aggregate als in der Natur von Buddha-Formen und tiefem Gewahrsein enthalten wahr und erkennen, dass wir, wenn wir sie verletzen, unser glückseliges Gewahrsein zerstören und unsere Fähigkeit beeinträchtigen, mehr zu erzeugen. Dennoch wollen wir ihnen immer noch Schaden oder Schmerz zufügen, und zwar nicht, um jemand anderem dadurch zu helfen. Diese Übertretung ist vollständig, wenn wir tatsächlich einen Akt der Selbstbestrafung begehen und als Ergebnis eine Verminderung derjenigen Ebene körperlichen und geistigen glückseligen Gewahrseins erleben, die wir erreicht haben.

9. Kein Vertrauen in die Reinheit der Phänomene zu haben. Die dem entsprechende allgemeine tantrische Hauptübertretung besteht im Zurückweisen der Leerheit, wie sie von der Chittamatra-Schule oder einer der Madhyamaka-Richtungen gelehrt wird. Hier bedeutet die Übertretung nicht nur, die Leerheit zurückzuweisen, sondern an ihrer Stelle eine selbst gemachte Sicht der Wirklichkeit anzunehmen, die man selbst oder jemand anders ersonnen hat. Dazu gehört nicht, dies zum Wohle anderer zu tun, wie wenn wir zum Beispiel die Leerheitslehren simplifizieren, um Anfängern eine erste Vorstellung davon zu geben.

10. Über trügerische Liebe zu verfügen. Während bei der allgemeinen tantrischen Hauptübertretung die Rede davon ist, sich liebevoll gegenüber übel wollenden Leuten zu verhalten, besteht die Übertretung des Kalachakra darin, liebevolle Worte an andere zu richten, während wir böswillige Gedanken ihnen gegenüber in unserem Herzen verbergen. Noch weiter geht diese Übertretung, wenn wir heuchlerisch sind in Bezug auf eine enge Bindung an die tantrischen Praktiken, zum Beispiel, indem wir täglich einen Sadhana-Text rezitieren oder an Pujas teilnehmen, ohne Vertrauen zu haben, vorgeben, fromm zu sein, und gleichzeitig im Verborgenen in einer destruktiven Weise handeln, die unseren Versprechen entgegensteht.

11. Über das glückselige Gewahrsein, das jenseits von Worten ist, begrifflich zu denken. Die entsprechende allgemeine tantrische Hauptübertretung besteht darin, dass man nicht konti-

nuierlich über die Leerheit meditiert. Hier ist es spezieller: Wir nehmen das unwandelbare glückselige Gewahrsein nicht an, wenn wir es im Rahmen der Praxis der vollständigen Stufe erleben. Wenn dieses Gewahrsein auftritt, ist es eine Übertretung, unentschieden hin und her zu schwanken und es nicht auf kontinuierliche Meditation über Leerheit auszurichten.

12. An reinen Wesen Fehler zu finden. Die entsprechende allgemeine Übertretung ist das Zerstören des Vertrauens anderer Leute in eine bestimmte tantrische Praxis, sodass sie sich von dem Wunsch abwenden, sich mit ihr zu beschäftigen. Hier besteht die Übertretung darin, entmutigende Worte insbesondere an Meditierende, die eine tantrische Praxis beherrschen, zu richten, ihnen aus Eifersucht Fehler vorzuhalten und sich über sie lustig zu machen. Diese Übertretung liegt vollständig vor, wenn sie diese Worte verstanden haben und als Ergebnis davon deprimiert sind.

13. Die Substanzen zurückzuweisen, die uns eng mit der tantrischen Praxis verbinden, und, 14., sich über Frauen lustig zu machen. Diese beiden sind die Gleichen wie die in der Liste der allgemeinen tantrischen Hauptübertretungen. Die Betonung liegt bei Letzterem allerdings auf der Verachtung von Frauen im Allgemeinen.

Ausgewählte Punkte der tantrischen Nebengelübde

Die allgemeinen tantrischen Hauptgelübde und diejenigen, die dem Kalachakra eigen sind, sind beide mit dem Versprechen verbunden, von acht schwerwiegenden Handlungen abzustehen, welche die Meditationspraxis schwächen und den Fortschritt auf dem Pfad des Anuttarayoga-Tantra behindern. Wie schon bei den sechsundvierzig Nebengelübden des Bodhisattva resultiert das Begehen einer dieser acht schwerwiegenden Handlungen nicht im Verlust der tantrischen Gelübde, selbst wenn alle vier vervollständigenden Faktoren anwesend waren. Obwohl wir diese tantrischen Nebengelübde später noch im Detail studieren können, lassen Sie uns jetzt schon einige Punk-

te betrachten, die Leuten Kopfzerbrechen bereiten, die über-
legen, an der Kalachakra-Initiation teilzunehmen.

Eines der tantrischen Nebengelübde besteht darin, sich nicht
auf einen unqualifizierten Sexualpartner zu stützen. Ein Mann
kann sein glückseliges unterscheidendes Gewahrsein steigern,
indem er sich auf die Glückseligkeit und den Genuss aus der
Vereinigung mit einer Frau stützt, ohne orgastischen Abfluss.
Eine Frau kann das Gleiche erreichen durch die Vereinigung mit
einem Mann, ebenfalls ohne orgastischen Abfluss, indem sie sich
auf die Tatsache ihres eigenen Frauseins stützt. Selbst wenn wir
uns nicht auf einer Ebene befinden, auf der wir irgendeine Stufe
glückseligen Gewahrseins der Leerheit erreicht haben, und auch
wenn uns die durch Meisterschaft über unsere Energiewinde
mittels yogischer Techniken erlangte Fähigkeit fehlt, den Orgasmus während der Vereinigung zu vermeiden, würden wir als
Person mit tantrischen Gelübden diese Ebene ganz natürlich
bewundern und von Herzen wünschen, sie zu erreichen. Es ist
notwendig, dass wir unser Sexualleben in dieser Perspektive
sehen.

Damit sich dieser Entschluss nicht abschwächt, ist es wichtig,
dass unser Sexualpartner unsere Einstellung zur Sexualität teilt.
Ein unqualifizierter Partner ist jemand, der Sexualität nicht aus
der tantrischen Perspektive betrachtet. Genauer gesagt, unser
Partner muss eine Ermächtigung erhalten haben, tantrische Gelübde einhalten und eine enge Bindung an die Praktiken aufrechterhalten. Am wichtigsten ist, dass er oder sie das fünfte
Hauptgelübde des Kalachakra rein hält und den gewöhnlichen
Sex und die Seligkeit des orgastischen Abflusses nicht als etwas
Spirituelles ansieht oder als einen Pfad zur Befreiung oder Erleuchtung. Darüber hinaus darf ein potenzieller Partner nicht
zur sexuellen Vereinigung gezwungen worden sein, weder
durch Gewalt noch durch subtilen, psychischen Druck. Ein
Beispiel für Letzteres ist es, wenn wir der betreffenden Person
damit schmeicheln, dass sie spirituell fortgeschritten sei, zu sagen, dass er oder sie uns, einem großen tantrischen Bodhisattva,
dabei helfe, auf dem Pfad voranzuschreiten und anderen mehr
zu helfen.

Wenn wir selbst die Sexualität aus der tantrischen Perspektive sehen und unser Sexualpartner einfach nur Liebe und Geborgenheit teilen möchte, dann brauchen wir nicht das Gefühl zu haben, dass sich unsere beiden Einstellungen gegenseitig ausschließen. Das Steigern des glückseligen Gewahrseins der Leerheit mittels der Vereinigung mit einem Partner baut auf der Grundlage auf, Liebe und Unterstützung miteinander zu teilen. Wenn unser Partner allerdings ausschließlich von Gier und Anhaftung an fleischliche Genüsse besessen ist oder das Erreichen eines gesunden Orgasmus als Heilmittel für alles psychische Durcheinander ansieht, ist es sehr einfach, Opfer solcher Emotionen oder Ideen zu werden und die Perspektive zu verlieren.

Wenn wir bereits einen Sexualpartner haben und dann mit Tantra anfangen, sie oder er aber nicht, bedeutet dies natürlich nicht, dass wir diesen Partner verlassen oder Beziehungen zu jemandem aufnehmen sollten, der tantrische Gelübde einhält. Wir müssen unseren Partner auch nicht zum Buddhismus bekehren oder ihn drängen, an einer Initiation teilzunehmen. Auf der anderen Seite ist es unfair, diese Person für unsere spirituelle Praxis auszubeuten oder bezüglich unserer Gefühle unehrlich zu sein und widerwillig Sex zu haben im Sinne von Pflichterfüllung. Die Situation erfordert Freundlichkeit, Geduld, Verständnis und vor allem die vollkommene Abwesenheit von Unaufrichtigkeit bezüglich unserer Ebene der Verwirklichung und Praxis. Wenn unser Partner dafür offen ist, können wir ihn behutsam dazu ermutigen, durch effektive Methoden, nicht gewöhnlichen Sex, Fehler zu eliminieren und Potenziale zu verwirklichen. Auf solchen Wegen versuchen wir, die beiden Einstellungen zur Sexualität wenn schon nicht gleich, so doch zumindest verträglich zu machen.

Ein weiteres tantrisches Nebengelübde lautet, nicht in die Vereinigung zu gehen ohne die drei Erkenntnisse, die darin bestehen, dass wir unseren Geist, unsere Sprache und unseren Körper von der Verwirrung unterscheiden und als von ihr abgetrennt betrachten. Ohne eine derartige Einstellung steigert die Glückseligkeit der Vereinigung lediglich unsere Begierde und Anhaftung und nicht unser glückseliges Gewahrsein der Leerheit. Erstens ist unser Geisteszustand während der Vereinigung ein glückseliges Gewahrsein der Leerheit, ganz egal, auf welcher Ebene wir dieses etablieren können. Wir hegen dabei keine gewöhnlichen Gedanken oder Sorgen, zum Beispiel darüber, welchen Rang unsere sexuelle Darbietung im Vergleich zu der anderer Leute einnimmt. Zweitens benennt unsere Sprache die Phänomene als das, was sie konventionellerweise sind, und zwar nicht als das, was ein verwirrter Geist wahrnimmt, sondern als das, was ein Geist, der ein glückseliges Gewahrsein der Leerheit ist, darin sieht. Wegen der Verwirrung und ihrer Begleiterin Anhaftung benennen wir Sexualorgane als begehrenswerte Objekte zur Erlangung der flüchtigen Seligkeit eines orgastischen Abflusses. Frei von Verwirrung benennen wir sie in einer reineren Weise als Objekte, die uns dazu verhelfen, ein glückseliges unterscheidendes Gewahrsein der Leerheit zu steigern. Und drittens erscheinen der Körper von uns selbst und der unseres Partners in Gestalt von Buddha-Formen, die unser Geist entstehen lässt, während er gleichzeitig auf einer tieferen Ebene ein glückseliges Gewahrsein der Leerheit aufrechterhält. Da der Geist, der diese Erscheinung erzeugt, kein Geist sehnsüchtiger Begierde ist, ist diese Visualisierung in keiner Weise das Gleiche, wie wenn wir uns und unseren Partner als zwei sexy Filmstars phantasieren.

Wiederum ist es wichtig, sich daran zu erinnern, dass wir eine tantrische Hauptübertretung begehen, selbst wenn wir diese reine Betrachtungsweise unseres Geistes, unserer Sprache und unseres Körpers während der sexuellen Vereinigung aufrechterhalten, wenn wir die Seligkeit des orgastischen Abflusses, die wir in diesem Kontext erleben, als etwas Spirituelles ansehen oder als ein Mittel, um Befreiung oder Erleuchtung zu erlangen. Dies ist der Fall, gleichgültig, ob wir diesen orgastischen Abfluss absichtlich verursachen oder ihn unabsichtlich erleben. Darüber hinaus ist es essenziell, dass wir, selbst wenn wir unseren eigenen Körper und den unseres Partners in reiner Gestalt als Buddha-Form visualisieren, unsere konventionelle Existenz als Person – beziehungsweise die unseres Partners – nicht aus den Augen verlieren. Wir müssen immer feinfühlig bleiben für unsere eigenen Gefühle und Bedürfnisse, ebenso für die unseres Partners. Dies gilt, egal, ob unser Partner unsere Einstellung und Visualisation teilt oder ob er nicht mit tantrischer Praxis arbeitet.

Ein anderes tantrisches Nebengelübde, das viel Verwirrung stiftet, lautet, sich nicht länger als sieben Tage unter Shravakas aufzuhalten. In diesem Kontext ist ein Shravaka jemand, der Tantra trivialisiert oder sich darüber lustig macht. Mit solchen Leuten längere Zeit zusammenzubleiben entmutigt uns bezüglich unseres Pfades, insbesondere, wenn sie unserer Meditationspraxis in aktiver Weise feindlich begegnen. Es liegt allerdings dann kein Fehler vor, wenn wir es uns nicht aussuchen können, mit wem wir zusammenleben. In solchen Situationen, wie auch, wenn wir in einer Umgebung leben, die nicht unterstützend oder wohlgesinnt ist, ist es somit von großer Bedeutung, unsere tantrische Praxis und unsere tantrischen Überzeugungen für uns zu behalten.

8

GEZÜGELTES VERHALTEN UND
PRAKTIKEN DER ENGEN BINDUNG

Arten gezügelten Verhaltens

Eine weitere Verpflichtung aus der Kalachakra-Initiation besteht darin, fünfundzwanzig Arten gezügelten Verhaltens zu bewachen. Nach Tsongkapa ist dieses Versprechen bei anderen Systemen des Anuttarayoga-Tantra nicht erforderlich, wohingegen Ngari Panchen erklärt hat, es sei allen höchsten Tantra-Systemen einschließlich des Dzogchen gemein. In beiden Fällen besteht das gezügelte Verhalten darin, davon abzustehen, mit Absicht eine von fünfundzwanzig negativen Handlungen zu begehen, während man von sehnsüchtiger Begierde, Ärger oder törichter Verwirrung entweder bezüglich der Wirklichkeit oder auch der Ursache und Wirkung von Verhalten motiviert ist. Ein Mangel an Ehrgefühl muss die Handlung ebenfalls begleiten.

Die Handlungen werden in fünf Fünfergruppen unterteilt. Deren erste stimmt mit den Laiengelübden überein, die manchmal auch die fünf Prinzipien genannt werden. Die aufzugebenden Handlungen sind:

1. Ein Leben zu nehmen. Da das Abstehen vom Töten einer beliebigen Form lebender Wesen später speziell in der Liste der gezügelten Verhaltensweisen aufgeführt wird, bezieht sich hier

das Nehmen eines Lebens darauf, einem Menschen oder Tier körperlichen Schaden zuzufügen. Andere psychisch zu quälen fällt ebenfalls in diese Kategorie.

2. Lügen auszusprechen. Besonders schwerwiegend ist, etwas Unwahres zu lehren, das wir erfunden haben. Zum Lügen gehört auch, in der Geschäftswelt zu betrügen, zum Beispiel, indem man ungerechtfertigte Preise fordert. Wenn andere in ungebührlicher Weise aus unserer Ehrlichkeit beim Aushandeln eines Vertrages Vorteile ziehen, dann liegt allerdings kein Fehler darin, eine harte Einigung herbeizuführen, solange unsere Motivation nicht in Gier besteht. Konkurrenzdenken ist nicht notwendig eine verstörende Einstellung.

3. Zu nehmen, was nicht gegeben wurde. Das meint, etwas zu stehlen, unabhängig von seinem Wert, und beinhaltet, Gebühren nicht zu bezahlen und Geliehenes nicht zurückzugeben. Selbst die Benutzung des Computers von jemand anderem ohne dessen Erlaubnis ist eine Form des Nehmens von etwas Nichtgegebenem.

4. Unangebrachtes sexuelles Verhalten. Bestimmte Zeiten, Orte und Körperteile sind für sexuellen Kontakt ungeeignet, weil das Verkehren an oder mit ihnen gewöhnlich aus exzessiver Begierde entsteht sowie aus der Unwilligkeit, in irgendeiner Weise Mäßigung bezüglich der Sexualität zu üben. Die unangebrachteste Form sexuellen Verhaltens ist allerdings die Beziehung zu Gatte oder Gattin von jemand anderem.

5. Alkohol zu trinken. Streng genommen bedeutet das, noch nicht einmal einen Tropfen zu sich zu nehmen. Ein gleichartiges Verbot erstreckt sich auf narkotische und entspannende Drogen. Unabhängig von der Motivation trübt der Konsum von Alkohol und Drogen unser Urteilsvermögen, schwächt unsere Selbstkontrolle und führt oft zu destruktivem Verhalten, destruktiven Worten oder Gedanken.

Es gibt einige Situationen, in denen wir Alkohol zu uns nehmen können, wenn wir nicht von verstörenden Emotionen motiviert sind. Es liegt zum Beispiel kein Fehler darin, in einer Tsog-Puja den Alkohol zu kosten. Ein symbolisches Kosten zu verweigern ist vielmehr eine tantrische Hauptübertretung. Alkohol wird auch gelegentlich im Anuttarayoga-Tantra verwendet, um das glückselige Gewahrsein der Leerheit zu steigern, und zwar mit den gleichen Beschränkungen wie bei der ganz ähnlichen Verwendung der sexuellen Vereinigung. Zu trinken wird nie als spiritueller Akt angesehen oder als ein Pfad zur Befreiung oder Erleuchtung betrachtet, und Alkohol wird auf dem Pfad auch nur verwendet, wenn es von tantrischer Meisterschaft über die Energiewinde begleitet wird, welche die Intoxikation verhindert, sowie von voller Aufrechterhaltung eines glückseligen Gewahrseins der Leerheit. Das meint der Ausspruch des Rime-Meisters Kongtrül aus dem 19. Jahrhundert, der besagt, dass diese Art gezügelten Verhaltens aufrechtzuerhalten nicht verbietet, Alkohol während einer Tsog-Puja zu kosten oder ihn zur Verstärkung des spirituellen Pfades zu nutzen, solange man davon nicht betrunken wird. Er hat damit nicht etwa einen kontrollierten oder gemäßigten Alkoholkonsum sanktioniert.

Einige Leute, die in Erwägung ziehen, an der Kalachakra-Initiation teilzunehmen, sind bereit, alle anderen Verpflichtungen einzuhalten, finden es aber schwer, zu versprechen, nie wieder eine Gläschen zu trinken. Sie fragen sich, ob das bedeutet, dass sie der Initiation nicht als vollgültige Teilnehmer beiwohnen können. Um diese Frage zu beantworten, sollten wir einen Blick auf die Gelübde und Übungen eines Bodhisattva werfen, um daraus Richtlinien abzuleiten. Viele der Nebengelübde des Bodhisattva enthalten den Zusatz, dass für den Fall, dass man jetzt mit einer bestimmten negativen Handlung aufgrund starker verstörender Emotionen noch nicht aufhören kann, man einen größeren Fehler vermeidet, indem man diese Handlung reduziert und ernsthaft an sich arbeitet, um sie in Zukunft völlig vermeiden zu können. Deshalb geben einige Lehrer potenziellen Initiationskandidaten, die diesem Problem gegenüberstehen, den Rat, im Falle einer überwältigenden Anhaftung, die zu stark ist, als dass sie den Alkohol bereits jetzt aufgeben könnten, ihren Konsum zumindest einzuschränken und stetig zu vermindern sowie das Trinken nicht mit den vier vervollständigenden Faktoren zu verbinden. Es ist jedoch wichtig, eine Neigung zum Alkohol nicht wegzudiskutieren. Selbst in Ländern, in denen die meisten Leute zum Essen Wein oder

Bier trinken, gibt es fast immer einen höflichen und diplomatischen Weg, das Getränk abzulehnen, ohne jemanden vor den Kopf zu stoßen.

Die zweite der fünf Gruppen besteht aus fünf zusätzlichen destruktiven Handlungen.

6. Glücksspiel. Dazu gehören Würfeln, Karten- oder Brettspiele mit dem Ziel, Geld zu gewinnen oder sich die Zeit zu vertreiben, oder aus einer Wettkampfhaltung heraus. Derartige zeitraubende Aktivitäten leiten unsere konstruktive Energie ab. Es liegt allerdings kein Fehler darin, Spiele zu erzieherischen Zwecken zu spielen oder um Kontakt zu Kindern oder kommunikationsgehemmten Menschen herzustellen.

7. Ungebührliches Fleisch zu essen. Dies ist nicht das Versprechen, Vegetarier zu sein, obwohl diese Ernährungsweise als die beste gilt, wenn die Gesundheit und die Umstände sie zulassen. Vielmehr ist es das Versprechen, den Verzehr von Fleisch zu vermeiden, das von einem Tier stammt, von dem wir entweder vermuten oder wissen, dass es für unseren Konsum getötet wurde. Derartiges Fleisch wird als «ungebührlich» bezeichnet. Wie den Alkohol und die sexuelle Vereinigung verwendet die Praxis des Anuttarayoga manchmal den Verzehr von Fleisch, soweit es kein ungebührliches ist, um das glückselige Gewahrsein der Leerheit durch die Belebung unserer Energien zu steigern. Fleisch zu essen wird jedoch nicht als ein Pfad betrachtet, der zur Befreiung oder Erleuchtung führt, und wird nur benutzt, wenn wir eine gewisse Ebene des glückseligen Gewahrseins der Leerheit erreicht haben sowie Meisterschaft über unsere Energiewinde, sodass diese durch das Fleisch nicht schwer werden. Wenn wir in diesem Kontext Fleisch essen, ist es darüber hinaus wichtig, Gebete für das Tier zu sprechen, das geopfert wurde, und nicht aus dem Blick zu verlieren, dass dieses Fleisch einmal das Fleisch eines lebenden Wesens war. Wie wir selbst hat es Befreiung von den Leiden ersehnt und ist dieser auch würdig.

8. Schändliche Worte zu lesen. Dies bezieht sich auf das Lesen von Büchern und Artikeln und im modernen Kontext auch auf das Betrachten von Fotos und Videomaterial, die Ärger oder Anhaftung aufwallen lassen, während wir keine Kontrolle über

diese verstörenden Emotionen haben. Derartige Aktivitäten vergrößern schlicht unsere Verblendung. Wenn wir zum Beispiel von einem Bösewicht lesen, fangen wir an, diese Person zu hassen, und freuen uns, wenn der Held ihn tötet. Eine andere Formulierung dieser negativen Handlung besteht darin, dass man alles, was einem in den Sinn kommt, ausspricht, wobei sich dies insbesondere darauf bezieht, dass man Geschichten erzählt oder über Themen spricht, die Ärger hervorrufen oder die Begierde verstärken.

9. Gaben im Zusammenhang mit der Ahnenverehrung darzubringen. Dies bezieht sich nicht auf das Anzünden einer Kerze oder das Ablegen einer Blume auf einem Grab in respektvoller Erinnerung an einen von uns gegangenen Verwandten, sondern eher auf Geisterverehrung. Jede Form von Geisterverehrung setzt unsere Praxis herab. Sie führt dazu, dass wir das Karma aus den Augen verlieren, sowie zu der Vorstellung, dass die Befreiung vom Leiden und das Erlangen von Glück daher rühren, dass man Naturgeister oder die Geister der Verstorbenen günstig stimmt. Die einzigen Situationen, in denen es angemessen ist, Geistern Gaben darzubringen, sind diejenigen, in denen wir dies motiviert durch Mitgefühl tun, um ihre Leiden zu erleichtern oder ihren Zorn zu besänftigen, wenn wir sie beleidigt haben. Es ist aber wichtig zu verstehen, dass das Darbringen von Gaben und Gebeten, um übernatürliche Hilfe zu erhalten, konstruktive Handlungen nicht ersetzen kann, um die Leerheit zu verstehen und anderen von Nutzen zu sein.

10. Extremen Praktiken zu folgen, zum Beispiel Tiere zu opfern und Blut darzubringen. Obwohl Rituale dieser Art heutzutage selten sind, ist es hilfreich, zu untersuchen, ob wir das Wohl anderer opfern, um voranzukommen.

Die dritte Gruppe umfasst fünf Arten des Mordens.

11. Das Töten von Rindern, die hier Tiere insgesamt symbolisieren. Nun mag man es relativ leicht finden, mit dem Jagen und Fischen aufzuhören, aber wesentlich schwieriger damit, Insekten zu töten. Wenn unsere automatische Reaktion auf den Anblick eines Käfers darin besteht, ihn zu zerdrücken, bauen wir eine Gewohnheit auf, mit allem Lästigen im Leben auf eine gewalttätige Art umzugehen. Oft gibt es alternative Vorgehens-

weisen, um Insekten von unserem Heim oder unseren Feldern zu entfernen. Und wenn das nicht der Fall ist und wir aus gesundheitlichen oder wirtschaftlichen Gründen Schädlinge beseitigen müssen, dann ist es wichtig, dies nicht mit Ärger oder Hass zu tun.

12. Das Töten von Kindern. Die Kommentare lassen nicht erkennen, warum Kinder in einer eigenen Sparte aufgeführt werden. Es mag mit Kindesmord an Mädchen in Ländern zu tun haben, in denen männliche Nachkommen bevorzugt werden. Oder es könnte, da die zehn Lebensstufen, die in den Lehren des inneren Kalachakra skizziert werden, beim Fötus beginnen, der Grund darin liegen, dass auch Abtreibung eingeschlossen sein soll. Es mag bestimmte Rechtfertigungen für die Abtreibung geben, zum Beispiel die Gesundheit, aber das ist eine delikate Angelegenheit und hängt von den jeweiligen Umständen ab. Oft liegt der Grund allerdings in einer verstörenden Emotion oder Einstellung, etwa Anhaftung an die eigene Annehmlichkeit, Ärger im Fall der Verursachung der Schwangerschaft durch eine Vergewaltigung oder törichte Verwirrung wie zum Beispiel, wenn Abtreibung als ein Mittel der Geburtenkontrolle angesehen wird. Unabhängig von der Motivation ist die Abtreibung allerdings ab einem bestimmten Punkt in der Entwicklung des Fötus dennoch Nehmen von Leben. Wenn es keinen Weg gibt, das Nehmen des Lebens zu vermeiden, ist es am besten, das Ergebnis, das heißt sowohl die unmittelbaren psychischen als auch die langfristigen karmischen Auswirkungen zum Besseren hin zu beeinflussen durch starke Gedanken von Liebe und Mitgefühl für das ungeborene Kind. Es kann zum Beispiel hilfreich sein, dieses Leben anzuerkennen, indem man dem Kind einen Namen gibt und es durch eine angemessene Begräbniszeremonie ehrt.

13. Das Töten von Frauen und, 14., das Töten von Männern. Diese negative Handlung bringt uns zum Thema der Sterbehilfe, sowohl bei Menschen als auch bei Haustieren. Es ist ein großer Unterschied zwischen der Verabreichung einer tödlichen Injektion und dem Zurückhalten von medizinischer Unterstützung zur künstlichen Verlängerung eines nicht zu rettenden Lebens. Vom karmischen Gesichtspunkt her ist letztere Mög-

lichkeit, die einen natürlichen Tod zulässt, im Zusammenhang damit vorzuziehen, dass wir die Situation der Person oder Kreatur durch Schmerzmittel so erträglich wie möglich gestalten.

15. Darstellungen des erleuchtenden Körpers, der Rede oder des Geistes des Buddha wie zum Beispiel Abbildungen, Texte oder Reliquienmonumente (Stupas) zu zerstören oder diejenigen zu ermorden, die sich in der höheren ethischen Selbstdisziplin, höheren Konzentration oder dem höheren unterscheidenden Gewahrsein üben. Wenn wir aus irgendeinem Grund religiöse Texte entsorgen müssen, besteht der übliche Brauch darin, sie mit Respekt zu verbrennen.

Die vierte Gruppe besteht aus fünf Arten von Geringschätzung.

16. Freunde zu verabscheuen, die dem Dharma oder der Welt im Allgemeinen Gutes tun. Wenn wir die Methoden, die diese Leute anwenden, um zu helfen, für nicht besonders geschickt halten und wir uns darüber aufregen, kommt es schnell dazu, dass wir verneinen, dass diese Personen oder Methoden überhaupt Gutes bewirken. Diese hochmütige Einstellung führt leicht zu dem egoistischen Gedanken, dass nur wir wirklich wissen, wie man anderen nutzt. Eine solche Haltung schadet ernsthaft unserer Fähigkeit, jemandem zu helfen.

17. Anführer und Ältere, die Respekt verdienen, zu verabscheuen. Es mag uns nicht jedermanns Charakter zusagen, aber wenn unsere persönlichen Vorlieben unsere Unterscheidungskraft bezüglich dessen, wer Respekt verdient und wer nicht, schwächen, verlieren wir schnell die Fähigkeit, die Realität zu erkennen.

18. Spirituelle Meister oder Buddhas zu verabscheuen. Die hierzu gehörigen Objekte sind nicht nur unsere eigenen spirituellen Meister, sondern auch andere spirituelle Lehrer, auch wenn diese nicht voll qualifiziert sind. Fehler und Mängel an Lehrern festzustellen ist nicht dasselbe, wie sie jeweils als Person zu verabscheuen. In einigen Versionen besteht diese negative Handlung darin, sich gegenüber den Buddhas oder dem Dharma respektlos zu verhalten.

19. Mitglieder des Sangha, also der hochverwirklichten Gemeinschaft, zu verabscheuen. Obwohl die Hauptobjekte dieser

negativen Handlung diejenigen sind, die über eine unmittelbare, unbegriffliche Wahrnehmung der Leerheit verfügen, wird der Sangha traditionell durch die klösterliche Gemeinschaft repräsentiert. Einige Personen mögen Mönch oder Nonne zu unspirituellen Zwecken geworden sein. Dennoch ist es aufgrund dessen, was ihre Roben darstellen, unangebracht, ihnen mit Verachtung zu begegnen. In westlichen Kreisen bezeichnet das Wort «Sangha» zunehmend die Mitglieder eines buddhistischen Zentrums. Feindschaft innerhalb solcher Gemeinschaften gefährdet unser spirituelles Wachstum ernsthaft.

20. Die uns vertrauen, zu täuschen. Diese negative Handlung beinhaltet, andere, die von unserer Hilfe abhängig sind, im Stich zu lassen, und auch den Missbrauch von Machtpositionen.

Die letzte Gruppe sind die fünf Sehnsüchte, die darin bestehen, in angenehme (21) Anblicke, (22) Klänge, (23) Düfte, (24) Geschmäcke und (25) taktile oder sonstige körperliche Empfindungen verliebt zu sein. Derartiges Vernarrtsein hält unser Ausgerichtetsein davon ab, ein unwandelbares glückseliges Gewahrsein der Leerheit zu erlangen. Dies stellt kein Askeseversprechen dar, sondern die Zusage, dass man vernünftige Grenzen setzt und Selbstkontrolle übt, zum Beispiel am Esstisch.

Überblick über die Praktiken der engen Bindung

Zusätzlich zum Ablegen von Gelübden und, im Fall des Kalachakra, zu dem Versprechen, gezügeltes Verhalten zu beachten, sagen wir als aktive Teilnehmer einer Ermächtigung des Anuttarayoga auch zu, dass wir bestimmte Praktiken beziehungsweise Einstellungen beibehalten werden, die uns eng mit dem Tantra verbinden. Diese werden auf Sanskrit *samaya* genannt und auf Tibetisch *damtsig*, was manchmal mit «Zusicherungen» oder «Ehrenworte» übersetzt wird. Ein Gelübde abzulegen beinhaltet das Versprechen, sich entweder von einer destruktiven Handlung, wie zum Beispiel dem Töten, abzuwenden, oder von einem ethisch neutralen Verhalten, wie zum Beispiel, nicht kontinuierlich über Leerheit zu meditieren, das schädlich für den spirituellen Fortschritt ist. Eine Praktik der engen Bindung anzuwenden bedeutet auf der anderen Seite, zuzusagen, dass man konstruktive oder ethisch neutrale Handlungen durchführen wird, die für den Fortschritt zuträglich sind, wie zum Beispiel, freigebig zu sein oder ein keusches Verhalten aufrechtzuerhalten.

Die Kalachakra-Initiation fordert von uns, eine Gruppe von Hilfspraktiken der engen Bindung anzunehmen, die allen Anuttarayoga-Systemen gemein ist, sowie eine, die dem Mutter-Tantra eigen ist, also den Anuttarayoga-Tantras, die großen Wert auf Praktiken für das Erreichen des Geistes des klaren Lichts legen. Die allgemeinen Zusagen sind Neuformulierungen oder Erweiterungen einiger der tantrischen Wurzelgelübde und Arten gezügelten Verhaltens, die in Begriffen von anzunehmendem Verhalten ausgedrückt werden anstatt in solchen von aufzugebenden Handlungen. Die dem Mutter-Tantra eigenen Zusagen helfen uns dabei, den Kurs auf das Erlangen eines glückseligen Gewahrseins der Leerheit mittels unseres Geistes des klaren Lichts beizubehalten. Es besteht keine Notwendigkeit, die Einzelheiten zu studieren, bevor wir die Ermächtigung erhalten.

Die Ermächtigung erfordert außerdem eine Zusage, bestimmte Praktiken anzunehmen und aufrechtzuerhalten, die enge Bindungen an die einzelnen Eigenschaften der Buddha-Familien erzeugen. Oft lediglich mit «Buddha-Familien» übersetzt, beziehen sich diese Eigenschaften auf Aspekte der Buddha-Natur, insbesondere auf die Aspekte des Geistes des klaren Lichts als unserem Grundlagen-Tantra, die es uns erlauben, die Erleuchtung zu erlangen. Wie schon im Falle der Aggregate wird jeder von ihnen in seiner gereinigten Form durch eine Buddha-Form dargestellt. Wie bei den tantrischen Hauptgelübden gibt es zwei Versionen dieser Praktiken der engen Bindung: eine, die allen Systemen des Anuttarayoga-Tantra gemein ist, und eine besondere des Kalachakra. Lassen Sie uns zunächst die allgemeinen Praktiken betrachten, wie sie in der Gelug-Tradition von Tsongkapa dargelegt werden. Die drei anderen tibetischen Traditionen erklären sie auf ähnliche Weise, mit einigen wenigen kleineren Variationen.

Allgemeine Praktiken, die einer engen Bindung an die Eigenschaften der Buddha-Familien dienen

Es gibt neunzehn allgemeine Praktiken, die uns eng mit den Eigenschaften der Buddha-Familien verbinden. Um eine enge Bindung an das spiegelgleiche tiefe Gewahrsein zu erzeugen, das von der Buddha-Form Vairochana repräsentiert wird, nehmen wir eine sichere Ausrichtung (1) von den Buddhas, (2) dem Dharma und (3) dem Sangha. Ebenso praktizieren wir die drei Arten ethischer Selbstdisziplin, die darin enthalten sind, (4) sich von destruktiven Handlungen abzuwenden, (5) in konstruktive Handlungen wie Studieren und Meditieren einzusteigen, um gute Eigenschaften zu entwickeln, und (6) zum Wohle anderer zu arbeiten. Viele Kagyü-Traditionen lehren, dass diese mit Vairochana verbundenen Praktiken Bindungen an das tiefe Gewahrsein der Wirklichkeitssphäre herstellen. In der Nyingma-Tradition werden die ersten drei ersetzt durch die Entwicklung der anstrebenden und der handelnden Stufe des Bodhichitta. Eine sichere Richtung einzuschlagen, ethische Selbstdisziplin zu üben und Bodhichitta zu entwickeln führt zu stetig zunehmender, spiegelähnlicher Klarheit bezüglich der Wirklichkeitssphäre sowohl der Erleuchtung als auch des Kurses verhaltensmäßiger Ursache und Wirkung, der zu ihr führt.

Vier Praktiken erzeugen enge Bindungen an die von Ratnasambhava repräsentierte Familieneigenschaft, dem tiefen Gewahrsein der Gleichheit der Dinge. Diese bestehen darin, auf vier Arten freigebig zu sein: Wir geben oder sind zumindest willens zu geben, und zwar (7) materielle Dinge oder Reichtum, (8) Dharma-Belehrungen oder Ratschläge, (9) Schutz vor Furcht, vor allem indem wir anderen gegenüber gelassen und offen sind, sodass sie nicht zu befürchten haben, dass wir uns an sie hängen, sie zurückweisen oder ignorieren, und (10) Liebe, den Wunsch, dass andere glücklich sein und die Ursachen des Glücks besitzen mögen. Indem wir überschwänglich geben, erlangen wir ein immer größeres Verständnis der Gleichheit von uns selbst und anderen.

Drei Praktiken erzeugen enge Bindungen an das tiefe Gewahrsein der Individualität der Dinge, repräsentiert von Amitabha. Diese bestehen darin, die Lehren (11) der drei Sutra-Fahrzeuge, (12) der äußeren Fahrzeuge der unteren Tantra-Klassen und (13) der vertraulichen Fahrzeuge der höheren Klassen des Tantra zu bewahren. Die Gesamtheit der Lehren des Buddha zu bewahren führt zu einer immer größeren Wertschätzung der individuellen Brillanz und Kunstfertigkeit der jeweiligen Technik.

Zwei Praktiken erzeugen enge Bindungen an Amoghasiddhi und an das tiefe Gewahrsein davon, wie man Ziele erreicht. Diese beiden sind (14) das Bewachen unserer Gelübde und (15) das Darbringen von Gaben. An Stelle des Bewachens der Gelübde setzt die Nyingma-Tradition das Ausführen bestimmter Aktivitäten wie das Befrieden von Leiden und das Anregen der guten Eigenschaften anderer. Darüber hinaus unterteilt sie das Darbringen von Gaben in zwei Praktiken: Gaben im Allgemeinen darbringen und das Darbringen von *tormas*, modellierten Kuchen, die aus Gerstenmehl und Butter gemacht werden. In Übereinstimmung mit Gelübden zu handeln, Aktivitäten auszuführen, die denen eines Buddha gleichen, und Gaben darzubringen führt zu immer größerer Weisheit und Geschicklichkeit bezüglich dessen, wie man alle Ziele erreicht.

Schließlich erzeugen vier Praktiken enge Bindungen an Akshobhya und an die Familieneigenschaft des tiefen Gewahrseins der Wirklichkeitssphäre. Viele der Kagyü-Systeme ersetzen dies durch das spiegelgleiche tiefe Gewahrsein. Diese vier bestehen darin, (16) den Vajra und das dadurch symbolisierte glückselige Gewahrsein als unsere Methode beizubehalten, (17) die Glocke und das dadurch repräsentierte unterscheidende Gewahrsein der Leerheit als unsere Weisheit beizubehalten, (18) die Mudra beziehungsweise das Siegel aufrechtzuerhalten, uns als ein Paar in Buddha-Form und in Vereinigung zu visualisieren, was die untrennbare Einheit von Methode und Weisheit repräsentiert, und (19) uns in richtiger Weise einem spirituellen Meister anzuvertrauen. Eine Gewahrseinsebene aufrechtzuerhalten, die sowohl glückselig ist als auch klar die Leerheit wahrnimmt, und den Anweisungen eines voll qualifizierten tantrischen Meisters zu folgen führt zu einer immer umfassenderen Erkenntnis der Wirklichkeitssphäre, so klar, als sähe man sie in einem Spiegel.

Dem Kalachakra eigene Praktiken, die der engen Bindung an die Eigenschaften der Buddha-Familien dienen

Der Kalachakra-Initiation als vollgültiger Teilnehmer beizuwohnen beinhaltet weiterhin die Zusage, sechs Praktiken beizubehalten, die enge Bindungen an die sechs Eigenschaften der Buddha-Familien erzeugen. Wie schon bei den neunzehn allgemeinen Zusagen erzeugen die ersten fünf Praktiken enge Bindungen an die fünf Arten tiefen Gewahrseins, repräsentiert durch die Buddha-Formen Akshobhya, Amoghasiddhi, Ratnasambhava, Amitabha und Vairochana. Diese fünf sind der Reihe nach das Nehmen eines Lebens, das Aussprechen unwahrer Worte, das Stehlen des Besitzes anderer, die Aneignung der Gattin oder des Gatten von jemanden anderem und der Verzehr von Alkohol und Fleisch. Das Guhyasamaja-System und die höheren Klassen des Nyingma-Tantra schließen diese fünf Zusagen ebenfalls ein. Dem Kalachakra hingegen ist die Darlegung einer sechsten Familieneigenschaft eigen: der Geist des klaren Lichts selbst, repräsentiert durch die Buddha-Form Vajrasattva. Sich nicht über die Sexualorgane von Frauen lustig zu machen erzeugt eine enge Bindung an diese Eigenschaft. Ebenfalls ausschließlich im Kalachakra zu finden ist die Darstellung von zwei Bedeutungsebenen für jede der sechs verbindenden Handlungen.

1. Zunächst die interpretierbare Ebene: Hier bedeutet das Nehmen eines Lebens, ein gefährliches Wesen zu töten, zum Beispiel einen tollwütigen Hund, der Menschen beißt, wenn unsere Motivation ausschließlich aus Mitgefühl besteht und es keine anderen Mittel gibt, das von ihm verursachte Unheil zu beenden. Das ist ähnlich wie bei einem der Nebengelübde des Bodhisattva, nämlich nicht zu zögern, eine destruktive Handlung zu begehen, wenn Liebe und Mitgefühl dazu aufrufen.

Diese Art des Tötens erfordert das tiefe Gewahrsein der Wirklichkeitssphäre, damit man unterscheiden kann, was anzunehmen und was aufzugeben ist, und auch das spiegelgleiche tiefe Gewahrsein, um den ganzen Umfang der Situation zu reflektieren. Es erfordert auch den selbstlosen Mut, als erblühender Bodhisattva zu akzeptieren, was immer an schmerzvollen Konsequenzen aus unserem Akt folgt.

2. Unwahre Worte auszusprechen bedeutet zu erklären, wie Dinge erscheinen, was nicht damit übereinstimmt, wie sie existieren. Um zum Beispiel jemandem dabei zu helfen, eine schwierige Entscheidung zu treffen, wie im Falle eines Hauskaufs, simplifizieren wir die zu bedenkenden Eckwerte, obwohl die Angelegenheit in Wirklichkeit bei weitem komplizierter ist. Derartige täuschende Worte auszusprechen erfordert das tiefe Gewahrsein dessen, wie man verschiedene Ziele erreicht.

3. Den Besitz anderer zu stehlen bedeutet, Menschen, die mit ihren Besitztümern geizen, diese wegzunehmen, um ihnen dabei zu helfen, ihre Knauserigkeit zu überwinden, und um sie Notleidenden zu geben. Ein Beispiel hierfür ist die Besteuerung der Reichen über die Luxusgüter, um dann das Geld zur Ernährung der Armen zu verwenden. Zu nehmen, was nicht freiwillig gegeben wurde, ersteht aus dem tiefen Gewahrsein der Gleichberechtigung der Menschen in Not.

4. Sich die Gattin oder den Gatten von jemand anderem anzueignen bedeutet, unter besonderen Umständen Menschen, die übermäßig an ihnen anhaften, die Frau oder den Mann wegzunehmen mit dem Ziel, ihnen dabei zu helfen, ihre Abhängigkeit zu überwinden. Diese Praktik der engen Bindung bedeutet nicht spezifisch, eine ehebrecherische Affäre zu haben. Auch den Ehemann für ein paar Tage in Beschlag zu nehmen, damit er uns beim Umzug hilft, kann seiner klammernden Frau helfen, sich mehr auf sich selbst zu verlassen. Jemand anderem die Gattin oder den Gatten wegzunehmen gründet auf dem tiefen Gewahrsein der Individualität, die eine bestimmte Person kennzeichnet.

5. Alkohol und Fleisch zu verzehren bedeutet, sie ohne Anhaftung für spezielle Zwecke zu nutzen. Bestimmte Medikamente haben eine Alkoholbasis, und bestimmte Krankheiten,

wie zum Beispiel Hepatitis, erfordern eine Ernährung, die Fleisch beinhaltet. Um wieder zu gesunden und um unseren Körper zu stärken für die Meditationspraxis und den Dienst am anderen kann es nötig sein, dass wir diese Substanzen zu uns nehmen, selbst wenn wir sie normalerweise vermeiden. Unter solchen Umständen Alkohol und Fleisch zu sich zu nehmen erfordert ein spiegelgleiches tiefes Gewahrsein zur klaren Widerspiegelung unserer Situation und ein tiefes Gewahrsein der Wirklichkeitssphäre, um in Übereinstimmung mit den Tatsachen zu handeln.

6. Sich nicht über die Sexualorgane von Frauen lustig zu machen ist gleichbedeutend mit dem vierzehnten tantrischen Hauptgelübde, das fordert, sich nicht über Frauen lustig zu machen. Die Glückseligkeit der Vereinigung, deren Entstehung von den weiblichen Sexualorganen abhängt, kann das glückselige Gewahrsein der Leerheit steigern und den Geist auf subtilere Ebenen bringen, sodass sich dieses glückselige Gewahrsein mit dem Geist des klaren Lichts verbindet. Auf diese Weise erzeugt es eine enge Bindung an den Geist des klaren Lichts, wenn wir uns nicht über die weiblichen Sexualorgane lustig machen.

Auf der letztendlichen Ebene sind diese sechs Praktiken spezielle Techniken, die mit den Yogas der vollständigen Stufe des Kalachakra kultiviert werden und im zentralen Energiekanal bei den sechs Haupt-Chakras angewendet werden. Diese Praktiken helfen dabei, die subtilen Energiewinde an diesen Chakras aufzulösen und ein unwandelbares glückseliges Gewahrsein der Leerheit mittels des Geistes des klaren Lichts zu erlangen. Ein Leben zu nehmen bedeutet zum Beispiel, die weißen subtilen kreativen Tropfen am Kron-Chakra festzubinden, als ob man das Leben der Energiewinde des orgastischen Abflusses nehmen würde. Da die sechs Chakras von den sechs Buddha-Formen repräsentiert werden, erzeugen diese Praktiken enge Bindungen an jedes einzelne.

Im Guhyasamaja- und im Nyingma-System korrespondiert die Bedeutung der ersten fünf Praktiken der engen Bindung, ein Leben zu nehmen usw., mit ihrer letztendlichen Bedeutungsebene im Kalachakra. Sie werden entweder als der vollständigen

Stufe des Guhyasamaja eigene Techniken dargestellt oder als dem Dzogchen zugehörig.

Der Yoga in sechs Sitzungen

Wenn wir als vollgültiger Teilnehmer die Kalachakra-Ermächtigung oder eine beliebige andere Ermächtigung des Anuttarayoga-Tantra innerhalb der Gelug-Tradition nehmen, verpflichten wir uns zu einer täglichen Praxis, die Yoga in sechs Sitzungen genannt wird. Yoga bedeutet «integrierende Übung», und im Yoga der sechs Sitzungen wiederholen wir eine Reihe von Versen und Praktiken sechsmal täglich, was uns dazu verhelfen soll, die neunzehn Praktiken in unser Leben zu integrieren, die eine enge Bindung an die fünf Eigenschaften der Buddha-Familien erzeugen. Der Yoga in sechs Sitzungen ist nicht das Gleiche wie ein Sadhana. Sadhanas beinhalten alle Praktiken, die als Ursache dafür wirken, dass wir zur vollständigen Stufe vordringen können, wohingegen der Yoga in sechs Sitzungen nicht so weit reichend ist.

Der erste Text für einen Yoga in sechs Sitzungen wurde im 17. Jahrhundert vom ersten Panchen Lama erstellt. Seine vollständigste Version enthält Auflistungen der Gelübde des Bodhisattva und der tantrischen Gelübde sowie der relevanten Arten gezügelten Verhaltens und der Praktiken der engen Bindung. Die Rezitation beinhaltet auch Verse, die hilfreich sind bei der Erfüllung der Verpflichtungen der Zufluchtnahme, der Entwicklung der zugesagten Stufe des anstrebenden Bodhichitta und beim Einhalten der Ratschläge, die man in «Fünfzig Verse über den spirituellen Lehrer» findet. Dabei handelt es sich um einen Text über das richtige Verhalten gegenüber einem tantrischen Meister, der von Ashvaghosha II. stammt, einem indischen Meister des späten ersten Jahrtausends. Auf diese Weise stellt uns der tägliche Yoga in sechs Sitzungen einen fortwährenden Rahmen für die Praxis des Anuttarayoga-Tantra zur Verfügung. Wir versprechen, ihn für den Rest unseres Lebens beizubehalten.

Obwohl die anderen Traditionen des tibetischen Buddhismus nichts dem Yoga in sechs Sitzungen Gleichwertiges besitzen, übertragen die Meister dieser Schulen bei Ermächtigungen des Anuttarayoga-Tantra oder des höheren Nyingma-Tantra all jene Gelübde und Praktiken der engen Bindung, die im Geist gegenwärtig zu halten uns dieser Yoga hilft. Gelübde rein zu halten bedeutet allerdings nicht, lediglich ihre Einzelheiten zu rezitieren. Unabhängig davon, aus welcher Linie wir die Ermächtigung erhalten, besteht unsere Hauptaufgabe darin, unser Leben in Übereinstimmung mit unseren Gelübden und Praktiken der engen Bindung zu gestalten.

Es gibt den Yoga in sechs Sitzungen in verschiedenem Umfang: in einer gekürzten, einer vollständigen und einer dem Kalachakra eigenen, ausgedehnten Version. Es existiert sogar eine Fassung in vier Zeilen für den Gebrauch in Notfällen. Egal, welche Version wir benutzen, wir rezitieren sie dreimal im Verlauf jedes Tages und dreimal jede Nacht unter Erzeugung der passenden Visualisationen, Gedanken und Empfindungen. Wir können den Text entweder laut oder still rezitieren, in Tibetisch oder in unserer eigenen Sprache. Den Text auf Tibetisch zu rezitieren, ohne ihn zu verstehen, ist allerdings kaum nutzbringend. Es ist nicht nötig, jedes Mal dieselbe Version zu verwenden, und auch nicht, immer den gleichen Ablauf zu wählen. Wenn wir mehrere Anuttarayoga-Ermächtigungen innerhalb der Gelug-Tradition erhalten haben, erfüllt eine Runde der Rezitation eines Yoga-Textes sechsmal pro Tag die Verpflichtung für sie alle zusammen. Daher müssen wir nicht wegen der Kalachakra-Ermächtigung täglich die lange Kalachakra-Version rezitieren, und wir müssen auch nicht eine zweite Übung der sechs Sitzungen hinzufügen, wenn wir bereits täglich eine solche durchführen.

Wir können einen Yoga der sechs Sitzungen zu sechs verschiedenen Zeitpunkten während des Tages und des Abends rezitieren, aber die meisten Leute rezitieren eine der Versionen dreimal hintereinander jeden Morgen, bevor sie ihren Tag beginnen, und dreimal hintereinander jede Nacht, bevor sie schlafen gehen. Wenn wir auf diese Weise entweder die vollständige oder die Kalachakra-Version durchführen, brauchen wir bei der zweiten und dritten Rezitation nur bestimmte Verse zu wiederholen und nicht den ganzen Text. Wenn wir einschlafen, während wir am Abend unseren Übungsblock rezitieren, dann können wir das Ausgelassene der Praxis des nächsten Tages hinzufügen. Wir minimieren diese Gefahr, indem wir nicht warten, bis wir kurz vor dem Zusammenbruch stehen, um dann erst zu beginnen. Wenn wir am Morgen in Eile sind, können wir auch nachts einen der Texte sechsmal rezitieren, aber es ist besser, dies zu vermeiden. Wenn man sehr krank ist und gar nichts rezitieren kann, liegt natürlich kein Fehler darin, die Übung in sechs Sitzungen ausfallen zu lassen. Wenn es uns aber irgend möglich ist, sollte man versuchen, den Schwung dieser Praxis ohne Unterbrechung aufrechtzuerhalten. Es hilft, auf Erleuchtungskurs zu bleiben. Dementsprechend könnten wir, abhängig von unseren Terminen, die Wahl treffen, jeden Morgen die vollständige Version zu rezitieren und jede Nacht die gekürzte oder umgekehrt und gelegentlich die ausgedehnte Kalachakra-Version, zum Beispiel am Wochenende, wenn wir mehr Zeit haben.

Da das dreimalige Wiederholen der vierzeiligen Version nicht länger als ein, zwei Minuten dauert, ist es keine unzumutbare Verpflichtung oder Belastung unseres Lebens, wenn wir versprechen, zumindest dies zweimal am Tag zu tun. Wenn wir jeden Morgen und Abend Zeit für das Zähneputzen haben, egal, wie geschäftig wir sind, finden wir auch Zeit für eine tägliche Praxis der sechs Sitzungen. Tatsächlich ist es viel einfacher, diese Übung in unseren Tag einzubauen als irgendetwas anderes, weil wir sie zur Not auch im Auto an einer roten Ampel durchführen können oder während wir darauf warten, die Straße überqueren zu können. Wir müssen also nicht zum Fanatiker werden, der einen besonderen Meditationsraum benötigt, Stille und Räucherstäbchen, damit wir uns jeden Tag und jede Nacht an unsere Verpflichtungen erinnern können durch die Praxis des Yoga in sechs Sitzungen.

9

DIE VORBEREITUNGSZEREMONIE

Das Fürsichbehalten der Teilnahmeebene

Indem wir den Stand unserer Vorbereitung auf den Erhalt der Kalachakra-Initiation und unsere Fähigkeit, Gelübde und Verpflichtungen einzuhalten, einschätzen, können wir eine realistische Entscheidung treffen, ob wir als aktive Teilnehmer oder als interessierte Beobachter anwesend sein wollen. Spirituelle Praxis, insbesondere bei Tantra, ist eine private Angelegenheit. Daher ist es nicht nötig, dass wir allen unsere Entscheidung mitteilen. Schließlich ist Tantra das geheime oder auch vertrauliche Fahrzeug. Wenn wir unseren Status für uns behalten, verhindert dies, dass wir uns unwohl oder verlegen fühlen, insbesondere, wenn wir Beobachter bleiben wollen. Wenn dann während des Rituals rote Bänder und Streifen verteilt werden, können wir sie als Beobachter nehmen, damit wir nicht unangebrachte Aufmerksamkeit auf uns ziehen. Das bloße Tragen eines roten Bändchens oder eines Streifens bedeutet noch nichts Tiefgreifendes. Wir könnten sie auch an unserem Hund anbringen, aber das würde nicht bedeuten, dass das Tier die Initiation erhält.

Dies im Kopf behaltend, lassen Sie uns die einzelnen Schritte der Ermächtigung betrachten, sodass wir der Prozedur folgen und etwas aus ihr ziehen können, unabhängig davon, wie wir teilnehmen. Da die höhere, höchste und große Vajra-Meister-Ermächtigung wie auch die nachfolgende Erlaubnis bei einer Kalachakra-Initiation nicht immer übertragen werden, werden wir uns einfach nur die erste Ebene des Erhaltens der Ermächtigung anschauen, also die Vorbereitungszeremonie und die sieben Ermächtigungen des Eintretens wie ein Kind.

Wie man visualisiert

Von Anfang bis Ende beinhaltet die Teilnahme an einer Kalachakra-Initiation Visualisierung. Als Teilnehmer visualisieren wir den Lehrer, den Ort, uns selbst und jedermann um uns herum auf besondere Weise. Wenn wir als Beobachter möglichst viel aus unserer Teilnahmeerfahrung machen wollen, können wir ebenfalls so vorgehen. Lassen Sie uns daher unsere Betrachtung mit der Untersuchung dessen beginnen, was Visualisation bedeutet und wie man sie durchführt.

Zuerst muss klargestellt werden, dass das Wort «Visualisation» nicht die volle Bedeutung des Begriffs im Sanskrit oder im Tibetischen trägt, weil es ein Arbeiten mit ausschließlich der visuellen Sphäre ausdrückt. Die Visualisationspraxis beinhaltet jedoch Anblicke, Klänge, Düfte, Geschmäcke, körperliche Sinnesempfindungen, geistige Gefühle wie zum Beispiel Freude und ein Gefühl dafür, wer wir sind, wo wir uns befinden, was uns umgibt und was gerade passiert. Das Wort «Vorstellung» kommt der Bedeutung vielleicht näher. Sich etwas vorzustellen ist nicht nur eine intellektuelle Aktivität, bei der wir versuchen, kleinste Einzelheiten eines geistigen Abbildes scharf zu bekommen. Es ist vielmehr ein Prozess vollständiger Transformation, der in gleicher Weise den Geist, das Herz, die Gefühle, das Identitätsgefühl und die räumliche Orientierung beinhaltet.

Im Kontext des Tantra bedarf es zweier Hauptfaktoren, damit man sich etwas erfolgreich vorstellen kann: Klarheit der Erscheinung und Stolz. «Stolz» meint eine zuversichtliche Empfindung beziehungsweise ein zuversichtliches Gefühl der Identität. Während der Visualisation versuchen wir zu fühlen, dass unser spiritueller Meister und wir selbst wirklich Buddha-Formen sind, dass wir uns tatsächlich in einem Mandala befinden und dass das, dessen Auftreten wir uns vorstellen, tatsächlich passiert, obwohl wir natürlich nicht den Unterschied zwischen dem, was Realität ist, und dem, was Phantasie ist, aus den Augen verlieren dürfen. Die großen Meditationsmeister erklären, dass es am Anfang viel wichtiger ist, diesen Stolz beziehungsweise dieses Wirklichkeitsgefühl zu besitzen als die Klarheit der Einzelheiten. Obwohl wir zumindest ein vages geistiges Abbild als Grundlage für die Zuschreibung der Visualisationsinhalte brauchen, müssen wir uns um die komplizierten Details keine Sorgen machen. Ihre Klarheit entwickelt sich schrittweise als eine Wirkung der Eingewöhnung und Konzentration. Wenn wir uns über all die feinen Punkte Sorgen machen, die uns vorzustellen wir während der Ermächtigung aufgefordert werden, dann führt das lediglich dazu, dass wir den Anschluss verlieren, überwältigt und verärgert werden.

Der Schlüssel zur Vermeidung dieser Art von Frustration liegt darin, sich nicht um die Details zu sorgen, sondern sich stattdessen darauf auszurichten, ein tiefes Gefühl für die eigene Identität und die des Lehrers sowie für den Ort zu erzeugen. Unser spiritueller Meister ist die Buddha-Form Kalachakra. Der Punkt ist hier nicht, ob wir ihn oder sie mit vierundzwanzig Armen sehen können oder nicht. Das, worum es geht, ist das Erfühlen, das Wahrnehmen dieser Person als vollkommen erleuchtetes Wesen. Darüber hinaus sind auch wir selbst eine reine Gestalt. Wir verschwenden nicht länger Gedanken an unser Gewicht oder unsere Haare. Und wir sind in der symbolischen Welt von Kalachakra: Wir kümmern uns nicht mehr um die Dekorierung oder die Ausstattung des Raumes oder des Zeltes, in dem wir uns befinden.

Das klare Licht als Grundlage der Visualisation

Diese Visualisation ist nicht eine Art Selbsthypnose oder eine auf der Phantasie gründende Therapie. Die Basis dieser Visualisationen ist das Grundlagen-Tantra, der immer während Strom des Geistes des klaren Lichts. Der Geist des klaren Lichts stellt jedem individuellen Wesen eine ununterbrochene Kontinuität zur Verfügung, von Leben zu Leben und in die Buddhaschaft hinein. So wie der Himmel von den Wolken unbeeindruckt bleibt, bleibt dieser von den verstörenden Emotionen und Einstellungen unbefleckt, die flüchtig sind, kommen und gehen und den Geist zeitweilig verwirren. Daher ist es der Geist des klaren Lichts, der es zulässt, dass die Erleuchtung erlangt werden kann, der Zustand, in dem Verwirrung und ihre Instinkte völlig abwesend sind. Der Geist des klaren Lichts stellt auch die Basis für all die Fähigkeiten und Eigenschaften eines erleuchteten Wesens dar. Er erlaubt es dem allwissenden Geist, aller Dinge und aller Menschen gleichzeitig und mit vollem Verstehen gewahr zu werden und volle Liebe und volles Umsorgen für alle Wesen aufzubringen.

Genauso, wie wir «Ich» dem Aggregate-Paket unseres Alltags, bestehend aus Körper, Gedanken, Emotionen, Einstellungen und dem Geist des klaren Lichts, auf dem sie alle ruhen, zuschreiben und dieses Paket als «Ich» empfinden können, können wir dies mit dieser Grundlage des klaren Lichts selbst tun als einem Behälter oder Gefäß für unser zukünftiges Erlangen der Erleuchtung. Wenn wir eine Ermächtigung zu einem bestimmten Tantra-System erhalten oder auch nur beobachten, dann repräsentieren wir diesen «Behälteraspekt» unseres Geistes des klaren Lichts durch die Gestalt verschiedener Buddha-Formen, die wir uns entsprechend diesem tantrischen System vorstellen. Wir benennen unseren Geist des klaren Lichts mit dieser vorgestellten Form als «Ich», und gründend auf dieser gültigen Benennung empfinden wir ernsthaft, dass wir dies tatsächlich sind. Das ist keine Lüge. Es ist so, wie wenn wir unser Baby einen großen Jungen nennen, wenn es seine ersten Schritte macht.

Ebenso bekommen wir, wenn wir von einem tantrischen Meister eine Ermächtigung erhalten, diese nicht vom gewöhnlichen Körper, den gewöhnlichen Gefühlen und Emotionen des Meisters, sondern von seinem oder ihrem Geist des klaren Lichts als der Grundlage der Erleuchtung. Das stellen wir dar, indem wir uns auch unseren Meister als eine Buddha-Form vorstellen. Auch wenn wir diesen Lehrer nicht als unseren tantrischen Meister akzeptieren und an der Initiation einfach als Beobachter teilnehmen, zeigen wir unseren Respekt und unser Verstehen der Prozedur, indem wir den Lehrer in diesem Aspekt und in dieser Gestalt sehen. Ganz ähnlich können wir den Ort der Ermächtigung statt als ein Auditorium oder ein Zirkuszelt gültig als einen Initiationsort benennen, unabhängig davon, ob wir Teilnehmer oder Beobachter sind. Dies stellen wir dar, indem wir uns vorstellen, dass er als ein Mandala-Palast erscheint.

Bestätigung der Visualisationsfähigkeit

Lassen Sie uns uns selbst beweisen, dass wir fähig sind, uns derartige Dinge und Empfindungen als tatsächlich so seiend vorzustellen, auch wenn wir sie mit unserem geistigen Auge nicht konkret und detailliert sehen können. So hat zum Beispiel jeder ein Gefühl dessen, ein Mann oder eine Frau zu sein oder ein US-Amerikaner, ein Schweizer oder jemand mit einer anderen Nationalität. Wenn wir für einen Moment versuchen zu fühlen, wer wir sind, werden wir feststellen, dass wir kein geistiges Bild heraufbeschwören oder irgendwelche Worte im Geist sagen müssen, um ein Gefühl dessen zu haben, dass wir einem bestimmten Geschlecht oder einer bestimmten Nationalität angehören. Es ist dieses Identitätsgefühl, das wir beim Aufrechterhalten des «Stolzes» der Visualisation verwenden, egal, ob wir uns selbst oder jemand anders visualisieren.

Wir können zum Beispiel unser Gefühl dessen, dass jemand Krankenschwester ist, dadurch verstärken, dass wir uns vorstellen, dass sie eine weiße Uniform trägt und ein Thermometer und eine Liste hält. Das repräsentiert aber nur ihre Identität. Die wichtigen Dinge sind hier unsere Wahrnehmung und unser Gefühl, dass sie eine Krankenschwester ist. Ohne diese haben die weiße Uniform, das Thermometer und die Liste keinerlei Relevanz für uns und könnten auch lediglich ein Kostüm für einen Maskenball sein. Wenn wir uns weiter ein erfrischendes Glas kalten Orangensaft und auch seinen Geschmack vorstellen können, wenn es uns heiß ist und wir durstig sind, dann besitzen wir alle Arbeitsmaterialien, die nötig sind, um uns alles Mögliche vorzustellen. Wir müssen diese Fähigkeiten nur entwickeln. Es braucht lediglich Zeit, Übung und Geduld. Es ist nicht so schwierig.

Bezüglich eines Ortes können wir alle fühlen, dass wir eine Straße von unserem Bürogebäude entfernt sind, wenn wir darauf zugehen oder zufahren. Ob wir es vor unserem geistigen Auge sehen oder nicht, wir wissen und fühlen mit tiefer Überzeugung, dass unser Gebäude da ist. Genauso verhält es sich mit dem Gefühl, außerhalb eines Mandala-Palastes zu sein. Wenn wir vor unserem Gebäude angekommen sind, uns aber verspätet haben, kann das Gefühl aufkommen, dass unser Vorgesetzter drinnen im vierten Stock sitzt und auf uns wartet, ob wir uns nun ein klares Bild von ihm oder ihr im Geist machen oder nicht. Das Gleiche trifft zu bei der Vorstellung unseres Meisters innerhalb eines Mandala in einem der höheren Stockwerke.

Wenn wir an den Raum denken, in dem wir uns gegenwärtig befinden, können wir alle fühlen, dass wir in diesem Raum sind. Wir können uns der vier Wände, die uns umgeben, bewusst sein, ob wir sie uns nun alle gleichzeitig vorstellen können oder nicht. Auf diese Weise stellen wir uns vor, innerhalb eines Mandala-Palastes zu sein. Darüber hinaus können wir, wenn wir im Erdgeschoss eines vielstöckigen Gebäudes vor dem Aufzug stehen, fühlen, dass viele Stockwerke über uns liegen, egal, ob wir sie in unserem Geist sehen können oder nicht. Genauso verhält es sich mit der Visualisation, dass man sich im Inneren eines vielstöckigen Mandala befindet und im Erdgeschoss steht. Tatsächlich können wir alle diese Dinge auf einmal fühlen, wenn wir vor dem Aufzug stehen: dass wir Angestellte sind, zu spät zur Arbeit kommen, uns unten in unserem Bürogebäude befinden und der Aufzug eine Ewigkeit braucht und dass unser Vorgesetzter und unsere Kollegen oben im Büro bereits an der Arbeit sind.

Jede Einzelheit, die wir dieser Szenerie hinzufügen können, zum Beispiel die Vorstellung, wie unsere Mitarbeiter an ihren Schreibtischen sitzen und wie der unsere für alle sichtbar leer ist, verstärkt unser Gefühl, zu spät zu sein. Wenn wir uns all die Einzelheiten in lebhaften Farben auszumalen vermögen, kann die Situation so lebendig werden, dass wir sogar lieber die Treppe nehmen. Aber auch ohne die Einzelheiten werden unsere Wahrnehmung und das Gefühl, zu spät zu kommen, jedenfalls ausreichen, uns eine schnellere Gangart einlegen zu lassen.

Die Visualisierung des Mandala und die Beibehaltung der Richtungsorientierung

Um das Gefühl zu verstärken, sich entweder innerhalb oder außerhalb des Mandala-Palastes von Kalachakra zu befinden, ist es notwendig, zumindest eine grobe Vorstellung davon zu haben, wie er aussieht. Dieser wunderbare, prunkvolle Palast hat fünf Stockwerke und die Form einer quadratischen, fünfschichtigen Hochzeitstorte. Jedes Stockwerk ist halb so groß wie das darunter und ruht im Zentrum des jeweils darunter befindlichen Stockwerks. In der Mitte jeder Seite befindet sich ein weiter Torbogen mit Eingangshalle. Das Gebäude ist sehr groß, seine Länge, Breite und Höhe entsprechen 200-mal unserer Größe, und es ist durchscheinend, aus vielfarbigem Licht. Insofern erinnert es an ein modernes Bürogebäude, dessen Wände ausschließlich aus getöntem Glas gemacht sind.

Das Initiationsritual bezieht sich stets auf unsere Position im Palast in Begriffen der Hauptrichtungen. Da dies etwas verwirrend ist, ist es hilfreich, an eine Landkarte zu denken. Wenn die Initiation zum Beispiel in den Vereinigten Staaten stattfindet, dann können wir uns den übertragenden Meister vorstellen, wie er in Chicago steht. Zu Beginn des Rituals stehen wir in der östlichen Eingangshalle, also in New York, und schauen zu unserem Lehrer in Chicago. Im Süden ist Mexiko, im Norden Kanada und im Westen Kalifornien.

Unser Lehrer Kalachakra im Zentrum des Palastes hat vier

Gesichter, jedes von einer anderen Farbe. Der Boden, die Decke und die Verzierungen jeder Palastseite sind von gleicher Farbe, dem jeweiligen Gesicht entsprechend. Die vier Gesichter repräsentieren das Ergebnis unserer Reinigung der vier subtilen Tropfen, wie sie in den inneren Kalachakra-Lehren dargelegt werden: der Tropfen des Körpers, der Sprache, des Geistes und des tiefen Gewahrseins. Aus diesem Grund sind die Gesichter und die Mandala-Seiten in den jeweiligen Richtungen von der gleichen Farbe wie die Keimsilben, die den Ort dieser Tropfen im subtilen Körper markieren. In allen tantrischen Systemen visualisieren wir ein weißes OM an der Stirn, ein rotes AH an der Kehle und ein dunkelblaues oder schwarzes HUM am Herzen, um Körper, Sprache und Geist darzustellen. Kalachakra fügt ein gelbes HOH am Nabel hinzu, um das tiefe Gewahrsein zu repräsentieren, und erklärt die Beziehung zwischen diesen Silben und den subtilen Tropfen sowie der subtilen Sprache. Daher sind die Farben der Gesichter von Kalachakra und der Seiten seines Palastes Weiß, Rot, Schwarz und Gelb. Dies symbolisiert in dieser Reihenfolge auch die vier Elemente Wasser, Feuer, Wind und Erde.

Indem wir einfache Mittel, zum Beispiel mnemotechnische, anwenden, können wir uns an die Zusammenhänge leichter erinnern und so im Mandala während der Initiation die Orientierung behalten. Der Osten und das Hauptgesicht von Kalachakra sind schwarz, was für den Geist und Wind steht. New York und die Ostküste werden oft von Hurrikans heimgesucht, die schwarze Wolken und geistigen Stress mit sich bringen. Der Süden und das rechte Gesicht sind rot, was die Rede und Feuer repräsentiert. In Mexiko sprechen die Menschen Spanisch, und das Essen ist brennend scharf. Der Norden und das linke Gesicht sind weiß, was für den Körper und Wasser steht. Kanada ist voller Schnee, und unserem Körper ist es dort im Winter kalt. Der Westen und das hintere Gesicht sind gelb, was das tiefe Gewahrsein und Erde repräsentiert. In Kalifornien gibt es gelbe Sandwüsten und Menschen, die ein tiefes Gewahrsein für Umweltfragen besitzen.

Wir müssen also nicht das Gefühl haben, dass die Kalachakra-Initiation und all die Visualisationen zu viel für uns sind. Die

Ermächtigung stellt eine Einführung in die Erfahrung dar, unser Gewahrsein auszudehnen, um gleichzeitig mit vielen Dingen umgehen zu können, und zwar mit Vergegenwärtigung und Verstehen. Sie «pflanzt Samen», damit wir dies letztendlich als ein Kalachakra tun können. Wir müssen in die Initiation mit Zuversicht hineingehen, mit dem Gefühl, dass wir uns öffnen können für diese fortgeschrittenere Funktionsebene im Leben. Um unseren Computer aufzurüsten, öffnen wir ihn und fügen einen neuen Chip oder eine neue Karte ein. Um unseren Geist und unser Herz aufzurüsten, öffnen wir sie ebenfalls, um neue Eindrücke zu erhalten, mit der Zuversicht, dass wir sie verdauen und in unser Leben integrieren können. Diese Zuversicht während der ganzen Initiation aufrechtzuerhalten ist der Stolz, ein geeignetes Gefäß für Kalachakra zu sein.

Texttraditionen des Initiationsrituals

Diese Richtlinien im Geist, lassen Sie uns nun das Initiationsritual selbst besprechen. Da in letzter Zeit die Kalachakra-Ermächtigung am häufigsten von Seiner Heiligkeit dem Dalai Lama vollzogen wurde, werden wir die Prozedur gemäß der Texttradition skizzieren, der er folgt. Er überträgt die Gelug-Linie des Kalachakra nach dem Ritualtext, der im 18. Jahrhundert vom siebten Dalai Lama zusammengestellt wurde und seinerseits auf der Version von Kädrup Je aus dem 15. Jahrhundert basiert. Die Kagyü- und Nyingma-Linien folgen dem Ritual, das im 19. Jahrhundert von Kongtrül aus der Rime-Tradition zusammengestellt wurde und das die Jonang-Linie des Kalachakra wiederbelebte, einer kleineren Tradition innerhalb des Sakya. Sakya-Meister wählen entweder Kongtrüls Text oder den von Butön aus dem 14. Jahrhundert. Es gibt lediglich kleinere Unterschiede, insbesondere bezüglich der Vorbereitungszeremonie und der sieben Ermächtigungen des Eintretens wie ein Kind. Ganz allgemein ist die Version des siebten Dalai Lama ein wenig ausführlicher als die anderen. Sie beinhaltet Zeremonien für die Reinigung der Stelle, an der das Sandmandala entstehen wird, Meditationstänze zur Inbesitznahme jener Stelle und das Darbringen von Gaben, wenn das Mandala einmal errichtet ist, sowie Rituale für den Abbau des Mandala nach der Ermächtigung.

Das Betreten des Ortes der Zeremonie

Wenn man einmal die Rituale für die Errichtung und den Abbau des Sandmandala weglässt, hat die Kalachakra-Initiation selbst zwei Teile: eine Vorbereitungszeremonie, die am ersten Tag abgehalten wird, und die eigentliche Ermächtigung, die sich über die nächsten zwei oder drei Tage erstreckt. Als Symbol dafür, dass wir uns waschen, bevor wir zum Ritual gehen, reinigen wir am ersten und zweiten Tag unseren Mund mit speziell geweihtem Wasser, bevor wir den Ort der Ermächtigung betreten, und zwar unabhängig davon, ob wir Teilnehmer oder Beobachter sind. Wenn die Zeremonie im Freien stattfindet, spucken wir das Wasser auf diskrete Weise ins Gras, wenn sie drinnen ist, in einen Eimer, der als Spucknapf dient. Wir trinken das Badewasser nicht, nachdem wir ein Bad genommen haben.

Dann stellen wir uns vor, dass wir zur schwarzen, östlichen Vorhalle des Palastes gehen, als ob wir nach New York gehen würden, und dass wir nicht sehen können, was sich innerhalb befindet. Der Palast und die ihn umgebenden Orte sind gefüllt mit 722 männlichen und weiblichen Buddha-Formen. Obwohl sich der tantrische Meister in Form der ganzen Ansammlung manifestiert, stellen wir uns ihn oder sie zuvörderst als die männliche Zentralfigur vor: Kalachakra. Zur sprachlichen Erleichterung werden wir uns daher auf den Meister mit dem maskulinen Pronomen beziehen. Er umarmt als Vater Vishvamata, die Mutter der Vielfalt. Während des ganzen Ablaufs verbleibt er im Zentrum des vierten Geschosses, wobei das Erdgeschoss, in dem wir stehen, als das erste Geschoss gezählt wird. Ob wir Teilnehmer oder Beobachter sind, in jedem Fall befinden wir uns immer entweder außerhalb des Palastes oder im Erdgeschoss.

Man sollte beachten, dass Kalachakra und Vishvamata als Vater und Mutter in Vereinigung – das bedeutet der tibetische Begriff *yab-yum* – die Vereinigung von Methode und Weisheit symbolisieren, die notwendig ist, um die Buddhaschaft zu gebären. Das tantrische Bild eines sich umarmenden Paares mag den Schweizer Psychologen C. G. Jung zur Entwicklung therapeutischer Techniken für die Vereinigung der maskulinen und femininen Aspekte unserer Psyche inspiriert haben, mit der Intention des Bildes hat das jedoch nichts zu tun.

Bevor wir unseren Sitzplatz an der östlichen Vorhalle einnehmen, machen wir drei Niederwerfungen, um Respekt zu zeigen. Wenn am Ermächtigungsort kein Platz für tatsächliche Niederwerfungen ist oder wenn wir als Beobachter nicht daran gewöhnt sind, uns als Zeichen des Respekts bis zum Boden zu verneigen, legen wir die Handflächen zusammen und visualisieren die Verneigung. Dann bringen wir als allgemeines Ersuchen ein Mandala mit der passenden symbolischen Handhaltung dar. Ein Mandala ist ein rundes, symbolisches Universum, hier nun nicht die reine Welt einer Buddha-Form, sondern das Universum, in dem wir leben. Es spielt keine Rolle, in welcher Form wir uns dieses Universum vorstellen. Es kann eine Galaxie sein, eine Weltkugel oder eine flache Scheibe mit dem Berg Meru und vier Kontinenten. Unsere Darbringung symbolisiert, dass wir eine Schenkung unserer gesamten Lebenswelt machen. Als Teilnehmer sind wir willens, alles und jedes zu geben, um Eingang in das Kalachakra-System zu finden, damit wir durch seine Techniken die Erleuchtung erlangen können und fähig werden, jedermann so schnell wie möglich umfassend zu helfen. Wenn wir Beobachter sind, können wir ebenfalls ein Mandala darbringen mit der Bitte, fähig zu sein, durch das Beiwohnen Inspiration zu erhalten, um den Weltfrieden zu fördern.

Transformierung unseres Selbstbildes durch die innere Ermächtigung

Unser Lehrer Kalachakra gibt als Nächstes Anweisungen, wie man die richtige Motivation erzeugt, und überträgt dann eine innere Initiation, um unsere Erscheinung und die Einstellung zu uns selbst und zu dem, was stattfinden wird, zu transformieren. Da Kalachakras symbolische Welt kein gewöhnlicher Ort ist, können wir sie auch nicht in unserer üblichen Gestalt betreten. Bevor wir in den Operationssaal gehen, ziehen wir uns einen antiseptischen Mantel an und sind besonders darauf bedacht, uns sauber zu halten. Auf ähnliche Weise transformieren wir als Teil der Vorbereitungszeremonie für das Betreten des Mandala unsere Erscheinung in eine Gestalt, die von Verwirrung abgetrennt ist, und wir nehmen ein Gefühl von Reinheit an und erhalten es aufrecht. Dies tun wir, indem wir uns vorstellen, als spirituelles Kind unseres Lehrers Kalachakra in einer vereinfachten Form wiedergeboren zu werden, die ihn darstellt und die als Grundlage dafür dient, zur Reife heranzuwachsen. Ob wir nun vorhaben, voll an der folgenden Ermächtigung teilzunehmen oder ihr nur einfach als Beobachter beizuwohnen, es ist in jedem Fall förderlich für eine Atmosphäre, in der alle Brüder und Schwestern sind, wenn wir uns alle vorstellen, uns in dieser Weise zu transformieren. Ähnlich wie damals, als die Bewohner von Shambhala im Kalachakra-Mandala zusammenkamen, trägt diese Geisteshaltung zum Weltfrieden bei.

Die Grundlage für jede Selbsttransformation während einer Ermächtigung oder der nachfolgenden Praxis ist die Leerheit. Das Gewahrsein der Leerheit zieht den Geist von der üblichen Weise ab, in der er gewöhnliche Erscheinungen unserer selbst und Gefühle von Stolz oder Identifikation mit diesen Erscheinungen auftreten lässt. In diesem Zustand richten wir uns auf die Abwesenheit davon aus, dass irgendjemand fest und konkret «da draußen» existiert, der zu unserem projizierten Bild von uns selbst korrespondiert, inhärent als dieses oder jenes von seiner oder ihrer Seite aus existierend. Wenn zum Beispiel unser Geist uns für gewöhnlich uns selbst gegenüber als fett, hässlich und der Liebe und des Glücks unwert erscheinen lässt und wir das

Gefühl haben, dass dies ist, wer wir wirklich sind, dann richten wir uns auf die völlige Abwesenheit irgendeiner Art von Monster aus, das unserer paranoiden, aus geringem Selbstwertgefühl geborenen Vision entspricht. Eine solche Person gibt es nicht. Niemand existiert auf diese phantasierte und unmögliche Art und Weise. Wenn wir inhärent auf diese Weise existieren würden, von unserer eigenen Seite her, dann müssten uns alle in dieser Art empfinden, auch die uns nahe Stehenden. Dem ist nicht so.

Wie wenn wir unseren Computer neu hochfahren, ziehen wir unseren Geist von seinem gewohnten Programm ab, das uns so viel Qual und Schmerz bringt, und laden dann unser grundlegendes Betriebssystem neu, nämlich die reine Erscheinung und das Identitätsgefühl eines Kalachakra. Im Kontext der Initiation repräsentieren die Erscheinung und das Gefühl, das unser Geist von uns selbst als einem Kalachakra erzeugt, die Fassungskraft unseres Geistes des klaren Lichts, als Behälter für die Entwicklung und die gleichzeitige Nutzung aller positiven Eigenschaften zu dienen. Der Geist des klaren Lichts kann in dieser Weise funktionieren auf der Grundlage, dass er leer ist beziehungsweise gereinigt von allen Fehlern und Befleckungen. Wenn wir der Zeremonie als aktive Teilnehmer beiwohnen, stellen wir uns vor, wie aus diesem Behälter durch die Stufen des Rituals hindurch die flüchtigen Unreinheiten entfernt werden und wie er mit Samen bepflanzt wird, damit wir diese Eigenschaften durch die Meditationspraxis des Kalachakra heranwachsen lassen können. Wenn wir als interessierte Beobachter zuschauen, können wir am meisten profitieren, wenn wir unseren Geist während des Ablaufs auf ähnliche Weise neu einstellen. Wir löschen unser übliches Selbstbild mit all den dazugehörigen Sorgen und Ängsten und erzeugen stattdessen eine Sicht von uns selbst als einem Kalachakra. Dies tun wir auf der Grundlage, dass unser Geist des klaren Lichts ein Behälter für positive Eindrücke ist, die wir erhalten haben, während wir der Ermächtigung zusahen, um uns für die zukünftige spirituelle Entwicklung inspirieren zu lassen. Auch wenn wir später nicht in die Meditationspraxis des Kalachakra einsteigen, hat es große Vorteile für uns, wenn wir uns daran erinnern, unser Selbstbild auf diese Weise neu einstellen zu können, wann immer ein schrecklicher Geisteszustand auftritt.

Während der inneren Ermächtigung stellen wir uns vor, wie wir uns zum Geist des klaren Lichts zurückziehen, und erzeugen uns selbst, während wir an die Leerheit denken, in der Form eines spirituellen Kindes unseres Lehrers Kalachakra, also eines spirituellen Kindes des Geistes des klaren Lichts. Wir führen diese Prozedur durch, indem wir uns den Wiedergeburtsprozess vorstellen, wie er in den buddhistischen Systemen beschrieben wird. Zuerst treten wir in den Mund unseres Lehrers Kalachakra ein, so wie das Bewusstsein eines Bardo-Wesens in den Mund des Vaters eintritt oder der Geist eines Meditierenden in den Mund eines Zustands von glückseligem Gewahrsein. Wir schmelzen und fließen in der Form eines weißen Bodhichitta-Tropfens durch das Zentrum des Vaters hindurch, so wie der Geist eines Meditierenden an den Chakras im zentralen Energiekanal vorbei nach unten geht und durch Gewahrseinsebenen hindurch fortschreitet, die zunehmend glückseliger und subtiler werden. Durch das Organ des Vaters treten wir dann in den Schoß der Mutter Vishvamata ein, so wie der Geist des Meditierenden in das klare Licht eintritt. Der Geist des klaren Lichts ist der «Mutterschoß für die Erleuchtung», ein Synonym für den herausragenden Aspekt der Buddha-Natur. In diesem Schoß richten wir uns auf die Leerheit aus und entstehen in einer einfacheren Form unseres Vaters, der Buddha-Form Kalachakra, so wie beim Erstehen des Meditierenden als eine leere Form von Kalachakra im Kontext des glückseligen Klaren-Licht-Gewahrseins der Leerheit. Wir haben ein Gesicht, zwei Arme und zwei Beine und stehen aufrecht. Unser Kopf, die Arme und der Rumpf sind dunkelblau, unser rechtes Bein ist rot und unser linkes Bein weiß. Als Gedächtnisstütze in Bezug auf die Farben unserer Beine können wir daran denken, dass die Worte «rechts» und «rot» beide mit dem Buchstaben r beginnen.

Das Thema Geschlecht in der Visualisation

Obwohl Kalachakra eine männliche Gestalt ist, müssen sich Frauen bei der Visualisation als diese Buddha-Form nicht unwohl fühlen. Die männliche Form hat in diesem Kontext nichts mit der gewöhnlichen Empfindung von Männlichkeit zu tun und impliziert auch nicht, dass an der weiblichen Gestalt irgendetwas minderwertig wäre. Der Geist des klaren Lichts als die Grundlage, die sich von einem Leben zum nächsten fortsetzt, und als Behälter für die Entwicklung aller guten Eigenschaften ist weder inhärent männlich noch inhärent weiblich. Im anfangslosen Zyklus der Wiedergeburten ist niemand ausschließlich das eine oder das andere gewesen. Buddha-Formen sind jenseits der Begrenzung durch irgendeine Geschlechterrolle. Da der Geist des klaren Lichts jedoch ein Behälter für das glückselige Gewahrsein ist, ist es unpassend, sich sich selbst als eine Art neutrale Plastikpuppe vorzustellen. Wenn wir eine Erscheinung des Geistes des klaren Lichts in der Form einer Gestalt erzeugen, die einen Menschen darstellt, dann beziehen wir daher auch Sexualorgane mit ein. Wenn wir uns als eine einzelne Gestalt erzeugen, müssen diese Organe entweder männlich oder weiblich sein und nicht etwa beides. Einige Systeme des Anuttarayoga-Tantra, zum Beispiel Vajrayogini, benutzen die weibliche Form, andere, wie zum Beispiel Kalachakra, die männliche. Der Stolz im Sinne eines Identitätsgefühls, den wir in beiden Fällen aufrechterhalten, ist der Stolz darauf, dass wir Geist des klaren Lichts sind als Behälter, in dem wir die Samen für die Erleuchtung heranziehen können, und nicht darauf, dass wir maskulin oder feminin sind.

Abschließende Handlungen und die Bedeutung des Erhalts der inneren Ermächtigung

Als Nächstes lädt unser Lehrer Kalachakra alle männlichen und weiblichen Buddha-Formen ein, die in der gleichen Weise wie wir gerade zuvor in seinen Mund eintreten und durch ihn hindurch in den Schoß der Mutter gehen und uns dort Ermächtigung übertragen. Diese Prozedur ermächtigt uns dazu, ein Behälter für das Kommende zu sein, ähnlich wie die Erinnerung an die Buddhas einen Meditierenden, während er als leere Form erscheint mit dem glückseligen Klaren-Licht-Gewahrsein der Leerheit, dazu ermächtigt und inspiriert, die Buddhaschaft zu erlangen. Derart als einfacher Kalachakra im Schoß der Mutter erstanden, erinnern wir uns, indem wir an die Buddhas denken, daran, dass wir uns in einen Behälter für das Samenpflanzen umgewandelt haben, einen Behälter für die Verstärkung der Potenziale der Buddha-Natur unseres Geistes des klaren Lichts. Nun werden wir als spirituelles Kind unseres Lehrers Kalachakra und des Geistes des klaren Lichts aus dem Schoß geboren. Wir treten aus unserer Mutter hervor und kehren zur schwarzen, östlichen Vorhalle außerhalb des Palastes zurück.

Der allerwichtigste Punkt bei dieser inneren Ermächtigung besteht darin, zu fühlen, dass wir nun tatsächlich ein spirituelles Kind unseres Lehrers Kalachakra geworden sind. Wir müssen stark und tief empfinden, dass wir nun eine enge Verbindung mit Kalachakra aufgebaut haben, sowohl in Form des jeweiligen Lehrers, der die Ermächtigung überträgt, als auch auf der tiefsten Ebene in Form des Geistes des klaren Lichts als unserer Buddha-Natur. Obwohl technisch gesprochen nur die aktiven Teilnehmer dank ihres Nehmens der tantrischen Gelübde im Verlauf der Initiationszeremonie Vajrabrüder und -Schwestern werden, kommen an diesem Punkt sowohl die Teilnehmer als auch die Beobachter in einer Kaste zusammen. Der tibetische Begriff für Kaste wird auch für die Eigenschaft der Buddha-Familie benutzt und wenn alle Eigenschaften der Familien zu einer einzigen vereinigt werden, ist diese einzelne Eigenschaft der Geist des klaren Lichts. Dementsprechend vergessen wir, wie die Leute von Shambhala, unsere belanglosen Unterschiede und kehren alle zu unserer gemeinsamen Grundlage zurück, dem Potenzial und der Eigenschaft unseres Geistes des klaren Lichts, als Behälter für spirituelles Wachstum und spirituelle Verwirklichungen fungieren zu können. Wir mögen uns dafür entscheiden, den Kurs der Kalachakra-Praxis weiterzuverfolgen oder einem anderen religiösen oder spirituellen Pfad zu folgen.

Indem wir uns jedoch erneut klarmachen, dass wir alle auf derselben Grundlage fortschreiten, versichern wir uns und allen anderen, dass unsere spirituellen Programme kompatibel sind. Wir können in Frieden und Harmonie kommunizieren und miteinander arbeiten. Wenn wir dem Ablauf mit diesem starken, tiefen Gefühl folgen, ist es fast nicht wichtig, ob wir uns vorstellen, dass unser Körper blau ist, unser rechtes Bein rot und unser linkes Bein weiß. Uns selbst lediglich in dieser Form zu visualisieren, ohne dieses Gefühl, ist eine vergleichsweise triviale Erfahrung.

Das Nehmen von Gelübden und die Transformation der Elemente unseres Körpers

Nach dem Erhalt der inneren Ermächtigung ersuchen wir, wenn wir aktiver Teilnehmer sind, um sichere Ausrichtung, die Übungen der zugesicherten Stufe des anstrebenden Bodhichitta und die Bodhisattva-Gelübde. Wenn wir interessierte Beobachter sind, die von diesen das erste, die ersten beiden oder alle drei erhalten möchten, dann stellen wir das gleiche Ersuchen. Nachdem unser Lehrer Kalachakra die geeignete Stimmung für das Nehmen dieser Gelübde erzeugt hat, indem er den tantrischen Kontext der Zuflucht und des Bodhisattva-Pfades erklärt, überträgt er diese auf uns, während wir einen kurzen Vers dreimal wiederholen. Obwohl die Ermächtigungstexte darlegen, dass das Ersuchen und die Übertragung der tantrischen Gelübde sich unmittelbar anschließen, ist es Brauch, dies auf den nächsten Tag zu verschieben, den Tag der eigentlichen Ermächtigung.

Der nächste Schritt der Vorbereitungszeremonie besteht darin, die untrennbare Methode und Weisheit der Schüler zu schützen, indem ihre sechs Elemente in die Natur der sechs weiblichen Buddhas umgewandelt werden. Wenn der verwirrte Geist ein gewöhnliches Selbstbild auftreten lässt, projiziert er eine Erscheinung davon auf die Grundlage des Geistes selbst und der Atome des Körpers. Indem wir uns mit diesem Selbstbild identifizieren, fühlen wir, dass es dies ist, was wir inhärent sind: fett, hässlich und der Liebe oder des Glücks unwert. Dies ist eine unzutreffende beziehungsweise «duale» Erscheinung. Sie stimmt nicht mit der Realität überein. Um ein offener Behälter für die kommenden Ermächtigungen zu bleiben, müssen wir uns von dieser destruktiven Gewohnheit reinigen. Wenn sich unser Geist nicht länger auf die gewöhnlichen Elemente Erde, Wasser, Feuer, Wind, Raum und Bewusstsein ausrichtet, die unseren Körper und Geist zustande bringen, wird seine Tendenz, auf sie die unzutreffende Erscheinung eines gewöhnlichen Selbstbildes zu projizieren, erheblich verringert. Es ist dann leichter, die Konzentration auf die untrennbare Methode und Weisheit aufrechtzuerhalten, also auf das glückselige Gewahrsein, das untrennbar als ein unterscheidendes Gewahrsein der Leerheit funktioniert. Daher transformieren wir unsere gewöhnlichen Elemente als Hilfestellung dafür, diese Konzentration zu schützen, damit unser Geist nicht erneut das Erzeugen von unzutreffenden Erscheinungen aufnimmt.

Wenn wir an den sechs Haupt-Chakras unseres zentralen Energiekanals alle Energiewinde auflösen, die unserem Geist die Kraft zur Verfügung stellen, unzutreffende Erscheinungen zu erschaffen, dann verfeinern wir unser glückseliges Gewahrsein der Leerheit und bringen es auf die Ebene des Geistes des klaren Lichts. Glückseliges Klares-Licht-Gewahrsein der Leerheit lässt reine, nicht-unzutreffende Erscheinungen auftreten, die aus leeren Formen bestehen, also Formen, die leer davon sind, auf gewöhnlichen Atomen zu basieren. Die weiblichen Buddhas repräsentieren diese leeren Formen. Um diese yogische Transformation der Grundlage, auf der wir unser Erzeugen von Erscheinungen basieren lassen, zu symbolisieren, visualisieren wir die sechs Chakras in Form von Scheiben und Keimsilben in der zu den sechs Elementen und den entsprechenden weiblichen Buddhas passenden Farbe. Diese Scheiben und Keimsilben repräsentieren das Ersetzen der Elemente durch die weiblichen Buddhas. Sie an den sechs Chakras zu visualisieren hilft, letztendlich die Energiewinde dorthin zu ziehen.

Da Abwandlungen dieser Visualisation in der Kalachakra-

Initiation und in der nachfolgenden Sadhana-Praxis erneut auftreten, ist es hilfreich, eine Gedächtnisstütze zu erzeugen, damit man sich an die Farben, Elemente und Orte erinnert. Die subtilen Tropfen des Körpers, der Rede, des Geistes und des tiefen Gewahrseins befinden sich in dieser Reihenfolge an der Stirn, der Kehle, dem Herzen und dem Nabel und sind weiß, rot, schwarz und gelb. Da Wasser weiß ist, wie Schnee, befindet es sich an der Stirn, genau wie der Tropfen des Körpers. Feuer ist rot und befindet sich an der Kehle. Wind ist schwarz, wie eine Sturmwolke, und befindet sich am Herzen. Erde hingegen ist gelb und befindet sich am Nabel. Gelegentlich sind die Positionen von Wasser und Wind vertauscht, dann sind die Elemente entsprechend ihrer Grobheit angeordnet: Wind, Feuer, Wasser und Erde von der Stirn bis zum Nabel. Das Element Raum ist grün, was an Blätter über uns erinnert, und befindet sich in jeder Anordnung an der Kopfkrone. Bewusstsein hingegen ist blau, wie die Tiefe eines tiefen Ozeans des Gewahrseins, und befindet sich in der Schamgegend. In ähnlicher Weise sind die Gestalten im Mandala-Palast, die Raum repräsentieren, grün und befinden sich oben auf dem Gebäude, während diejenigen, die für tiefes Gewahrsein stehen, blau sind und unter der Struktur weilen. Auch wenn wir nicht alle diese Farben und Details visualisieren können, ist es wichtig, zu fühlen, dass wir eine reine Grundlage für das Schützen unseres Selbstbildes als Kalachakra besitzen und dass wir die unreine Grundlage getilgt haben, nämlich verwirrende Atome, die ein Fundament dafür dargestellt hätten, dass wir unser negatives Selbstbild wieder aufnehmen.

Auch für einen Beobachter ist es hilfreich, an dieser Stelle über sein gewöhnliches Selbstbild nachzudenken und darüber, woher der Glaube kommt, dass es das ist, was er unveränderlich ist. Obwohl wir unser Selbstbild auf die Elemente unseres Körpers und unseres Geistes projizieren, ist dieses Bild nicht mit jenen Elementen identisch, und auch wir sind nicht identisch mit diesem Bild. Unser Körper ist alt, aber wir denken, wir seien jung. Auf diese Weise können wir damit anfangen, unser Selbstbild abzubauen und unseren instinktiven Glauben, dass es das ist, was wir wirklich sind.

Reinigung von Körper, Rede und Geist sowie die Feststellung zukünftiger Verwirklichungen

Der nächste Schritt der Vorbereitungszeremonie besteht in der Umwandlung und Erhebung von Körper, Rede und Geist des Schülers. Dies vollführen wir, indem wir eine weiße Scheibe und Silbe an der Stirn, eine rote an der Kehle und eine schwarze am Herzen visualisieren, also an den Orten der subtilen Tropfen von Körper, Rede und Geist. Der Sinn davon ist ähnlich dem des vorhergehenden Schritts: Es ist eine Hilfestellung dafür, dass unser Geist davon abgehalten wird, unzutreffende, gewöhnliche Erscheinungen zu projizieren, während er wach ist, träumt oder sich im traumlosen Schlaf befindet. Da wir in der Nacht zwischen dieser Zeremonie und der eigentlichen Ermächtigung unsere Träume untersuchen werden, benötigen wir diesen Schritt zur Vorbereitung. Variationen des Themas Reinigung von Körper, Rede und Geist kommen während der Initiation und der Sadhana-Praxis immer wieder vor.

Die Hauptschüler der Ermächtigung sowie ein Repräsentant für den Rest der Anwesenden stehen nun auf und gehen zum Thron des Lehrers. Sie halten einen Zweig des Neem-Baumes senkrecht zwischen den Händen und lassen ihn auf eine Tafel fallen, während sie ein Mantra rezitieren, und kehren dann zu ihren Plätzen zurück. Neem-Zweige sind die traditionellen Zahnbürsten Indiens und symbolisieren Reinigung. Auf der Tafel befindet sich die Zeichnung eines vereinfachten Mandala mit einem zentralen Bereich und vier Seiten. Die Richtung der Sektion, in die der Zweig fällt, weist auf eine von fünf tatsächlichen Verwirklichungen, die durch die Kalachakra-Praxis zu erlangen für den Schüler am leichtesten ist. Diese fünf Verwirklichungen sind die Befriedung von Störeinflüssen, die Stimulierung des Wachstums der guten Eigenschaften anderer, die Ausübung eines machtvollen positiven Einflusses, das kraftvolle Beenden von gefährlichen Situationen und das Erreichen der höchsten Verwirklichung, der Erleuchtung.

Als Nächstes gießt der blaue Karmavajra, der emanierte Assistent unseres Lehrers Kalachakra, Wasser aus einer Vase in unsere Hände, die wir wie eine Tasse geformt haben. Zuerst nehmen

179

wir einen kleinen Teil davon, um unseren Mund zu spülen, und spucken ihn dann aus. Den Rest trinken wir in drei Schlückchen, um unseren Körper, unsere Rede und unseren Geist zu reinigen. Wasser wird auch während der Ritualabläufe der folgenden Tage in dieser Weise verteilt. Als Beobachter können wir das Wasser ebenfalls annehmen und trinken. Die Vorstellung, dass es die Negativitäten und Hindernisse aus unserem Körper, unserer Rede und unserem Geist fortspült, ist für jedermann zuträglich.

Materialien für die Erforschung von Träumen

Karmavajra verteilt auch Kusha-Grasrispen. An diesem Abend legen wir die lange Rispe unter unsere Matratze, parallel zu unserem Körper, die Spitzen in Richtung unseres Kopfes. Die kurze legen wir unter unser Kopfkissen, senkrecht zur langen. Die Spitzen zeigen von unserem Gesicht weg, wobei wir auf unserer rechten Seite schlafen, in der Weise, in der es der Buddha immer tat. In Indien binden die Leute traditionell Rispen dieses Grases zu einem Besen zusammen. Auf diesen Rispen zu schlafen kehrt symbolisch die Unreinheiten aus dem Geist, sodass die Träume in dieser Nacht besonders klar sind. Wir erforschen unsere Träume, die wir zur Zeit des Tagesanbruchs haben, als Hinweis darauf, welchen Erfolg wir mit der Kalachakra-Praxis haben werden. Für einen Beobachter entsteht kein Schaden, wenn er ebenfalls das Gras annimmt und seine Träume erforscht. Das mag ganz lustig sein, aber diese Träume haben keine besondere spirituelle Bedeutung. Egal, ob wir Teilnehmer oder Beobachter sind, jedenfalls ist es Brauch, die Rispen am nächsten Tag respektvoll zu verbrennen oder sie unter Büsche zu legen.

Schließlich verteilt Karmavajra noch rote Schutzbänder, die man sich um einen der beiden Oberarme bindet. Das Band deutet auf Maitreya hin, und das in zweierlei Hinsicht: Wir tragen es, bis entweder Maitreya kommt, der zukünftige Buddha, oder wir reines Maitri beziehungsweise reine Liebe für alle Wesen entwickelt haben. Da vorhergesagt ist, dass Maitreya erst in mehreren Millionen Jahren kommt, und da es noch sehr lange dauern mag, bis wir vollkommen reine Liebe entwickelt haben, tragen wir das Band nur für eine begrenzte Zeit, gewöhnlich während der Initiation, und zwar als Erinnerung daran, allen Wesen zu wünschen, dass sie glücklich sein und die Ursachen des Glücks besitzen mögen. Später kann es sein, dass man unnötig Aufmerksamkeit erregt und endlose Fragen beantworten muss, wenn man ein vom Wetter gezeichnetes rotes Band am Arm hat. Um dies zu vermeiden, kann man die Schnur in der Brieftasche oder in der Geldbörse bei sich tragen, wenn man sie behalten will, damit man immer daran erinnert wird, liebevoll zu sein. Ansonsten verbrennt man das Band oder hängt es an einen Baum. Wenn man es als Beobachter hilfreich findet, ein Band am Arm festzubinden, um sich daran zu erinnern, dass man seinen Nächsten lieben möge, dann sollte man das auf alle Fälle tun. Schließlich gibt es im Westen Leute, die sich einen Faden um den Finger wickeln, nur um eine Verabredung nicht zu vergessen.

Ein weiteres Mal stellen wir uns Keimsilben an den Orten der sechs Haupt-Chakras in unserem zentralen Energiekanal vor. Die sechs männlichen Buddhas im Mandala emanieren Repliken ihrer selbst, die in diese Silben hineingehen und sich auflösen. Wir wiederholen dann ein langes Mantra, um Vajrasattva herbeizurufen und unseren Körper, unsere Rede und unseren Geist zu erheben. Unser Lehrer Kalachakra rezitiert daraufhin einige Verse, um uns zu inspirieren und mit Freude zu erfüllen anlässlich dieser seltenen und kostbaren Gelegenheit, den tantrischen Pfad zu betreten. Anschließend gibt er uns das Mantra OM AH HUM HOH HAM KSHAH – die sechs Silben, die wir uns gerade auf unserem Körper vorgestellt haben –, das wir nach ihm wiederholen. Im Tibetischen wird das Mantra «om ah hung ho hankya» ausgesprochen. Er weist uns an, dieses Mantra in dieser Nacht vor dem Schlafengehen eine kurze Zeit lang zu rezitieren und unsere Träume während des Erwachens zu erforschen. Als Beobachter können wir das Mantra ebenfalls rezitieren, wann immer wir das Gefühl haben, es sei notwendig, unseren Geist vor verstörenden Gedanken zu schützen. Damit endet die Vorbereitungszeremonie.

Allgemeiner Hinweis

Es ist schwierig, während einer Initiation alles zu verstehen und allem folgen zu können. Daher brauchen wir uns nicht aufzuregen, wenn wir verwirrt sind oder uns verlieren. Fast niemand kann all die Visualisationen vollkommen durchführen. Ernsthafte Praktizierende eines beliebigen tantrischen Systems erhalten die Ermächtigung wiederholt. Je vertrauter wir mit dem Ritual werden, desto vollständiger sind wir fähig, an all seinen Visualisationen teilzunehmen. Wir tun unser Bestes und folgen auf unserer eigenen Stufe, ohne dass wir uns irgendwie aufregen oder uns als unzureichend empfinden.

Von meinem späten Lehrer Tsenshab Serkong Rinpoche stammt eine äußerst nützliche Richtlinie für die Praxis tantrischer Visualisation. Ermächtigungen, Sadhanas, Pujas und andere tantrische Prozeduren sind wie ein Film: Jede Szene läuft nur zu einer bestimmten Zeit. Dann ist sie vorbei, und die nächste Szene erscheint. Wir versuchen nicht, alle Einzelbilder des Films aufeinander zu legen und sie alle zur gleichen Zeit zu zeigen. In ähnlicher Weise erhalten wir die Visualisation der verschiedenen Buddha-Formen, Scheiben, Silben und so weiter an den verschiedenen Teilen unseres Körpers nur für den kurzen Moment jenes Schritts der Ermächtigung aufrecht, die uns dazu aufruft. Wenn die Szene wechselt und der Film weitergeht, lassen wir diese Visualisation fallen und schreiten zur nächsten fort. Wenn wir eine Szene verpasst haben oder nicht mitkommen, vergessen wir sie einfach und regen uns nicht auf. Wir gehen weiter zur nächsten Szene. Sonst verheddert sich der Film im Projektor und kann überhaupt nicht gezeigt werden. Das ist ein hilfreicher Hinweis für unser ganzes Leben. Es verläuft ruhiger und ist einfacher, wenn wir seine Szenen wie in einem Film ablaufen lassen und sie nicht mit Schuldgefühlen oder Vorhaltungen festhalten.

10

DER ERSTE TAG
DER EIGENTLICHEN ERMÄCHTIGUNG

Vorbereitende Schritte

Die eigentliche Ermächtigung beginnt damit, dass die Schüler ihren Mund ausspülen und Niederwerfungen machen, wie am Tag zuvor. Als Teilnehmer und auch als Beobachter stellen wir uns uns selbst immer noch als einen einfachen Kalachakra vor, der sich vor der schwarzen, östlichen Vorhalle des Mandala-Palastes befindet, und unseren Lehrer als einen vollständigen Kalachakra. Der Lehrer, Kalachakra, beginnt, indem er erklärt, wie man die Träume der vorherigen Nacht analysiert. Träume von spirituellen Meistern, dem Mandala, oder davon, wie wir uns waschen, neue Kleider anziehen, einen Hügel hinaufgehen oder einen Tempel betreten, sind Glück verheißend und weisen auf zukünftigen Erfolg mit der Praxis hin. Träume davon, wie wir geschlagen werden, einen Hügel hinablaufen oder rückwärts gehen, oder solche von blutroten Blumen, die Verletzung bedeuten, sind schlicht das Gegenteil davon. Stolz zu entwickeln wegen wünschenswerter Zeichen und niedergeschlagen zu sein wegen unheilverkündender verursacht Störungen unserer Praxis. Daher müssen wir uns unabhängig von unserem Traum an die Leerheit und das abhängige Entstehen erinnern.

Erfolg und Misserfolg der spirituellen Praxis existieren nicht inhärent, vorherbestimmt und vollkommen festgelegt, sondern entstehen in Abhängigkeit von den Anstrengungen, die wir unternehmen. Um Störfaktoren zu vertreiben, bringt unser Lehrer Kalachakra ein Torma, also einen rituellen Kuchen, dar. Diese Darbringung symbolisiert die Macht des Verständnisses der Leerheit, Aberglaube und Verwirrung zu vertreiben. Ob wir Teilnehmer oder Beobachter sind, jedenfalls müssen wir unseren Geist von dummen Gedanken freispülen.

Wenn wir aufgrund der Umstände die Vorbereitungszeremonie versäumt haben und die Ermächtigung erst an dieser Stelle beginnen, haben wir keine größeren Probleme. Wir werden im Weiteren erneut als eine Buddha-Form erzeugt werden und viele der Prozeduren wiederholen. Dennoch haben wir die Szene des Films verpasst, in der man Kusha-Gras erhält und seine Träume erforscht. Da dies kein essenzieller Teil der Ermächtigung ist, brauchen wir uns keine Sorgen zu machen und müssen auch nicht versuchen, den Film zurückzudrehen, indem wir jetzt um etwas Kusha-Gras bitten. Und obwohl wir kein rotes Band um unseren Arm tragen, halten wir uns so gut wie möglich die Liebe zu allen Wesen gegenwärtig.

Die Zeremonie setzt sich fort, indem wir ein Mandala darbringen und Mantras rezitieren, um uns auf diese Weise über die Gelegenheit, die Ermächtigung zu erhalten, zu freuen. Wiederum erbitten wir sichere Ausrichtung, die Übungen der zusichernden Stufe des anstrebenden Bodhichitta und die Bodhisattva-Gelübde. Karmavajra übergibt einigen der Hauptschüler Ritualgewänder, und diese ziehen sie an als eine Unterstützung der Aufrechterhaltung der Vergegenwärtigung, in Gestalt einer Buddha-Form zu erscheinen. Da der wichtigste Punkt im Visualisieren und Empfinden besteht, dass wir nicht in unserer gewöhnlichen Gestalt erscheinen, müssen wir nicht enttäuscht sein, wenn wir nicht ebenfalls eine neue Garnitur Kleidung erhalten. Jedermann bekommt allerdings einen roten Streifen und eine Blume. Den Streifen legen wir uns um die Stirn als symbolische Augenbinde und die Blume bewahren wir sicher im Schoß oder in der Tasche für spätere Verwendung während des Rituals. Wie schon zuvor erwähnt, ist es kein Fehler, wenn wir als Beobachter ebenfalls einen Streifen und eine Blume nehmen. Die Augenbinde wird während des ersten Teils des Ermächtigungsrituals getragen, in dem wir noch nicht autorisiert sind, das Mandala zu sehen. Während der anfänglichen Schritte verbleiben wir, mit den Worten des Rituals, außerhalb des Vorhangs, der vor dem Eingang hängt, und das bedeutet, in der östlichen Vorhalle außerhalb der Palastmauern. Während des Rests dieser Phase befinden wir uns innerhalb des Vorhangs, was «innerhalb des Gebäudes» bedeutet. Zum passenden Zeitpunkt ziehen wir die Augenbinde weg und sind dann fähig, alle Einzelheiten des Mandala-Palastes zu sehen. Die Aufgabe der Visualisation wird von diesem Punkt an anspruchsvoller, da die eigentliche Ermächtigung beginnt. Dennoch müssen wir vor allem Wert legen auf das Gefühl, wer und wo wir sind und was mit uns dort passiert.

Die Visualisation als Paar und das Nehmen der Gelübde

Nachdem wir die Augenbinde angelegt und die Prozedur des Vortages wiederholt haben, bei der wir den Zweig des Neem-Baumes geworfen und Reinigungswasser zu trinken bekommen hatten, stellen wir uns uns selbst, wenn wir Teilnehmer sind, als umgewandelt vor von der einzelnen Buddha-Form Kalachakra in einen Kalachakra, der eine Partnerin umarmt. Diese Partnerin hat ein Gesicht, zwei Arme und zwei Beine, steht aufrecht und ist, abhängig von der Ritualtradition, entweder vollständig blau oder gelb. Im Allgemeinen stellt der weibliche Teil des Hauptpaares Vishvamata dar, die normalerweise gelb ist. Mit dem Paar eng verbunden sind zehn weibliche Gestalten, die «machtvolle Herrinnen» (*shaktis*) genannt werden und die die zehn weit reichenden Einstellungen beziehungsweise «Vollkommenheiten» repräsentieren. Acht von ihnen umgeben das Paar in einem Kreis, während zwei untrennbar mit Vishvamata verschmolzen sind. Obwohl jede der zehn Vishvamata ersetzen könnte, tut dies am häufigsten die blauen Gestalt, die das weit reichende unterscheidende Gewahrsein beziehungsweise die «Vollkommenheit der Weisheit», Prajnaparamita, repräsentiert.

Da man sich als Initiand während des überwiegenden restlichen Verlaufs der Ermächtigung als das eine oder andere Paar visualisiert, ist es wichtig zu wissen, wie man diese Art von Visualisation durchführt. Es ist dabei nicht etwa so, dass sich männliche Teilnehmer vorstellen, sie seien der männliche Teil des Paares, wohingegen Frauen sich als den weiblichen vor Augen führen, oder dass wir uns in Vereinigung mit einer anderen Person sehen. Jeder von uns ist beide Teile des Paares gleichzeitig, obwohl die visuelle Ausrichtung aus der Perspektive des männlichen Teils geschieht. Gefühle von Männlichkeit, Weiblichkeit oder einer androgynen Vereinigung von beidem sind völlig irrelevant.

Wenn man verheiratet ist oder mit einem Partner zusammenlebt, ist man mit dem Gefühl vertraut, ein Paar zu bilden. Wenn es eine gesunde Beziehung ist, verschmilzt man nicht mit der anderen Person und verliert sich auch nicht in ihr, sondern behält seine individuelle Perspektive. Man benutzt eine ähnliche Art von Gefühl hier, in diesem Kontext, wenn man sich vorstellt, ein Kalachakra-Paar zu sein, dabei aber die Perspektive des männlichen Teils beibehält.

Die Visualisation, ein Paar zu sein, das für immer in Vereinigung ist, kennzeichnet den Geist, der untrennbar Methode und Weisheit verbindet. Auf einer Ebene beziehen sich Methode und Weisheit auf Mitgefühl und das unterscheidende Gewahrsein der Leerheit. Auf einer anderen Ebene beziehen sie sich auf glückseliges Gewahrsein und wiederum auf unterscheidendes Gewahrsein der Leerheit. Auf einer weiteren Ebene beziehen sie sich auf unwandelbares, glückseliges Gewahrsein der Leerheit und leere Formen. Wenn man sich als ein Paar vorstellt, so bedeutet dies also, zu empfinden, dass man drei Ebenen einer vollkommenen Verbindung verkörpert: diejenige von positiven Empfindungen gegenüber anderen und dem Verstehen der Wirklichkeit, diejenige von Freude und Weisheit sowie diejenige von Geist und Körper. Während ein gewöhnliches Selbstbild davon, ein Paar zu bilden, unterstützend wirkt, weil es einen mit Gefühlen wie Selbstvertrauen, Wohlbefinden und Freude erfüllt, fungiert ein derartiges Abbild darüber hinaus, wenn es von Verwirrung abgetrennt wurde, als ein äußerst förderliches Fundament und Behältnis für die Kultivierung des glückseligen Gewahrseins der Leerheit.

Jemand fragte einmal Tsenshab Serkong Rinpoche, wie man sich als ein Paar visualisiert, während man geht, Niederwerfungen macht oder irgendeine Routinehandlung vollzieht. Kommt uns dann nicht der Partner in die Quere? Rinpoche antwortete, die Vorstellung, während unseres Alltags in Vereinigung mit einem Partner zu leben, sei in gewisser Weise dem Tragen von Kleidung ähnlich. Ob wir sitzen, gehen oder die Wohnung putzen, immer haben wir unsere Kleidung an. Wir wissen und fühlen, dass wir angezogen sind. Weil sie uns stets begleitet, egal, wohin wir gehen oder was wir tun, wird unsere Kleidung so sehr ein Teil von uns, dass wir sie nicht mehr als etwas Getrenntes betrachten. Während des ganzen Tages halten wir uns für die Gesamtpackung unseres Körpers und der Kleidung. Wenn wir uns vorstellen, ein Kalachakra-Paar zu sein, dann betrachten wir ganz ähnlich den männlichen und den weiblichen Teil nicht als getrennt. Wir richten uns auch nicht besonders auf den weiblichen Teil aus, wenn wir zu den verschiedenen Abschnitten des Mandala gehen und Ermächtigung erhalten, außer insofern, als wir der Weisheit der Leerheit gewahr bleiben, die er repräsentiert. Wenn wir zu verstehen versuchen, wie man mit der Visualisation, ein Paar zu sein, arbeitet, dann müssen wir uns daran erinnern, dass es dieser Praxis um ein Selbstbild geht und nicht um eine tatsächliche Beziehung mit einer anderen Person.

Wenn wir der Initiation als Beobachter beiwohnen und ebenfalls etwas visualisieren wollen, bleiben wir für den Rest der Zeremonie in der einfachen Form. Dies reicht aus, um unsere gewöhnliche Selbstsicht abzublocken und uns den Geist des klaren Lichts als ein Behältnis für die Eindrücke aus der Welt von Kalachakra gegenwärtig zu halten. Eine derartige Visualisation hilft uns dabei, Geist und Herz offen zu halten, sodass wir den größten Nutzen aus dieser Erfahrung ziehen können.

Unser Lehrer Kalachakra fragt die Schüler nun nach ihrer

Familieneigenschaft, das heißt, ob es sich um Hinayana oder um Mahayana handelt, und wonach sie suchen. Als Teilnehmer antworten wir, dass wir vom Glück begünstigte Wesen mit Mahayana-Buddha-Natur sind und dass wir das höchst glückselige Gewahrsein der Buddhaschaft zum Wohle aller suchen. Dann nehmen wir ein weiteres Mal sichere Ausrichtung und die Bodhisattva-Gelübde. Als Beobachter können wir sie, wenn wir wollen, ebenfalls erneut nehmen. Nur Vollteilnehmer allerdings tun den nächsten Schritt: Sie erbitten und nehmen die tantrischen Gelübde und versprechen, die fünfundzwanzig Arten gezügelten Verhaltens einzuhalten. Beobachter schauen einfach zu und sind Zeugen.

Der alles umfassende Yoga

Die nächste Prozedur, der allumfassende Yoga, verstärkt zwei der grundlegendsten Voraussetzungen für tantrische Praxis: das konventionelle und das tiefste Bodhichitta. Bodhichitta ist ein Herz beziehungsweise ein Bewusstsein, das auf *bodhi*, den letztendlichen Zustand, abzielt. Diesen Geist auf der konventionellen oder «relativen» Ebene zu halten bedeutet, nach der Erleuchtung zu streben mit der Absicht, sie zu verwirklichen und allen Wesen mittels dieser Verwirklichung zu nutzen. Ihn auf der tiefsten oder «letztendlichen» Ebene zu halten meint, sich auf die Leerheit auszurichten, also auf die Natur der Erleuchtung und aller Wesen und Phänomene. Die Erleuchtung ist leer davon, in irgendeiner phantasierten, unmöglichen Weise zu existieren. Alle Fähigkeiten, die wir mit ihrer Verwirklichung erlangen, sind abhängig und das Ergebnis davon, dass wir reichhaltige Bestände positiven Potenzials und tiefen Gewahrseins aufbauen, indem wir uns auf andere Wesen und die verschiedenen Aspekte unserer Buddha-Natur stützen.

In gewisser Weise können wir Bodhichitta als ein ausgreifendes Herz und Bewusstsein ansehen. Wenn wir es auf einer konventionellen Ebene kultivieren, weiten wir unser Herz aus, um alle anderen und das Ziel des Erleuchtungszustandes zu umfassen, sodass wir ihnen auf vollkommene Weise helfen können. Wenn wir Bodhichitta der tiefsten Ebene entwickeln, dehnen wir unseren Geist aus, sodass er die Leerheit aller Phänomene umfasst. Mit dem allumfassenden Yoga dehnen wir Herz und Bewusstsein an genau diesem Punkt, gerade bevor wir den Mandala-Palast betreten, mit diesen beiden Bodhichittas aus. Wir repräsentieren sie durch eine flach an der Stelle unseres Herzens liegende weiße Mondscheibe und einen aufrecht darauf stehenden weißen Vajra. Eine Replik eines gleichen Mondes und eines ebensolchen Vajra im Herzen unseres Lehrers Kalachakra löst sich in ihnen auf und macht ihre Realisation fest und stabil. Zusammen mit unserer Visualisation, dem Gefühl, ein Kalachakra-Paar zu sein, und den Gelübdegruppen formen diese beiden Bodhichittas das Behältnis des Geistes des klaren Lichts für den Erhalt der Ermächtigung. Als Beobachter ziehen wir ebenfalls großen Nutzen daraus, sie an dieser Stelle zu erzeugen. Wir müssen die beiden Bodhichittas als integrale Bestandteile unserer Einstellung während der restlichen Prozeduren aufrechterhalten, ob wir nun Teilnehmer oder Beobachter sind. Dennoch hören wir auf, Mond und Vajra in unserem Herzen zu visualisieren, wenn die Szene zur nächsten Stufe des Rituals wechselt.

Vertraulichkeit

Vor und nach dem Betreten des Mandala sagen wir Vertraulichkeit zu. Das vervollständigt den Prozess, in dem wir unseren Geist des klaren Lichts in den geeignetsten Behälter für die Ermächtigung umformen. Wenn ein Behälter so beschaffen ist, dass er undurchlässig ist, kann er alles, was man hineinschüttet, aufnehmen, ohne auch nur einen Tropfen zu verlieren. Ebenso bewahren wir dadurch, dass wir die Prozeduren der Ermächtigung und die nachfolgende tantrische Praxis für uns behalten, deren Effektivität. Geheimhaltung wird im Tantra nicht deshalb betont, weil etwas Schmutziges oder Schlechtes kaschiert werden soll, sondern weil Visualisationen und andere Prozeduren für die innerste spirituelle Transformation ihre Kraft verlieren, wenn wir sie publik machen. Es wirkt sich auf unsere Meditationspraxis geradezu vernichtend aus, wenn wir den Leuten mitteilen, dass wir uns als eine Gottheit mit vier Gesichtern und vierundzwanzig Armen visualisieren, und sie dann Witze über uns reißen oder uns für verrückt erklären. Wir nehmen dann eine Verteidigungshaltung an oder fangen an, an uns selbst zu zweifeln.

Aus diesem Grund müssen wir es für uns behalten, wenn wir tantrische Methoden und Praktiken anwenden, welche auch immer. Wenn sich Leute nach unserer Meditation erkundigen, ist es angezeigt, allgemein zu bleiben, indem wir zum Beispiel erklären, dass wir an unserem Selbstbild arbeiten, eine positivere Einstellung zu entwickeln versuchen und unsere Vorstellungskraft trainieren. Am besten geben wir eine einfache Antwort. Niemand braucht die Einzelheiten der von uns angewandten Methode zu kennen oder zu wissen, was wir visualisieren. Tatsächlich besteht eines der tantrischen Nebengelübde darin, keine Show mit vertraulichen Dingen zu veranstalten. Aus diesem Grund ist es unangebracht, Gemälde oder Statuen tantrischer Gestalten mit zornvollen Gesichtern und in sexueller Umarmung an markanten Orten in der Wohnung auszustellen, an denen sie jedermann sehen kann, sodass peinliche Fragen beziehungsweise anzügliche Bemerkungen nicht ausbleiben werden. Je privater unsere Praxis ist, desto wertvoller wird sie. Wenn wir das, was wir tun, Leuten erklären, die nicht ausreichend offen im Geist sind, um es zu verstehen, kann es außerdem sein, dass wir bei ihnen die Entwicklung seltsamer Vorstellungen verursachen. Oft ist Schweigen der beste Weg, um Verwirrung und Missverständnisse zu vermeiden. Auch für einen Beobachter ist es wichtig, die Erlebnisse, die er während der Ermächtigung hat, für sich zu behalten und sie nicht mit Leuten zu erörtern, die sie falsch auslegen würden.

Eintritt in das Mandala mit verbundenen Augen

Nachdem das Behältnis unseres Geistes des klaren Lichts nun vollständig vorbereitet ist, betreten wir den Mandala-Palast durch den schwarzen, östlichen Eingang. Mit verbundenen Augen, geführt vom Assistenten Kalachakras, umrunden wir ihn dreimal im Uhrzeigersinn, um unsere Hochachtung zu zeigen. Das machen wir in einem ebenerdigen Korridor, der zwischen der Wand und einer hohen, breiten Plattform liegt, auf der viele Gestalten sitzen und stehen. Dann bringen wir sechsmal je drei Niederwerfungen dar, je einmal den männlichen Häuptern der fünf Buddha-Familien, die manchmal die fünf «Dhyani-Buddhas» genannt werden, und einmal unserem Lehrer Kalachakra selbst. Die fünf männlichen Buddhas sitzen im vierten Stockwerk des Mandala. Die Farbe der Seite, auf der jeder Einzelne sitzt, stimmt mit der Farbe seines Körpers und dem Element überein, das mit der Eigenschaft seiner Buddha-Familie assoziiert ist. Akshobhya allerdings ist mit der zentralen Hauptgestalt verschmolzen. Wir werfen uns vor den fünf männlichen Buddhas in der weiträumigen Eingangshalle nieder, die sich in der Mitte derjenigen Mandala-Seite befindet, die mit dem jeweiligen Buddha korrespondiert. Die Niederwerfungen vor Akshobhya und vor unserem Lehrer Kalachakra werden in der schwarzen, östlichen Eingangshalle dargebracht. Als Teilnehmer wandeln wir uns jedes Mal in die einfache Gestalt des männlichen Buddha um, vor dem wir uns niederwerfen. Wir stellen uns jedes Mal vor, dass danach eine Replik des entsprechenden Buddha aus dem vierten Stockwerk hervorkommt und sich in uns auflöst.

Die Anordnung der männlichen Buddhas, ihre Farbe und die Richtung, in der sie verweilen, sind im Kalachakra anders als in anderen Systemen des Anuttarayoga-Tantra. Symmetrie ist dumm. Kalachakra ordnet die Dhyani-Buddhas der Farbe und Richtung des ihnen zugehörigen Elements zu. Die Niederwerfungen vor ihnen werden in der Reihenfolge der zunehmenden Grobheit ihres Elements durchgeführt. Dies ist der Grund dafür, dass im Kalachakra-Ritual die Richtungen immer in der Reihenfolge Zentrum, Osten, Süden, Norden und

191

Westen ausgeführt werden. Wenn wir uns die Karte von Nordamerika vergegenwärtigen, verlieren wir uns nicht. Nachdem wir uns zuerst vor dem grünen, mit dem Raum assoziierten Akshobhya und dann vor dem schwarzen, mit dem Wind assoziierten Amoghasiddhi niedergeworfen haben, gehen wir im Uhrzeigersinn den Korridor entlang ins rote Mexiko und werfen uns vor dem roten Ratnasambhava nieder, der mit dem Feuer verbunden ist. Immer im Uhrzeigersinn gehend und im Erdgeschoss verbleibend, schreiten wir fort ins weiße Kanada, um unsere Hochachtung gegenüber dem weißen, mit dem Wasser assoziierten Amitabha auszudrücken, und gehen dann den ganzen langen Weg bis ins gelbe Kalifornien zum gelben Vairochana, der mit der Erde korrespondiert. Wir bleiben ein gelber Vairochana, gehen die Runde zurück ins schwarze New York und bringen Niederwerfungen unserem Lehrer Kalachakra dar.

Wenn das alles zu schnell geht und wir nicht mitkommen, gibt es dennoch keinen Grund zur Panik. Das hauptsächliche Gefühl, das wir erzeugen und auf das wir uns ausrichten müssen, besteht darin, dass wir die Häupter der Familien, die im Palast leben, mit Zeichen tiefsten Respekts begrüßen. Wenn sich dann die Replik der jeweiligen Gestalt in uns auflöst, fühlen wir uns willkommen und inspiriert, zu bleiben. Wenn wir uns als Beobachter höflich verhalten wollen, dann stellen wir uns ebenfalls Niederwerfungen oder irgendein anderes passendes Zeichen des Respekts vor, während wir ein einfacher Kalachakra bleiben.

Bevor er weitergeht, erinnert uns unser Lehrer Kalachakra ein weiteres Mal an unsere Zusage, die Dinge vertraulich zu behandeln und insbesondere die wichtigste Hausregel einzuhalten, nämlich, ihn nie herabzusetzen. Das ist das erste tantrische Hauptgelübde. Es ist extrem wichtig, denn wenn wir als Schüler der Meinung sind, dass unser spiritueller Meister nicht weiß, wovon er spricht, ist es unmöglich, in irgendeiner Weise Vertrauen zu dem zu haben, was er lehrt. Der richtige Zeitpunkt für die Prüfung des Geeignetseins eines tantrischen Meisters liegt vor dem Erhalt einer Ermächtigung, nicht danach. Wie Tsenshab Serkong Rinpoche zu sagen pflegte: Führe dich nicht wie ein Verrückter auf, der auf das Eis eines zugefrorenen Sees hinausläuft und sich dann umdreht und mit einem Stock prüft, ob das Eis ihn auch tragen wird. Unser Lehrer Kalachakra bestätigt, dass wir ihn zuvor gründlich überprüft haben und dass wir in die Ermächtigung hineingehen im vollem Bewusstsein dessen, was wir tun. Als vollgültiger Teilnehmer müssen wir die Schritte, die zu tun wir vorhaben, ernst nehmen. Auch als Beobachter brauchen wir eine vernünftige Einstellung. Wir wohnen der Zeremonie nicht bei, um den Lehrer zu beurteilen oder zu kritisieren, sondern um einen Eindruck vom Tantra zu bekommen, insbesondere von Kalachakra, weil wir ein ernsthaftes Interesse daran haben.

Stabilisierung unserer Visualisation

Ganz allgemein bauen wir die Szenerie für den Erhalt der Ermächtigung auf, indem wir uns zunächst in einer Gestalt visualisieren, die gewöhnlich mit «Verpflichtungswesen» übersetzt wird. Dies ist eine Gestalt, die uns eng mit einer Buddha-Form verbindet. Sie dient als Behältnis für den Erhalt der Ermächtigung. Der tantrische Meister ruft dann Wesen tiefen Gewahrseins hervor, die gewöhnlich als «Weisheitswesen» bezeichnet werden, und wir stellen uns vor, wie sie mit unserer Visualisation verschmelzen, um diese stabiler zu machen. Das Kalachakra-System bietet eine einleuchtende Erklärung des damit verbundenen Mechanismus.

Wie wir schon im Zusammenhang mit dem inneren Kalachakra gesehen haben, strömt der Atem während des Tages vornehmlich durch das eine oder das andere Nasenloch. Während des Wechsels von einem Nasenloch zum anderen allerdings geht eine gewisse Anzahl von Atemzügen gleichmäßig durch beide. Diese werden als Atemzüge des tiefen Gewahrseins bezeichnet und treten in den zentralen Energiekanal ein. Normalerweise geht keiner der anderen Atemzüge durch diesen Kanal. Die Praxis der vollständigen Stufe wandelt alle Atemzüge und Energiewinde in solche des tiefen Gewahrseins um, indem sie besondere yogische Techniken benutzt, um sie in den Zentralkanal zu ziehen. Dadurch, dass wir sie dort am Zentrum der sechs Haupt-Chakras auflösen, manifestieren wir den Geist des klaren Lichts, den wir dann für die Erzeugung von tiefem Gewahrsein der Leerheit verwenden.

Die Atemzüge und Energiewinde, die in den Zentralkanal eintreten, werden Atemzüge des tiefen Gewahrseins genannt, weil sie zu diesem tiefen Gewahrsein der Leerheit führen. Sie werden von Vajravega repräsentiert, der kraftvollen Form Kalachakras. Die Visualisation, in der wir Wesen des tiefen Gewahrseins hereinholen und mit den visualisierten Wesen der engen Bindung verschmelzen, symbolisiert das Einleiten der Atemzüge und Energien des tiefen Gewahrseins in den Zentralkanal und ihre dortige Auflösung zur Erlangung des tiefen Gewahrseins der Leerheit. Das tiefe Klare-Licht-Gewahrsein der Leerheit lässt leere Formen Kalachakras entstehen. Da leere Formen im Vergleich zu bloßen Visualisationen bei weitem stabilere Behältnisse für den Erhalt einer Ermächtigung und das Erlangen der Erleuchtung sind, verstärkt das vorgestellte Verschmelzen der Weisheitswesen mit den Verpflichtungswesen unsere Fähigkeit, die folgende Ermächtigung aufzunehmen.

Das Anrufen der Wesen des tiefen Gewahrseins

Die nächste Prozedur, das Anrufen der Wesen des tiefen Gewahrseins, beginnt passend mit der Umwandlung von uns selbst in die visualisierte Form eines blauen Vajravega mittels Meditation über Leerheit. Diese Umwandlung vollzieht man nur, wenn man Teilnehmer ist. Vajravega sieht wie die vollständige Gestalt Kalachakras aus, nur dass sein vorderes Gesicht grimmig ist und er zwei zusätzliche Arme hat, sodass es insgesamt sechsundzwanzig sind. Wir stellen uns die passenden Element- und Planetenscheiben an unserem Nabel, dem Herzen, der Kehle und der Stirn in der Farbe des subtilen Tropfens vor, der am jeweiligen Ort zu finden ist, also gelb, schwarz, rot und weiß. Licht strahlt von den Keimsilben aus, die unsere vier Planetenscheiben markieren, und ebenso vom Herzen unseres Lehrers Kalachakra. Es kehrt zurück und bringt gelbe, schwarze, rote und weiße Buddha-Formen mit sich, die Vajra-Tiefes-Gewahrsein, Vajra-Geist, Vajra-Rede und Vajra-Körper genannt werden. Diese Formen lösen sich in die Silben am Ort der korrespondierenden Tropfen in unserem Körper auf, was das Hereinziehen von Atemzügen und Winden des tiefen Gewahrseins in den Zentralkanal symbolisiert und ihre Auflösung bei den Chakras, die mit den vier subtilen Tropfen verbunden sind.

Dies ist die erste Stelle, an der merkliche Unterschiede zwischen den verschiedenen Kalachakra-Initiationsriten zu konstatieren sind. Bei Butön findet sich kein Licht, das von den vier Punkten auf unserem Körper ausstrahlt, bei ihm geht es ausschließlich vom Herzen unseres Lehrers Kalachakra aus. Kongtrül folgt in diesem Punkt Butön; außerdem erwähnt er keine Visualisation am Nabel für Vajra-Tiefes-Gewahrsein. Aus diesem Beispiel lässt sich ersehen, dass die Divergenzen der Initiationstraditionen wirklich sehr fein sind. Bei den meisten Unterschieden handelt es sich einfach um Kurzfassungen der Prozeduren, die im Text des siebten Dalai Lama beschrieben werden. Tantrische Meister, die die Kalachakra-Ermächtigung nach einem solchen abgekürzten Text übertragen, fügen je nach den Umständen Einzelheiten hinzu oder auch nicht.

Alle Versionen des Rituals fahren mit dem Anrufen der Wesen des tiefen Gewahrseins fort, indem unter den Füßen Wind- und Feuerscheiben visualisiert werden. Das Ritual benutzt diese in einer Abfolge von Ereignissen, die dazu dienen, den Prozess des Entzündens von Tummo zu simulieren, der inneren Flamme am Nabel-Chakra, die, wenn sie entzündet ist, die Energiewinde dazu bringt, in den Zentralkanal zu fließen. Wenn dann unser Lehrer Kalachakra seine Glocke erklingen lässt, fällt ein Regen von Wesen des tiefen Gewahrseins in Gestalt von Kalachakras und Vajravegas herab und schmilzt in unseren Körper. Um die Auflösung der Winde des tiefen Gewahrseins in unsere sechs Chakras hinein zu bestätigen, stellen wir uns vor, dass jedes Chakra mit einer Keimsilbe in der passenden Farbe markiert ist.

Die Abfolge der Visualisationen dieses Schritts ist schwierig auszuführen, wenn man nicht über erhebliche Meditationserfahrung verfügt. Wenn wir nicht mitkommen, dann richten wir uns hauptsächlich auf das Gefühl von einem Regen aus Gestalten und Energie aus, der auf uns herabfällt und sich in unserem tiefsten Inneren auflöst. Wir fühlen, wie sich zusammen mit diesem Regen alle unsere Energien sammeln und ebenfalls absorbiert werden. Als Ergebnis wird unsere Gestalt als Buddha-Form gefestigt und fähiger, die folgende Ermächtigung aufzunehmen. Wir verwerfen alle womöglich vorhandenen Gedanken, die uns suggerieren, dass unsere Gestalt lediglich ein zweckmäßiger Anschein sein könnte. Stattdessen fühlen wir uns stark, lebendig und in gewissem Sinne authentischer, so wie ein Erdboden, der nach einem Frühlingsregen feucht und fruchtbar geworden ist. Als Beobachter schätzen wir diesen Prozess und fühlen uns in seiner Dynamik wohl, nehmen aber nicht an ihm teil, so wie jemand, der an einem verhängten Eingang sitzt und die Frische riecht, die auf einen Regen folgt.

Abschließende Prozeduren vor dem Erhalt der Hauptermächtigungen

Nachdem wir für einen Moment unsere Augenbinde hochgezogen haben, um festzustellen, welche Farbe wir als Erstes sehen – was auf bestimmte zukünftige Verwirklichungen hinweist –, umrunden wir im selben Korridor wie zuvor erneut das Mandala dreimal im Uhrzeigersinn. Unser Lehrer Kalachakra nimmt dann die Gestalt seines Assistenten an und kommt vom vierten Stock zu dem Standort herunter, an dem wir als Teilnehmer in Gestalt von Vajravega stehen, also in die schwarze, ebenerdige Eingangshalle. Um dies zu symbolisieren, erhebt sich der die Ermächtigung übertragende Meister von seinem Thron und stellt sich vor das Sandmandala. Dort rezitiert er Verse, bekannt als Worte der Wahrheit, sodass die Schüler einen klaren Hinweis erhalten auf die Eigenschaft der Buddha-Familie, zu der sie die stärkste Affinität besitzen. Als Beobachter schauen wir dem zu und stehen in Gestalt eines einfachen Kalachakra im hinteren Teil derselben Halle.

Die Hauptschüler und ein Repräsentant für den Rest der Anwesenden kommen dann nach vorne und halten mit beiden Händen die Blume, die ihnen zu Beginn des Tages übergeben wurde, über die Zeichnung eines vereinfachten Mandala, die auf einem Tablett liegt. Sie lassen die Blume fallen, während sie ein Mantra rezitieren, und kehren dann zu ihren Plätzen zurück. Der Abschnitt des Mandala, in den sie fällt, weist auf diejenige Eigenschaft der Buddha-Familie hin, die ihnen am nächsten steht. In Zukunft betonen wir bei den neunzehn Praktiken der engen Bindung, die wir durch tägliches Yoga in sechs Sitzungen aufrechterhalten, besonders diejenigen, die uns eng mit dieser Eigenschaft verbinden. Wenn die Blume zum Beispiel in das südliche Segment fällt, unternehmen wir besondere Anstrengungen bezüglich der vier Arten der Freigebigkeit, die eine enge Verbindung mit dem tiefen Gewahrsein der Gleichheit aller Wesen erzeugt. Wir machen auf diesem Weg am einfachsten Fortschritte hin zur Erleuchtung. Als Schüler erhalten wir auch einen vertraulichen Namen, der eine Abwandlung des Namens der männlichen Hauptgestalt dieser Buddha-Familie ist. In unserem Beispiel würden wir von Ratnasambhava den Namen Ratnavajra erhalten.

Dieser vertrauliche Name wird nur benutzt, wenn wir ihn beim Nehmen oder Verstärken unserer Gelübde während unserer nächsten Kalachakra-Ermächtigung wiederholen müssen sowie in unserer Sadhana-Praxis bis zu jenem Zeitpunkt. In einem anderen Zusammenhang wird er nicht verwendet. Da die meisten tantrischen Praktizierenden viele Male Ermächtigung erhalten, entdecken sie bei jeder dieser Gelegenheiten neue Verbundenheiten und bekommen neue Namen. Somit werden die bei einer spezifischen Ermächtigung erhaltenen nicht als andauernde betrachtet, sondern nur als auf unsere gegenwärtigen Bedürfnisse hinweisend. Bei jeder neuen Kalachakra-Initiation wechseln wir unseren Namen und betonen andere Praktiken der engen Bindung, wenn die Blume in ein anderes Segment fällt als zuvor.

Unser Lehrer Kalachakra gibt uns dann unsere Blume zurück, und wir legen sie auf unseren Kopf. Aus dem Umstand der Empfindung, wie die Blume unseren Kopf berührt, erfahren wir ein glückseliges Gewahrsein der Leerheit. Im nächsten Kapitel werden wir sehen, wie man dieses Gewahrsein erzeugt und was wir als Beobachter an diesem und ähnlichen Punkten während der restlichen Ermächtigung am besten empfinden. Unser Lehrer Kalachakra kehrt nun in den vierten Stock des Mandala-Palastes zurück und setzt sich erneut auf seinen Thron. Wir legen die Augenbinde ab und stellen uns vor, dass wir alle Einzelheiten der Mandala-Welt deutlich sehen. Unser Lehrer Kalachakra macht uns mit allen Gestalten bekannt, beschreibt sie, und wir rezitieren bestimmte Worte, um uns eng mit ihnen allen zu verbinden. Der erste Tag der eigentlichen Ermächtigung endet für gewöhnlich hier.

11

DER ZWEITE TAG DER EIGENTLICHEN ERMÄCHTIGUNG

Die theoretische Grundlage für Ermächtigungen

Ganz allgemein gibt es drei Phasen für Ermächtigungen, die entlang des Pfades zur Erleuchtung auftreten. Die erste ist die ursächliche Ermächtigung, die Reifung hervorbringt. Sie wird mit solchen Prozeduren wie der Kalachakra-Initiation übertragen. Sie beseitigt auf den gröbsten Ebenen Hindernisse und setzt Samen, die in Gestalt einer erfolgreichen Praxis der Erzeugungsstufe und der vollständigen Stufe heranreifen. Auf diese Weise fungiert sie als eine Ursache des zukünftigen Erlangens der Erleuchtung. Die zweite Ermächtigungsphase ist die Pfadermächtigung, die Befreiung hervorbringt, und sie tritt mit fortschreitender Meisterschaft in den Praktiken der vollständigen Stufe auf. Da Meisterschaft bei jedem Schritt der vollständigen Stufe tatsächlich Hindernisse beseitigt und uns von ihnen befreit, ermächtigt sie zu den daraus folgenden Verwirklichungen, was uns der Erleuchtung immer näher bringt. Die dritte Ermächtigungsphase ist die resultierende Ermächtigung des Befreit-Seins. Sie besteht in der tatsächlichen Erlangung der Erleuchtung. Die Erleuchtung beseitigt alle Allwissenheit verhindernde Hindernisse völlig und ermächtigt uns dazu, anderen

199

in unbegrenzter Weise zu nutzen. Darüber hinaus gibt es die Ermächtigung durch unsere Grundlage. Das bezieht sich auf den Geist des klaren Lichts, der jede dieser drei Phasen ermächtigt. Innerhalb des tibetischen Buddhismus wird dies am ausführlichsten im Rahmen von Dzogchen dargelegt, der Großen Vollständigkeit.

Der Geist des klaren Lichts wurde nie von irgendwelchen Hindernissen oder Blockaden befleckt. Von Natur aus von diesen frei, wird er nur zeitweilig von karmischen Winden und verstörenden Emotionen und Einstellungen verdunkelt. In diesem Sinne ermächtigt bzw. ermöglicht die natürliche Reinheit des Geistes des klaren Lichts die Beseitigung all der flüchtigen Befleckungen. Wenn die Verdunkelungen die Natur des Geistes des klaren Lichts ausmachen würden, könnten sie nie bereinigt und die Erleuchtung könnte nie erlangt werden. Darüber hinaus liegen alle Eigenschaften eines Buddha vollständig im Geist des klaren Lichts vor, obwohl sie nicht wirksam sind, solange der Geist verdunkelt ist. Einfach ausgedrückt heißt dies, dass diese Eigenschaften vollständig in Form von Spuren oder Potenzialen vorhanden sind, die als Buddha-Natur bezeichnet werden, also als Faktoren, die die Erleuchtung ermöglichen. Daher ermächtigt bzw. ermöglicht der Geist des klaren Lichts alle Eigenschaften, die mit der Erleuchtung erlangt werden.

Während der Initiationen des zweiten Tages werden wir als Teilnehmer aufgefordert, zu fühlen, dass unser Geistesstrom, also das Kontinuum unseres Geistes des klaren Lichts, von bestimmten Hindernissen gereinigt und mit bestimmten Samen bepflanzt worden ist. Wir müssen verstehen, was das eigentlich meint, damit wir während der Zeremonie etwas Bedeutsames empfinden können. Der Schlüssel dazu liegt in dem Verständnis der wechselseitig abhängigen Beziehung zwischen ursächlicher und fundamentaler Ermächtigung. Lassen Sie uns dies zunächst auf der Ebene betrachten, die allen Anuttarayoga-Systemen einschließlich des Kalachakra gemeinsam ist.

Die Beziehung von Buddha-Natur und Ermächtigung zur Reinigung von Hindernissen

Jeder Faktor unserer Buddha-Natur, zum Beispiel das tiefe Gewahrsein von jedermanns Gleichheit, erzeugt, wenn er mit Verwirrung verbunden ist, einen Baustein unserer gewöhnlichen Erfahrung – in diesem Fall das Aggregatpaket unserer Empfindungen von Glück oder Traurigkeit. Verwirrt bezüglich der tatsächlich gleichartigen Natur von uns selbst und allen anderen und folglich mit mangelndem Gleichmut ausgestattet, ist unser Handeln von Stolz oder Geiz geprägt. Weil wir uns selbst als höher stehend betrachten, sind wir nicht bereit zu teilen. Diese Selbstbezogenheit umwölkt und verdunkelt das zugrunde liegende Gewahrsein der Gleichheit, mit dem wir uns und andere gleichzeitig beachten können. Aufgrund des Mangels an Ausgeglichenheit erleben wir sich laufend verändernde Stimmungen – das Aggregat der Empfindungen.

Dieses Aggregat mittels einer ursächlichen Ermächtigung zu reinigen bedeutet nicht, das es für immer von Verwirrung oder von dem Stolz und Geiz gesäubert wäre, der durch die Verwirrung erzeugt wird. Stattdessen bringt uns die ursächliche Ermächtigung zu dem Aspekt der Buddha-Natur, der die Grundlage dieses Aggregats ist, unserem tiefen Gewahrsein der Gleichheit. Dieses wird von einer Buddha-Form aus dem Mandala repräsentiert, in diesem Fall von Ratnasambhava. Indem wir uns erneut klarmachen, dass unser Aggregat der Empfindungen die Natur von Ratnasambhava hat, bestätigen wir, dass seine Natur das tiefe Gewahrsein der Gleichheit ist. Die Kombination von ursächlicher und fundamentaler Ermächtigung lässt die Überzeugung entstehen, dass wir durch die Praxis der Erzeugungsstufe und der vollständigen Stufe und schließlich durch Pfad-Ermächtigung und resultierende Ermächtigung die Hindernisse in diesem tiefen Gewahrsein für immer beseitigen, die die Ursache dafür waren, dass es als ein Aggregat der mit Verwirrung verbundenen Empfindungen verbleiben musste.

Ursächliche und fundamentale Samen

Mit einer ursächlichen Ermächtigung einen Samen zu setzen, damit dieses tiefe Gewahrsein vollständig funktionieren kann, legt nichts Fremdes in unserem Geistesstrom des klaren Lichts ab. Das tiefe Gewahrsein der Gleichheit ist Teil von unser aller Buddha-Natur. Es handelt sich um einen fundamentalen Samen, der bereits vorhanden ist. Wir wissen von seiner Anwesenheit, weil er schon in begrenztem Maße funktioniert: Jeder kann verschiedene Dinge als gleichermaßen zur selben Kategorie gehörig erfassen, zum Beispiel, dass verschiedene Hemden in einem Laden alle unsere Größe haben. Der Samen, der durch die ursächliche Ermächtigung eingepflanzt wird, verstärkt diesen fundamentalen Samen, sodass sie gemeinsam tiefes Gewahrsein des Pfades und des Ergebnisses auftreten lassen.

Ursächliche und fundamentale Samen wirken durch einen von zwei Mechanismen zusammen. Das liegt daran, dass es zwei Arten des fundamentalen Samens beziehungsweise der Buddha-Natur gibt: verweilend und sich entwickelnd. Beide waren von jeher integrale Bestandteile des Geistesstroms, im Fall des Ersteren im selben verweilenden Aspekt und im Fall des Letzteren als vorausgehende Formen, die sich entwickeln. Beide sind Faktoren, die die Verwirklichung der verschiedenen Netzwerke eines Buddha ermöglichen.

Verweilende Faktoren setzen sich in gereinigter Form als Buddha-Netzwerke in die Buddhaschaft hinein fort. Sich entwickelnde Faktoren wandeln sich in Buddha-Netzwerke um, sind aber in der Erleuchtung nicht länger vorhanden. Wie bei einem wirklichen Samen gibt es sie nicht mehr, wenn die voll herangewachsene Pflanze gereift ist.

Obwohl über dieses Thema viel diskutiert wird, betrachten viele Meister die fünf Arten des tiefen Gewahrseins als verweilende Buddha-Naturen. Das liegt daran, dass sie sich in der Buddhaschaft in gereinigter Form als die fünf Arten tiefen Gewahrseins eines Buddha fortsetzen. Die Einpflanzung eines ursächlichen Samens beginnt den Prozess der Beseitigung der Befleckungen dieser fünf und erlaubt es ihnen, reiner zu funktionieren. In diesem Sinne wirkt das Einpflanzen eines ursächlichen Samens als Umstand, durch den ein fundamentaler Samen schließlich vollständig funktionieren kann.

Die sich entwickelnden Samen umfassen unsere reichhaltigen Bestände positiven Potenzials und tiefen Gewahrseins. Mit der Erleuchtung wandeln sie sich in dieser Reihenfolge in unsere Netzwerke erleuchteter Formen (*rupakaya*) und die alles umfassenden Netzwerke (*dharmakaya*) um, sind aber nicht länger anwesend. Das Einpflanzen von ursächlichen Samen während einer Ermächtigung hilft uns, die fundamentalen Samen der beiden Bestände aufzubauen und bestimmte Hindernisse zu beseitigen, die das Stattfinden zukünftiger Entwicklung verhindern.

Der Prozess der Ermächtigung wird noch durch eine zusätzliche Seite der Buddha-Natur möglich gemacht. Dabei handelt es sich um denjenigen Aspekt des Geistes des klaren Lichts, der es erlaubt, dass dessen verweilende und sich entwickelnde Faktoren vom erleuchtenden Wirken der Buddhas berührt werden können. Wegen dieses Aspektes beeinflusst das Einpflanzen von ursächlichen Samen während einer Ermächtigung die Transformation von fundamentalen Samen in Buddha-Netzwerke. Im Falle der verweilenden Faktoren berührt es sie in dem Sinne, dass es das Eintreten des Bereinigungsprozesses stimuliert. Im Falle der sich entwickelnden Faktoren stimuliert es die fundamentalen Samen zu Wachstum.

Anwendung auf die Kalachakra-Ermächtigung

Die im Kalachakra geschilderten vier subtilen Tropfen sind keine Aspekte der Buddha-Natur und auch keine fundamentalen Samen. Vielmehr stellen sie Tore zu Aspekten des Geistes des klaren Lichts dar, die in der Buddha-Natur enthalten sind und als fundamentale Samen wirken. Die Tropfen des Körpers, der Rede, des Geistes und des tiefen Gewahrseins sind in dieser Reihenfolge Tore zu der Fähigkeit des Geistes des klaren Lichts, grobe Erscheinungen, subtile Erscheinungen und Klang, unbegreifliche Zustände und glückseliges Gewahrsein auftreten zu lassen. Wenn karmische Winde sich an diesen vier Tropfen ansammeln und diese verdunkeln, lässt der gleichermaßen durch

Verwirrung bezüglich der Wirklichkeit verdunkelte Geist die vier häufigsten täuschenden Erscheinungen auftreten, nämlich die Erfahrung der groben Erscheinungen des Wachseins, die der subtilen Erscheinungen und Klänge des Träumens, die des unbegrifflichen Zustandes des tiefen, traumlosen Schlafes sowie die der Seligkeit des orgastischen Abflusses. Wenn alle Ebenen flüchtiger Verdunkelungen von den vier subtilen Tropfen beseitigt sind, lassen die fundamentalen Samen des Geistes des klaren Lichts, die das Auftretenlassen und so weiter ermöglichen, stattdessen die vier Netzwerke eines Buddha entstehen.

Die vier Buddha-Netzwerke laufen parallel zu den vier täuschenden Zuständen und ersetzen sie. Die Erscheinungen des Nirmanakaya, eines Netzwerks von Emanationen, verdrängen die groben Erscheinungen des Wachseins. Die subtilen Erscheinungen und die Rede des Sambhogakaya, eines Netzwerks vollständig einsatzbereiter Formen, ersetzen die subtilen Erscheinungen und Klänge der Träume. Der allwissende, unbegriffliche Geist des Jnana-Dharmakaya, eines Netzwerks von allumfassendem tiefem Gewahrsein, ersetzt den blanken, unbegrifflichen Geist des traumlosen Tiefschlafs. Und das allwissende glückselige Gewahrsein des Svabhavakaya, des grundlegenden Netzwerks, verdrängt die verwirrende Seligkeit des orgastischen Abflusses. Einzigartig am Kalachakra ist die Darlegung, dass dieses grundlegende Netzwerk das glückselige Gewahrsein des allwissenden Geistes eines Buddha ist.

Das Einpflanzen von ursächlichen Samen mittels der Kalachakra-Initiation fängt an, Verdunkelungen der vier subtilen Tropfen zu beseitigen, und dient den fundamentalen Samen, die diesen vieren zugrunde liegen, dazu, die unmittelbaren Ursachen für die Buddha-Netzwerke während der Praxis der vollendeten Stufe auftreten zu lassen. Wenn wir die Erleuchtung erlangen, besitzen wir nicht länger diese vier Tropfen. Sie lösen sich zusammen mit dem Rest unserer körperlichen Form in einen Regenbogen auf, und die fundamentalen Samen, die durch sie wirkten, wandeln sich in die vier Buddha-Netzwerke um. Daher ist dies der Mechanismus zur Bereinigung der vier subtilen Tropfen, um die vier Buddha-Netzwerke zu erlangen.

Erfahren von glückseligem Gewahrsein der Leerheit während einer Ermächtigung

Die ursächliche Ermächtigung pflanzt zwei Samen. Der eine ist eine bewusste Erfahrung, der andere ist ein Samen, eine Spur oder ein Potenzial, das die Erfahrung in unserem Geistesstrom zurücklässt und das durch die Kultivierung mittels der Meditationspraxis zur Reife kommt. Im Anuttarayoga-Tantra einschließlich des Kalachakra besteht die bewusste Erfahrung immer in einem glückseligen Gewahrsein der Leerheit. Es ist ein solches Gewahrsein, das die eigentliche Reinigung des Geistesstroms von Verwirrung und Hindernissen bewirkt, was die Erlangung aller guten Eigenschaften ermöglicht.

Der siebte Dalai Lama hat dargelegt, dass es für die meisten Leute schwierig ist, während der Initiation ein glückseliges Gewahrsein der Leerheit zu erzeugen, insbesondere, wenn sie wenig Meditationserfahrung besitzen. Dennoch ist es essenziell, etwas Konstruktives zu empfinden, damit die Ermächtigung eintreten kann. Daher empfahl er, in irgendeiner Weise ein Gefühl von Glück zu erzeugen und dann diesen glücklichen Geisteszustand auf diejenige Verständnisebene der Leerheit auszurichten, auf der man sich befindet. Auch wenn wir nur ein sehr schwaches glückseliges Gewahrsein der Leerheit erzeugen können, so ist dies doch eine bewusste Erfahrung, die als Bezugspunkt für unsere nachfolgende Praxis dienen kann. Ohne irgendeine aktive, bewusste Erfahrung bleibt uns keinerlei Spur von etwas, mit dem wir in der Meditation arbeiten können. Wenn wir aber eine solche Erfahrung während der Ermächtigung machen und sie sehr einfach wieder ins Gedächtnis rufen können, dann besitzen wir einen wirksamen Samen, den wir kultivieren können. Uns an die Menschenmenge, den Glanz des Rituals oder unsere Verwirrung während unserer Verlorenheit in den Visualisationen zu erinnern wird uns kaum dabei helfen, Fortschritte auf dem Pfad zur Erleuchtung zu machen.

Wenn wir zum Beispiel nach dem Werfen der Blume in das Mandala keinerlei besondere Freude dabei verspüren, wenn wir mit einer Blumengirlande bekrönt werden, dann können wir uns an einen beliebigen freudvollen Moment erinnern, etwa an die Geburt eines Kindes oder an die Rückkehr eines geliebten Menschen. Für ein zugängliches Verständnis der Leerheit von inhärenter Existenz, auf das wir uns in diesem Geisteszustand ausrichten können, lassen Sie mich das Beispiel wiederholen, das ich während einer Folge von Vorträgen benutzt habe, gegeben während der Kalachakra-Initiation, die Seine Heiligkeit der gegenwärtige Dalai Lama in Rikon in der Schweiz im Juli 1985 vollzogen hat.

Ein Verständnis der Leerheit erzeugen

Es war äußerst heiß, und jemand hatte mir freundlicherweise eine gekühlte Dose Mineralwasser auf den Tisch vor meinem Platz gestellt. Wenn wir etwas wie zum Beispiel diese Dose Mineralwasser als mit inhärenter, auffindbarer Identität existierend erfassen, dann glauben wir, dass es als das, was es ist, aufgrund einiger auffindbarer Eigenschaften von seiner eigenen Seite her existiert. Wir stellen uns vor, bewusst oder unbewusst, dass da etwas auf der Seite des Mineralwassers vorliegt, auf das man deuten kann und das ihm seine feste, dauerhafte Identität gibt. Wir könnten denken: «Diese Mineralwasserdose steht vor meinem Sitzplatz. Es ist meine und nicht deine. Fasse sie ja nicht an!» Oder: «Diese Dose ist eiskalt. Ich hasse es, Kaltes zu trinken. Und schau mal: Sie hat einen Ringverschluss, an dem ich mir regelmäßig den Finger verletze. Was für eine abscheuliche Mineralwasserdose!» Auf diese Weise stellen wir uns vor, wie diese Mineralwasserdose dasteht, herausfordernd, auf dem Tisch, und sie existiert mit einer festen, inhärenten Identität als etwas äußerst Störendes von ihrer eigenen Seite her, unabhängig von der freundlichen Absicht der Person, die sie gebracht hat. Indem wir projizieren, erfassen und dann glauben, dass sie wahrhaft in der Weise existiert, in der unser Geist sie erscheinen lässt, regen wir uns extrem auf und versetzen uns selbst in einen elenden Zustand.

Aber wie existiert diese Dose Mineralwasser wirklich? Auf der tiefsten Ebene existiert sie leer davon, inhärent widerlich und enttäuschend zu sein. Die paranoide Sicht, nämlich, dass die Dose gehässig dasitzt und versucht, uns auf die Nerven zu gehen, ist reine Phantasterei. Sie geht aus von einer phantasierten, unmöglichen Existenzweise und hat keinerlei Bezug zu irgendetwas Realem. Eine Dose Mineralwasser kann nicht die Absicht haben, unseren Magen zu belasten, nur weil sie kalt ist. So etwas wie eine inhärent lästige Dose Mineralwasser gibt es nicht. Wenn eine Dose Mineralwasser von ihrer eigenen Seite aus enttäuschend oder belästigend wäre, dann müsste sie für jedermann enttäuschend sein. Ich bin mir sicher, dass mir an diesem heißen Nachmittag viele Leute zugehört haben, die liebend gerne dieses Mineralwasser gehabt hätten und es keineswegs als eine Enttäuschung oder Belästigung betrachtet hätten. Dementsprechend ist die Leerheit eine völlige Abwesenheit von seltsamen, unmöglichen Existenzweisen, die wir phantasieren und auf Personen, Objekte und Situationen projizieren.

Während der Initiation ist es allerdings nützlicher, wenn man ein Verständnis der Leerheit von etwas erzeugt, das für das Geschehen relevanter ist als eine Dose Mineralwasser. Die Wirklichkeit der Ermächtigungssituation besteht zum Beispiel nicht darin, dass da irgendein exotisches Ereignis auf der Bühne abläuft und dass wir davon völlig getrennt und entfremdet im Publikum sitzen, unfähig, dem Geschehen zu folgen. Es ist nicht so wie in einem Kindermalbuch, in dem dicke, breite Linien um den spirituellen Meister oben auf seinem Thron und um uns unten im Publikum gezeichnet sind, die uns zu völlig beziehungslosen Wesen machen, die aus sich selbst heraus existieren. Eine solche Situation ist vollkommene Phantasterei und schlichtweg nicht vorhanden.

In Wirklichkeit ist die Situation während der Ermächtigung äußerst offen, und mit Sicherheit sind die Gesetze von Ursache und Wirkung in Kraft. Der Meister sagt und tut verschiedene Dinge, und wir machen als Antwort darauf eine Erfahrung. Durch diesen Austausch setzen wir Samen, die die Grundlage für zukünftigen Erfolg in der Praxis bilden. Selbst wenn wir lediglich an die Abwesenheit von dicken, breiten Linien um uns selbst und unseren Meister herum denken und uns darauf mit einem glücklichen Geisteszustand ausrichten, zum Beispiel mit der Freude der Erleichterung, dass dem so ist, erhalten wir Ermächtigung für das Wachstum unseres Verstehens und unserer Einsicht. Ermächtigung ist nicht das Produkt von Magie, sondern entsteht abhängig von den Handlungen unseres Lehrers, unseren darauf antwortenden Gefühlen, dem Einpflanzen von ursächlichen Samen als Ergebnis dieser beiden, den fundamentalen Samen und dem Aspekt des Geistes des klaren Lichts, der es ermöglicht, dass diese Samen von erleuchtendem Einfluss berührt werden können. Es ist daher nicht nötig, in der Initiation die verfeinertste Erfahrung von Leerheit und Glückseligkeit zu haben. Dennoch ist ein gewisses Erlebnis erforderlich, auf dem man aufbauen kann.

Theoretische Grundlage für die sieben Ermächtigungen des Eintretens wie ein Kind

Der zweite Tag der eigentlichen Ermächtigung beginnt damit, dass die Teilnehmer in der Form von Vajravega und die Beobachter als einfache Kalachakras in der schwarzen östlichen Eingangshalle im Erdgeschoss des Palastes stehen, so wie am Ende des vorherigen Tages. Als Beobachter bleiben wir für den Rest der Initiation in dieser Halle und sind Zeugen der nachfolgenden Ereignisse. Als Teilnehmer beginnen wir die Prozedur, indem wir die sieben Ermächtigungen des Eintretens wie ein Kind erbitten, und unser Lehrer Kalachakra wirft Gaben in ein Feuer, um alles Unglück Verheißende und dem Entgegenstehende zu beseitigen. Diese sieben Ermächtigungen sind analog zu verschiedenen Stufen der Kindheit und reinigen mehrere Aspekte von Körper und Geist. Die Analogie ist stimmig, da wir ja zu Anfang der Vorbereitungszeremonie als spirituelles Kind unseres Lehrers Kalachakra geboren wurden. Die Wasser-Ermächtigung ist analog dazu, dass unsere Eltern uns das erste Bad bereiten. Die Kronen-Ermächtigung ist analog dazu, dass sie unser Haar auf unsere Kopfspitze zu einem Knoten hochbinden. Die Ohrenquaste – ein Streifen, der von unseren Ohren herabhängt – ist analog dazu, dass sie unsere Ohrläppchen durchstechen. Vajra und Glocke sind analog dazu, dass sie uns zum Lächeln bringen und uns die ersten Worte beibringen. Das gezügelte Verhalten ist analog dazu, dass sie uns die ersten angenehmen Sinnesobjekte zu genießen geben. Der Name ist analog dazu, dass sie uns einen formellen Namen geben, ein indischer Brauch, dem eine Zeremonie ungefähr ein Jahr nach der Geburt dient. Und die Ermächtigung der nachfolgenden Erlaubnis ist analog dazu, dass uns unsere Eltern das Lesen beibringen.

Die sieben Ermächtigungen werden in vier aufeinander folgenden Gruppen übertragen, um die Befleckungen der vier subtilen Tropfen zu entfernen und um Samen zu setzen für das Erlangen des Vajra-Körpers, der Vajra-Rede, des Vajra-Geistes und des Vajra-Tiefen-Gewahrseins. Diese sind gleichbedeutend mit den vier Buddha-Netzwerken, obwohl die vier höheren und höchsten Ermächtigungen die eigentlichen Samen setzen, die zu diesen Netzwerken heranreifen. Die ersten drei Gruppen bestehen jeweils aus zwei Ermächtigungen, während die letzte nur eine einzige beinhaltet. Jede der Gruppen wird von dem Gesicht unseres Lehrers Kalachakra übertragen, das farblich mit dem entsprechenden Tropfen übereinstimmt. Das bedeutet, dass wir für jede Gruppe zu der Seite des Mandala gehen, dessen Farbe mit jener des Gesichts korrespondiert, und dass wir wie in der Vorbereitungszeremonie eine innere Ermächtigung erhalten, indem wir durch den Mund dieses Gesichts hindurchgehen. Wir sitzen dann in der Eingangshalle jener Seite des Palastes in Form des jeweiligen Paares, wobei die männlichen Figuren die gleiche Farbe haben wie die Seite des Palastes, auf der wir sitzen, und der Reihe nach Vajra-Körper, Vajra-Rede, Vajra-Geist und Vajra-Tiefes-Gewahrsein heißen. Dementsprechend erhalten wir die ersten beiden Ermächtigungen vom weißen Körper-Gesicht im Norden, die nächsten beiden vom roten Rede-Gesicht im Süden, die darauf folgenden beiden vom schwarzen Geist-Gesicht im Osten und die letzte vom gelben Tiefes-Gewahrsein-Gesicht im Westen. Wir kommen von einer Seite des Mandala zur nächsten, indem wir im Uhrzeigersinn den gleichen Korridor entlanggehen, durch den wir auch schon am Vortag geschritten sind, als wir den männlichen Buddhas Niederwerfungen dargebracht haben. Als Paar umarmen wir immer einen Partner, der die Farbe der Seite hat, die der Palastseite, an der wir uns aktuell aufhalten, gegenüberliegt, also geht Schwarz mit Gelb zusammen und Weiß mit Rot. Diese Verbindungen harmonisieren symbolisch Elemente, die sich normalerweise gegenseitig zerstören: Wind bläst die Erde weg, und Erdmauern blocken den Wind ab, Wasser löscht Feuer, und Feuer lässt Wasser verkochen.

Jede der sieben Ermächtigungen reinigt auch einen Aspekt unseres gewöhnlichen Körpers oder unseres gewöhnlichen Geistes, der mit der Verdunkelung der vier Tropfen verbunden ist. Die ersten beiden Ermächtigungen bereinigen der Reihe nach die fünf Elemente und die fünf Aggregate. Wenn sich die karmischen Winde am Körper-Tropfen sammeln und wir mit den Atomen unserer körperlichen Elemente sowie den Aggregatfaktoren unserer Erfahrung beschäftigt sind, dann lässt der Geist des klaren Lichts die Erscheinungen des Wachseins auftreten. Dies hält ihn davon ab, einen Vajra-Körper erscheinen zu lassen, der leer von Atomen ist. Die nächsten beiden Ermächtigungen reinigen der Reihe nach die zehn Energiewinde und den rechten und linken Energiekanal. Wenn sich die karmischen Winde am Rede-Tropfen sammeln und die zehn Energiewinde durch unseren rechten und linken Energiekanal strömen, erleben wir die Erscheinungen der Träume. Dies hält diese Winde davon ab, in den Zentralkanal einzutreten, sich am Zentrum der sechs Chakras aufzulösen und die Vibration unseres subtilsten Klanges zu verstärken, sodass er zu Vajra-Rede wird.

Die darauf folgenden beiden Ermächtigungen reinigen der Reihe nach die sechs kognitiven Sensoren und ihre Objekte sowie die sechs Funktionsteile des Körpers und ihre Aktivitäten. Wenn sich die karmischen Winde am Geist-Tropfen sammeln und sich so zeitweilig von den kognitiven und funktionalen Aktivitäten zurückziehen, erleben wir die Erscheinungen des traumlosen Tiefschlafs. Dies hält sie davon ab, sich noch weiter zurückzuziehen und sich am Zentrum der sechs Chakras im zentralen Energiekanal aufzulösen, damit unser Geist des klaren Lichts den Vajra-Geist auftreten lässt. Die letzte der sieben Ermächtigungen des Eintretens wie ein Kind reinigt das Aggregat des tiefen Gewahrseins und das Element des Bewusstseins. Wenn sich die karmischen Winde am Tropfen des tiefen Gewahrseins sammeln, lassen dieses Aggregat und dieses Element die Seligkeit des orgastischen Abflusses auftreten, während unser Geist des klaren Lichts die Erscheinung dieser Erfahrung des Höhepunkts auftreten lässt. Dies verhindert unsere Verwirklichung des Vajra-Tiefen-Gewahrseins, des glückseligen Gewahrseins, das leer von irgendeinem derartigen Abfluss oder Ende ist.

Darüber hinaus pflanzt jede dieser sieben Ermächtigungen ursächliche Samen für die Transformation des jeweiligen gereinigten Faktors, zum Beispiel der fünf körperlichen Elemente und Aggregate, in Buddha-Formen des Mandala. Es ist notwendig, dass wir wirklich verstehen, was das im Kontext des Kalachakra bedeutet. Wenn unsere vier subtilen Tropfen mit den karmischen Winden befleckt sind und unser Geist des klaren Lichts zeitweilig mit Verwirrung verbunden ist, dann lässt diese subtilste Ebene unseres Geistes innere Zyklen von gewöhnlichen Elementen, Aggregaten und so weiter auftreten, die unser Leiden in Samsara weiter laufen lassen. Wenn wir unsere Tropfen von diesen Befleckungen reinigen und die Verwirrung durch ein glückseliges Gewahrsein der Leerheit ersetzen, lässt unser Geist des klaren Lichts stattdessen alternative Zyklen von Buddha-Formen auftreten, um anderen zu nutzen. Dies geschieht, weil der Geist des klaren Lichts kontinuierlich Erscheinungen auftreten lässt. Dieses Merkmal ist einer der Aspekte der Buddha-Natur.

Diese Transformation beginnt mit dem Erhalt der Kalachakra-Initiation. Während der ursächlichen Ermächtigung, bei der Gelegenheit des Empfindens der körperlichen Wahrnehmung, von einem Ritualgegenstand berührt zu werden, also zum Beispiel von Wasser aus einer Vase oder von einer Krone, erlangen wir eine bewusste Erfahrung des glückseligen Gewahrseins der Leerheit auf der Ebene, auf der sie uns möglich ist. Diese Erfahrung setzt ursächliche Samen dafür, dass wir später durch Pfad-Ermächtigung und resultierende Ermächtigung unseren Geist des klaren Lichts manifestieren und ihn als unwandelbares, glückseliges tiefes Gewahrsein der Leerheit erzeugen können. Dieses zukünftige Erlangen aktiviert die Funktion des Geistes des klaren Lichts, Erscheinungen hervorzubringen, als eines fundamentalen Samens, sodass er die eigentlichen Buddha-Formen auftreten lässt statt gewöhnlicher körperlicher Elemente, Aggregate und so weiter. Auf diese Weise setzt jede der sieben Ermächtigungen Samen, damit wir fähig sind, eine gewaltige Menge positiven Potenzials für diese zukünftige Erlangung aufzubauen. Im Initiationsritual erklärt unser Lehrer Kalachakra, dass wir mit jeder fortschreitenden Ermächtigung so viel Potenzial aufbauen, wie es die Bodhisattvas tun, während sie fortschreitend die Bhumis, das heißt die Ebenen des Geistes, entwickeln, nachdem sie die Leerheit mit dem Geist des klaren Lichts erkannt haben.

Die gemeinsame Struktur der sieben Ermächtigungen

Die Prozedur jeder dieser Ermächtigungen ist kompliziert. Die Visualisationen sind äußerst komplex, und es ist schwierig, sie auszuführen, wenn man nicht viel Übung darin besitzt. Dennoch zeichnen sich diese sieben Ermächtigungen durch eine gemeinsame Struktur aus. Einen Überblick hierüber zu haben erleichtert es, der Initiation zu folgen. Jede Ermächtigung verwendet einen Ritualgegenstand, bestimmte Merkmale unseres Körpers oder Geistes sowie eine Gruppe von Gestalten des Mandala. Lassen Sie uns als Beispiel die erste der sieben nehmen, die Wasser-Ermächtigung. Sie verwendet das Wasser in einer Vase, unsere fünf körperlichen Elemente und die fünf weiblichen Buddhas.

Zunächst ziehen wir unseren Geist davon ab, das Wasser und unsere körperlichen Elemente in einer gewöhnlichen Weise erscheinen zu lassen. Dies wird erreicht, indem man sich auf ihre Leerheit ausrichtet, die völlige Abwesenheit von unmöglichen, phantasierten Existenzweisen. Wir erzeugen dann eine Erscheinung von ihnen in einer reinen Form, als die fünf weiblichen Buddhas, die jeweils einen männlichen Partner umarmen. Dabei kommt es nicht so sehr darauf an, fähig zu sein, alle Einzelheiten zu visualisieren. Wichtiger ist, jede Art von verwirrten, verstörenden Gefühlen zu beseitigen, die wir in Bezug darauf haben mögen, wie das Wasser und unsere Elemente existieren, zum Beispiel, dass das Wasser an sich wegen des Chlors faulig schmeckt oder dass unser Körper als solcher zu schwer ist, wie viel wir auch immer abnehmen. Stattdessen erzeugen wir das Gefühl, dass das Wasser und unsere körperlichen Elemente reine Behältnisse sind, repräsentiert von den weiblichen Buddhas, die die Fähigkeit beinhalten, glückseliges Gewahrsein der Leerheit zu übertragen, wenn sie miteinander in Kontakt kommen. Um dieses Gefühl zu verstärken, löst unser Lehrer Kalachakra Wesen des tiefen Gewahrseins in das Wasser und unsere Elemente in Form weiblicher Buddhas auf, wie er es mit uns selbst als Vajravega während des ersten Tages der eigentlichen Ermächtigung gemacht hat.

An diesem Punkt gibt es drei Gruppen von weiblichen Buddhas: Die fünf eigentlichen Buddhas im Mandala, die fünf, die vorher das Wasser in der Vase waren, und die fünf, die die Elemente unseres Körpers waren. Zuerst kommen die Eigentlichen des Mandala von ihren Sitzplätzen und geben den weiblichen Buddhas des Vasenwassers Ermächtigung. Letztere verwandeln sich dann zurück in Wasser, voll ermächtigt, durch das Empfinden seiner Berührung glückseliges Gewahrsein der Leerheit zu übertragen. Die fünf weiblichen Buddhas kommen erneut aus dem Mandala und berühren mit der Vase unsere Kopfkrone. Wir erleben glückseliges Gewahrsein der Leerheit, während Nektar aus der Vase fließt und auf die fünf weiblichen Buddhas unseres Körpers die Ermächtigung überträgt. Unser Lehrer Kalachakra trägt dann Wasser aus einer Muschelschale auf fünf Punkte unseres Körpers auf und gibt uns einen Schluck zu trinken. Das wirkt als ein Umstand dafür, dass unser glückseliges Gewahrsein der Leerheit sogar noch weiter verstärkt wird. Abschließend emanieren die fünf weiblichen Buddhas des Mandala eine Replik ihrer selbst, die mit den weiblichen Buddhas unseres Körpers verschmilzt und dadurch unsere Erfahrung stabilisiert.

Diese grundlegende Struktur wiederholt sich bei allen sieben Ermächtigungen des Eintretens wie ein Kind. Bei Butön findet sich dieselbe Prozedur wie beim siebten Dalai Lama; allerdings erwähnt jener keine Partner in Verbindung mit den weiblichen

Buddhas des Wassers oder unserem Körper. Kongtrül folgt Butön in diesem Punkt; bei ihm fehlt aber die Umwandlung der Körperelemente in die weiblichen Buddhas zu Beginn der Prozedur vollständig. In dieser Version lösen sich in die weiblichen Buddhas des Wassers lediglich Wesen des tiefen Gewahrseins auf, und es ist keine Rede davon, dass sie Ermächtigung erhalten und sich in das Vasenwasser zurückverwandeln. Ohne dass die weiblichen Buddhas aus dem Mandala erwähnt würden, berühren gesondert eingeladene ermächtigende Gestalten unseren Kopf mit der Vase und betupfen unsere fünf Körperstellen. Lediglich in Zusammenhang mit der Erfahrung des glückseligen Gewahrseins der Leerheit wird von der Transformation unserer Elemente in die fünf weiblichen Buddhas gesprochen, und von Partnern lesen wir nichts. Gesondert eingeladene Buddhas und Bodhisattvas lösen sich in der Form der fünf partnerlosen weiblichen Buddhas in die weiblichen Buddhas unseres Körpers auf, und zwar ohne von den weiblichen Buddhas des Mandala emanierte Repliken. Wenn wir eine Kalachakra-Initiation entsprechend dem Text von Butön oder Kongtrül erhalten, können wir entweder nur so viel visualisieren, wie der Autor explizit beschreibt, oder wir müssen die nicht erwähnten Details einfügen.

Wenn es einem zu schwierig ist, sich alle diese Visualisationen vorzustellen, dann ist es am besten, einfach einen glücklichen Geisteszustand zu erzeugen und ihn auf dasjenige Verständnis der Leerheit auszurichten, das man jeweils besitzt. Wenn wir frustriert sind, weil wir nicht fähig sind, mit all den stattfindenden Schritten mitzuhalten, und wir den ganzen Ablauf als inhärent zu kompliziert auffassen und als nicht mitvollziehbar, entgeht uns diese Gelegenheit, ursächliche Samen für unsere zukünftige Praxis einzupflanzen. Es ist daher äußerst wichtig, sich auf die Essenz des Ermächtigungsprozesses auszurichten: das Erlangen einer bewussten Erfahrung glückseligen Gewahrseins der Leerheit und das Gefühl des Selbstvertrauens, dass wir nun einen Bezugspunkt für die weitere Kultivierung in zukünftiger Meditation besitzen. Wenn man als interessierter Beobachter anwesend ist, ist es hilfreich, sich seine fundamentalen Samen gegenwärtig zu halten und aus dem Erleben der Zeremonie die Inspiration zu ziehen, dass zukünftige spirituelle Entwicklung definitiv möglich ist. Wenn wir uns darauf ausrichten, wie da nichts Magisches oder Seltsames an Initiationen ist, und uns darüber freuen, haben wir diesem Fundament bereits ein paar Steine hinzugefügt.

Letzte Anhangsprozeduren

Es gibt einige zusätzliche Schritte, die sich an die letzte der sieben Ermächtigungen des Eintretens wie ein Kind anschließen – die Ermächtigung der nachfolgenden Erlaubnis. Diese Ermächtigung ist, obwohl sie denselben Namen trägt, nicht das Gleiche wie die Zeremonie der nachfolgenden Erlaubnis, die manchmal an einem zusätzlichen Tag nach der gesamten Ermächtigung angehängt wird. Hier stellt unser Lehrer Kalachakra nach den mit denen der vorherigen sechs Ermächtigungen gemeinsamen Prozeduren ein Dharmarad vor unseren Sitz, legt einen Text in unseren Schoß und gibt uns eine Muschelschale in die rechte und eine Glocke in die linke Hand. Wir sprechen einen Vers nach zur Verstärkung unserer Verpflichtung, mit Methode und Weisheit, der Essenz des Dharma, zu üben, um anderen umfassend zu helfen. Dann wandeln wir uns von einem gelben Vajra-Tiefen-Gewahrsein mit schwarzer Partnerin in einen vollen blauen Kalachakra mit gelber Partnerin um und erhalten die drei Haupt-Mantras des Kalachakra, die wir jeweils dreimal wiederholen. Diese Transformation wird weder von Butön noch von Kongtrül erwähnt. Schließlich werden uns nacheinander Augenmedizin, ein Spiegel und ein Bogen mit Pfeilen gegeben, was der Reihe nach Samen für das Erlangen eines begrifflichen Verständnisses der Leerheit, einer nachfolgenden Erkenntnis aller Dinge als illusionsgleich und einer unbegrifflichen, direkten Wahrnehmung der Leerheit während der vollständigen Versenkung setzt.

Der nächste Schritt, der an die Ermächtigung der nachfolgenden Erlaubnis angehängt wird, ist die Vajra-Meister-Initiation. Diese sollte man nicht mit der großen Vajra-Meister-

Ermächtigung verwechseln, welche die letzte Gruppe von Initiationen ist, die nach den vier höchsten Ermächtigungen übertragen wird, wenn die Kalachakra-Initiation in ihrer umfassendsten Form vollzogen wird. Die Vajra-Meister-Initiation überträgt enge Bindungen für Körper, Rede und Geist. Die Ermächtigungsgegenstände hierfür sind ein Vajra und eine Glocke. Wir selbst und der Vajra wandeln uns in je einen blauen Vajrasattva um, und die Glocke transformiert sich in eine blaue Prajnaparamita. Sie alle haben keine Partner. Der Lehrer Kalachakra löst Wesen des tiefen Gewahrseins in alle drei auf. Die fünf weiblichen Buddhas geben dem Vajrasattva und der Prajnaparamita, die zuvor Vajra und Glocke gewesen sind, Ermächtigung, und diese transformieren sich zurück in diese Ritualgegenstände. Dann gibt man uns den Vajra und die Glocke zu halten, Ersteren als enge Bindung für den Geist und Letztere für die Rede. Einen Vajra zu halten symbolisiert, seinen Geist eng mit dem glückseligen tiefen Gewahrsein der Leerheit zu verbinden, während das Halten einer Glocke ausdrückt, dass man seine Rede eng damit verbindet, immer diese Erkenntnis der Leerheit zu lehren. Indem wir unseren Körper in Gestalt von Vajrasattva als die Erscheinung betrachten, die glückseliges tiefes Gewahrsein der Leerheit ganz natürlich auftreten lässt, verbinden wir unseren Körper eng mit dieser Erscheinung. Das Erleben von glückseligem Gewahrsein der Leerheit, während wir uns diese drei engen Bindungen vergegenwärtigen, ermächtigt uns dazu, sie in der Zukunft umzusetzen.

Butön lässt die Glocke sich in eine gelbe Vishvamata transformieren – für die die blaue Prajnaparamita ja ein allgemeines Substitut darstellt, wie wir bei der Vorbereitungszeremonie gesehen haben – und erwähnt mit keinem Wort die Umwandlung in Vajrasattva vor dem Erhalt der engen Bindung für den Körper. An dieser Stelle entstehen wir dann als ein Paar und umarmen Vishvamata, statt als einzelne Figur aufzutreten. Kongtrül kürzt die Vajra-Meister-Ermächtigung ab; bei ihm findet sich keinerlei Umwandlung des Vajra, der Glocke oder von uns selbst. Darüber hinaus skizziert er lediglich das Erhalten enger Bindungen für Geist und Rede, nicht aber für den Körper.

Die Vajra-Meister-Ermächtigung erfordert ganz besonders

die Hinwendung zu den tantrischen Gelübden und den Übungen der engen Bindung. Von den neunzehn Übungen der engen Bindung, die allen Anuttarayoga-Systemen gemein sind, stellt das Aufrechterhalten der engen Bindungen von Geist und Rede, die mit dieser Ermächtigung erzeugt werden, die ersten drei der vier Übungen dar, die Bindungen an die Familieneigenschaft von Akshobhya, dem tiefen Gewahrsein der Wirklichkeitssphäre, herstellen. Daher ist es sehr passend, dass das Kalachakra-Ritual die Vajra-Meister-Ermächtigung innerhalb der Initiation der nachfolgenden Erlaubnis durchführt, um den Tropfen des tiefen Gewahrseins zu reinigen. Angemessenerweise beendet unser Lehrer Kalachakra diese siebte Ermächtigung des Eintretens wie ein Kind mit der Erklärung der speziellen Übungen, die dem Kalachakra eigen sind und enge Bindungen an die sechs Buddha-Familien erzeugen.

Schließlich legt unser Lehrer Kalachakra dar, dass die gesamte Gruppe der sieben Initiationen uns zur Praxis der Erzeugungsstufe ermächtigt, und teilt uns dann zum Zwecke zukünftiger astrologischer Rückbeziehung die exakte Zeit und das Datum der Ermächtigung mit. In der Erklärung der vierzehn tantrischen Hauptgelübde des Kalachakra legt er kurz die Prozedur dar, mit der wir sie wiederherstellen können für den Fall, dass wir sie vollständig verloren haben. Diese Methode besteht darin, das Mantra der männlichen Hauptfigur derjenigen Buddha-Familie 36000-mal zu wiederholen, zu der wir die engste Verbindung besitzen und die durch die Blume, die wir am vorigen Tag in das Mandala geworfen haben, angedeutet worden ist. Dann müssen wir die sieben Ermächtigungen des Eintretens wie ein Kind erneut nehmen. Dies kann entweder bei einer Initiation geschehen, die ein tantrischer Meister vollzieht, oder, falls wir eine Kalachakra-Klausur vollständig durchgeführt haben, während der wir hunderttausende von Mantras rezitiert haben, bei einer Zeremonie der Selbstinitiation, die wir selbst leiten. Wir wiederholen dreimal unsere Zustimmung, dieser Prozedur zu folgen, bringen dann als Ausdruck unserer Dankbarkeit ein Mandala dar und beschließen damit die Kalachakra-Initiation.

Abschließende Hinweise

Wenn wir die Kalachakra-Ermächtigung entsprechend der Ge-lug-Tradition erhalten haben, beginnen wir als Praktizierende ein tägliches Programm des Yoga in sechs Sitzungen, um die gepflanzten ursächlichen Samen zu nähren und um die er-haltenen Reinigungen erneut zu stärken. Wenn die Ermächti-gung von einer anderen Tradition übertragen wurde, halten wir einfach unsere Gelübde ein und machen unsere Übungen der engen Bindung, um dasselbe zu erreichen. In beiden Fällen beleben wir diesen fortdauernden Prozess, indem wir uns wie-derholt jeden Tag und jede Nacht auf ein glückseliges Gewahr-sein der Leerheit ausrichten. Dies ist sehr wichtig, insbesondere, wenn wir uns gestresst fühlen oder gefangen im Feuer einer verstörenden Emotion. Indem wir zu unserer Grundlage des klaren Lichts zurückkehren und uns dann erneut als ein Kala-chakra zusammenstellen, behalten wir einen beständigen Kurs Richtung Erleuchtung und dem umfassenden Nutzen anderer in unserem Leben bei.

Wenn wir einer Kalachakra-Initiation als Beobachter bei-wohnen, dann ist es wichtig, unser Erlebnis nicht zu vergessen. Obwohl wir keinerlei formelle Verpflichtung zu einer täglichen Praxis übernommen haben, ziehen wir fortdauernden Nutzen daraus, wenn wir dem Beispiel der Leute von Shambhala folgen, die sich im Kalachakra-Mandala vereinigten, um eine einzige Kaste zu bilden. Dementsprechend ist es äußerst hilfreich, sich dem Weltfrieden und der Harmonie zu verpflichten, indem man in reiner Weise den ethischen Lehren der Religion oder des Bekenntnisses folgt, der beziehungsweise dem man sich zugehörig fühlt. Mit einer derartigen Verpflichtung hat die Kalachakra-Initiation tief greifende positive Auswirkungen für jedermann.

12

DIE INITIATION IM ÜBERBLICK

Der folgende Überblick soll die drei Tage der Kalachakra-Initiation skizzieren. Wer dem Ritual beiwohnt, wird dadurch einen hilfreichen Führer durch die Stufen der Zeremonie erhalten. Da die meisten Leute den diakritischen Zeichen auf den Buchstaben der Sanskrit-Keimsilben während der Initiation wenig Bedeutung beimessen, wurden sie weggelassen.

Die Vorbereitungszeremonie

A. ERZEUGEN DER MOTIVATION UND
ÜBERTRAGUNG DER INNEREN ERMÄCHTIGUNG
1. Wir spülen unseren Mund, machen drei Niederwerfungen und bringen ein Mandala dar.
2. Unser Lehrer Kalachakra erklärt die richtige Motivation für den Erhalt der Ermächtigung
3. Innere Ermächtigung. Lichtstrahlen aus dem Herzen unseres väterlichen Lehrers Kalachakra ziehen uns in seinen Mund. Wir schmelzen zu einem Tropfen Bodhichitta, gehen durch sein Vajra-Organ hindurch und treten in den Lotosschoß unserer Mutter Vishvamata ein. Dort lösen wir alle gewöhn-

lichen Erscheinungen auf, indem wir uns auf die Leerheit ausrichten. Während wir das Gewahrsein der Leerheit aufrechterhalten, entstehen wir zuerst als ein blaues HUM, dann als ein blauer Vajra und schließlich als ein einfacher Kalachakra. Wir haben ein Gesicht, zwei Arme, einen blauen Körper, das rechte Bein ist rot und ausgestreckt, dass linke weiß und abgewinkelt, und wir sind ohne Partnerin. Licht strahlt vom Herzen unseres Lehrers Kalachakra aus und ruft alle männlichen und weiblichen Buddhas herbei. Sie treten durch seinen Mund ein, schmelzen in seinem Herzen durch das Feuer der Zuneigung, gehen in der Form von Bodhichitta-Tropfen durch sein Vajra-Organ hindurch in den Lotosschoß unserer Mutter und ermächtigen uns dort. Wir strahlen aus dem Lotosschoß heraus und nehmen unseren Platz in der schwarzen, östlichen Vorhalle des Mandala-Palastes ein.

B. BITTE UM GELÜBDE; VERANLASSUNG DER SCHÜLER, AM TANTRA FESTZUHALTEN
1. Wir bitten um sichere Ausrichtung, die Übungen der zusichernden Stufe des anstrebenden Bodhichitta und die Bodhisattva-Gelübde, indem wir einen Vers dreimal wiederholen.
2. Unser Lehrer Kalachakra spricht über Tantra, um unsere Bewunderung dafür hervorzurufen.

C. NEHMEN DER GELÜBDE; BESCHÜTZEN; TRANSFORMIERUNG UND ERHEBUNG
1. Wir nehmen die sichere Ausrichtung und die Bodhisattva-Gelübde, indem wir einen Vers dreimal wiederholen.
2. Wir erbitten und nehmen die tantrischen Gelübde. Dies wird normalerweise ausgelassen und erst am nächsten Tag durchgeführt.
3. Beschützen der Schüler mit untrennbarer Methode und Weisheit durch Umwandlung ihrer sechs Elemente in die Natur der sechs weiblichen Buddhas. Wir visualisieren, dass das Wasser-Element unseres Körpers zu einer weißen Silbe U wird, die aufrecht auf einer weißen Mondscheibe an unserer

Stirn steht. Das Wind-Element wird ein schwarzes I auf einer schwarzen Rahu-Scheibe an unserem Herzen. Das Raum-Element wird ein grünes A auf einem grünen kreativen Tropfen auf der Krone unseres Kopfes. Das Erd-Element wird ein gelbes LI auf einer gelben Kalagni-Scheibe an unserem Nabel. Das Feuer-Element wird ein rotes RI auf einer roten Sonnenscheibe an unserer Kehle. Und das Bewusstseins-Element wird ein blaues AH auf einer blauen Scheibe des tiefen Gewahrseins an unserer Schamgegend.

4. Transformation und Erhebung von Körper, Sprache und Geist der Schüler. Wir visualisieren an unserem Herzen auf einer schwarzen Rahu-Scheibe ein schwarzes HUM für den Geist, an unserer Kehle auf einer roten Sonnenscheibe ein rotes AH für die Sprache und an unserer Stirn auf einer weißen Mondscheibe ein weißes OM für den Körper. Unser Lehrer Kalachakra berührt diese drei Stellen mit dem Vajra in seiner Hand, indem er Wassertropfen aus einer Muschelschale über uns sprenkelt. Dann bringt er uns Gaben dar.

D. WERFEN DES NEEM-ZWEIGES; AUSGEBEN VON WASSERSCHLUCKEN UND ANDEREN DINGEN

1. Um die eigentlichen Verwirklichungen festzustellen, die wir am einfachsten erlangen können, werfen wir einen Neem-Zweig auf eine Tafel, auf die ein Mandala gezeichnet ist. Dies tun wir, indem wir den Zweig mit beiden Händen senkrecht direkt über die Tafel halten und ihn fallen lassen, während wir ein Mantra rezitieren.

2. Wir erhalten eine Hand voll Wasser. Zunächst spülen wir unseren Mund mit einem kleinen Teil davon, spucken diesen aus und trinken den Rest in drei Schlucken. Dies reinigt die Befleckungen von Körper, Rede und Geist.

3. Wir erhalten zwei Kusha-Gräser, ein langes und ein kurzes. Wir legen sie in unseren Schoß.

4. Wir erhalten ein rotes Schutzband, das wir entweder um den rechten oder den linken Oberarm binden. Wir tragen dieses Band entweder, bis Maitreya kommt, oder, bis wir reine Liebe entwickelt haben.

E. ANORDNEN DER SECHS BUDDHA-FAMILIEN;
   HERBEIRUFEN VAJRASATTVAS

1. Wir visualisieren die Keimsilben der sechs männlichen Buddhas an sechs Stellen unseres Körpers: an unserer Stirn ein weißes OM, an unserer Kehle ein rotes AH, an unserem Herzen ein schwarzes HUM, an unserem Nabel ein gelbes HOH, an der Krone unseres Kopfes ein grünes HAM und an unserer Schamgegend ein blaues KSHAH. Die sechs Buddhas aus dem Mandala emanieren Repliken ihrer selbst, die in die sechs Silben hineingehen und sich auflösen.

2. Wir wiederholen ein langes Mantra, um Vajrasattva herbeizurufen und damit unseren Körper, unsere Rede und unseren Geist umzuwandeln und zu erheben.

F. VERSTÄRKEN DER FREUDE DER SCHÜLER DURCH
   DARLEGEN DES DHARMA;
   ANWEISUNGEN ZUR ERFORSCHUNG DER TRÄUME

1. Unser Lehrer Kalachakra verstärkt unsere Freude, indem er erklärt, wie selten diese Gelegenheit ist, den tantrischen Lehren zu begegnen.

2. Er schenkt uns das Sechs-Silben-Mantra OM AH HUM HOH HAM KSHAH, das wir ihm nachsprechen (im Tibetischen wird *ham kshah* zu *hankya*). Er weist uns an, dieses Mantra an diesem Abend zu rezitieren, bevor wir uns zurückziehen, und das lange Kusha-Gras parallel zu unserem Körper und mit den Spitzen auf unseren Kopf zeigend unter unsere Matratze zu legen sowie das kurze Gras senkrecht zum langen unter unser Kissen zu platzieren, die Spitzen von unserem Gesicht wegzeigend, während wir auf unserer rechten Seite liegen. Er empfiehlt uns, in dieser Position zu schlafen, während unser Gesicht in Richtung des Mandala schaut. Auch wenn unser Kopf nicht in die richtige Richtung zeigt, stellen wir uns dies vor und fühlen es. Er gibt uns auf, die Träume zu beobachten und uns an die zu erinnern, die wir während des Tagesanbruchs haben, exakt zu dem Zeitpunkt, an dem der Himmel hell zu werden beginnt.

DER ERSTE TAG DER EIGENTLICHEN ERMÄCHTIGUNG

I. EINTRITT MIT VERBUNDENEN AUGEN UND VOR DEM VORHANG BLEIBEND

1. Wir spülen den Mund mit Wasser und machen drei Niederwerfungen. Unser Lehrer Kalachakra ermahnt uns, nicht stolz wegen Glück verheißender oder niedergeschlagen wegen Unheil verkündender Träume zu sein. Alle Träume sind leer von inhärenter Existenz. Er bringt ein Torma dar, um Störungen zu verjagen. Wir bringen ein Mandala dar.

2. Um Freude über die Gelegenheit zu erzeugen, die höchste Verwirklichung der Erleuchtung zu erlangen, wiederholen wir ein langes Mantra zweimal in Sanskrit und einmal in Tibetisch.

3. Wir bitten um sichere Ausrichtung, die Übungen der zugesicherten Stufe des anstrebenden Bodhichitta und die Bodhisattva-Gelübde, indem wir einen Vers dreimal wiederholen.

4. Die Hauptschüler erhalten rituelle Unter- und Obergewänder sowie Kronenerhebungen. Wir alle bekommen rote Augenbindenstreifen, die wir uns um die Stirn legen, und eine Blume, die wir in unseren Schoß legen.

5. Wir werfen den Neem-Zweig und nehmen drei Schlucke Wasser zur Reinigung, so wie am Tag zuvor.

6. Wir wandeln uns in einen einfachen Kalachakra um: Wir haben ein Gesicht und zwei Arme, halten Vajra und Glocke, haben einen blauen Körper, das rechte Bein ist rot und gestreckt, das linke weiß und abgewinkelt, und wir umarmen eine blaue Vishvamata, die ein Gesicht und zwei Arme hat und ein Hackmesser und eine Schädelschale hält. Wir visualisieren an unserem Herzen auf einer schwarzen Rahu-Scheibe ein schwarzes HUM, an unserer Kehle auf einer roten Sonnenscheibe ein rotes AH und an unserer Stirn auf einer weißen Mondscheibe ein weißes OM. Licht dieser drei Silben füllt unseren Körper und wandelt ihn in klares Licht um.

7. Unser Lehrer Kalachakra fragt uns nach unserer Familien-

eigenschaft, Hinayana oder Mahayana, und was wir bewundern. Wir antworten, dass wir vom Glück Begünstigte mit einer Mahayana-Buddha-Natur sind und dass wir das höchst glückselige Gewahrsein der Erleuchtung suchen.

8. Nachdem wir einen wehmütigen Vers nachgesprochen haben, der unser Bedürfnis nach einer sicheren Richtung ausdrückt, nehmen wir Zuflucht und die Bodhisattva-Gelübde, indem wir einen weiteren Vers dreimal nachsprechen.

9. Wir erbitten die tantrischen Gelûbde, indem wir einen Vers nachsprechen, und nehmen sie dann, indem wir einen weiteren Vers dreimal wiederholen.

10. Unser Lehrer Kalachakra erklärt die fünfundzwanzig Arten gezügelten Verhaltens. Wir wiederholen dreimal einen Vers, mit dem wir versprechen, sie einzuhalten.

11. Das alles umfassende Yoga. Indem wir unser Herz dem Erlangen der Erleuchtung widmen, um allen zu nutzen, erzeugen wir konventionelles Bodhichitta, das wir in Form einer weißen Mondscheibe visualisieren, die flach an unserem Herzen liegt. Dann erzeugen wir tiefstes Bodhichitta, den Geist, der auf die Leerheit ausgerichtet ist. Dies visualisieren wir als einen weißen Vajra, der aufrecht auf der Mondscheibe an unserem Herzen steht. Wir sprechen ein Mantra nach und bestätigen, dass wir diese beiden Einstellungen immer im Herzen und im Geist behalten werden. Unser Lehrer Kalachakra emaniert eine Replik der beiden von einer ähnlichen Mondscheibe und einem ähnlichen Vajra in seinem Herzen, die sich in den Mond und den Vajra in unserem Herzen auflöst. Während er einen Vajra und eine Blume an unser Herz hält, rezitiert er ein Mantra, das diese Einstellungen stabilisiert.

12. Unser Lehrer Kalachakra legt seinen Vajra auf unseren Kopf und erinnert uns daran, Vertraulichkeit zu wahren.

II. BETRETEN DES MANDALA-PALASTES MIT VERBUNDENEN AUGEN

A. BETRETEN, UMRUNDEN UND NIEDERWERFEN

1. Der Vorhang ist nun zur Seite gezogen, und wir betreten den Mandala-Palast durch den schwarzen Osteingang. Unsere Augen sind verbunden, und wir werden vom blauen Karmavajra geführt, dem emanierten Assistenten unseres Lehrers Kalachakra. Karmavajra streckt uns seine rechte Hand entgegen, in der er einen Vajra hält. Wir ergreifen ihn mit unserer linken Hand und umrunden das Erdgeschoss dreimal im Uhrzeigersinn in dem Korridor zwischen der Wand und der erhöhten Plattform, während wir ein Mantra rezitieren.

2. In der schwarzen, östlichen Eingangshalle wandeln wir uns in einen grünen Akshobhya um und werfen uns vor der Hauptgestalt dreimal nieder, während wir ein Mantra wiederholen. Eine Replik des Akshobhya des Mandala löst sich in uns auf.

3. Wir bleiben in der schwarzen östlichen Eingangshalle, wandeln uns in einen schwarzen Amoghasiddhi um und werfen uns vor ihm dreimal nieder, während wir ein Mantra wiederholen. Eine Replik des Amoghasiddhi des Mandala löst sich in uns auf.

4. Wir gehen im Uhrzeigersinn zur roten, südlichen Eingangshalle, wandeln uns in einen roten Ratnasambhava um und werfen uns dreimal vor ihm nieder, während wir ein Mantra wiederholen. Eine Replik des Ratnasambhava des Mandala löst sich in uns auf.

5. Wir gehen im Uhrzeigersinn zur weißen, nördlichen Eingangshalle, wandeln uns in einen weißen Amitabha um und werfen uns dreimal vor ihm nieder, während wir ein Mantra wiederholen. Eine Replik des Amitabha des Mandala löst sich in uns auf.

6. Wir gehen im Uhrzeigersinn zum gelben, westlichen Eingang, wandeln uns in einen gelben Vairochana um und werfen uns dreimal vor ihm nieder, während wir ein Mantra wiederholen. Eine Replik des Vairochana des Mandala löst sich in uns auf.

7. Wir gehen im Uhrzeigersinn zum schwarzen, östlichen Eingang, während wir ein gelber Vairochana bleiben, und werfen uns vor unserem Lehrer Kalachakra dreimal nieder, während wir ein Mantra wiederholen.

B. SCHWÖREN VON EIDEN
1. Unser Lehrer Kalachakra legt seinen Vajra auf unseren Kopf und erklärt die Vorteile des Wahrens der Vertraulichkeit.
2. Er lässt seinen Vajra auf unserem Kopf und erklärt, welche körperlichen Nachteile entstehen, wenn man sie nicht wahrt.
3. Er legt seinen Vajra an unser Herz und erklärt, welche geistigen Nachteile entstehen, wenn man sie nicht wahrt.
4. Während er sowohl die Vorteile des Wahrens der Vertraulichkeit wie auch die Nachteile des Verletzens der Vertraulichkeit erklärt, gibt er uns aus einer Muschelschale einen Schluck Vajra-Schwur-Wasser.
5. Unser Lehrer Kalachakra nimmt unsere Hand und erklärt, wie wichtig es ist, niemals unseren Vajra-Meister herabzusetzen.

C. AUFRUF AN DIE WESEN DES TIEFEN GEWAHRSEINS, HERABZUKOMMEN; REZITATION DER WORTE DER WAHRHEIT
1. Wir wiederholen dreimal einen Bittvers. Wir lösen alle Erscheinungen auf, indem wir uns auf die Leerheit ausrichten. Während wir das Gewahrsein der Leerheit aufrechterhalten, entstehen wir als blaues HUM und wandeln uns in einen vollständigen Vajravega um, grimmig und kraftvoll, mit einem blauen Körper, vier Gesichtern, sechsundzwanzig Armen und zwei Beinen. An unserem Nabel wandelt sich ein gelbes LAM in ein quadratisches, gelbes Erdmandala um, das mit einem Rad gekennzeichnet ist, und darauf befindet sich ein gelbes HOH, das aufrecht auf einer gelben Kalagni-Scheibe steht. An unserem Herzen wandelt sich ein schwarzes YAM in ein schwarzes, bogenförmiges Windmandala um, das mit zwei Bannern gekennzeichnet ist, und darauf befindet sich ein schwarzes HUM, das aufrecht auf einer

schwarzen Rahu-Scheibe steht. An unserer Kehle wandelt sich ein rotes RAM in ein dreieckiges, rotes Feuermandala um, das mit einem Juwel gekennzeichnet ist, und darauf befindet sich ein rotes AH, das aufrecht auf einer roten Sonnenscheibe steht. An unserer Stirn wandelt sich ein weißes VAM in ein weißes, rundes Wassermandala um, das mit einer Vase gekennzeichnet ist, und darauf befindet sich ein weißes OM, das aufrecht auf einer weißen Mondscheibe steht. Licht strahlt von diesen vier Silben und vom Herzen unseres Lehrers Kalachakra aus und zieht vier Buddha-Formen heran: den weißen Vajra-Körper, die rote Vajra-Rede, den schwarzen Vajra-Geist und das gelbe Vajra-Tiefe-Gewahrsein. Sie lösen sich in die vier Silben auf.

2. Unter unseren Füßen wandelt sich ein schwarzes YAM in ein schwarzes, bogenförmiges Windmandala um, das mit YAM gekennzeichnet ist. Darüber wandelt sich ein rotes RAM in ein rotes, dreieckiges Feuermandala um, das mit RAM gekennzeichnet ist. Darüber entsteht an jeder unserer Fußsohlen ein rotes, Licht ausstrahlendes JHAI. Licht vom Herzen unseres Lehrers Kalachakra berührt das Windmandala und wühlt es auf, was das Feuermandala zum Lodern bringt. Licht von den beiden Silben JHAI strahlt durch die Poren unserer Fußsohlen und regt die Silben auf den vier Planetenscheiben an, die Licht emittieren, das unseren gesamten Körper erfüllt. Gleichzeitig strahlt Licht vom Herzen unseres Lehrers Kalachakra aus und zieht alle Buddhas in Gestalt von Vajravegas und Kalachakras heran, die den gesamten Raum anfüllen, auf uns herabregnen und sich in unserem Körper auflösen.

3. Während er ein Mantra rezitiert, streut unser Lehrer Kalachakra Blütenblätter auf unseren Kopf.

4. Wir sichern und stabilisieren die Herabkunft der Wesen des tiefen Gewahrseins, indem wir unsere sechs Chakras mit den Keimsilben der sechs Eigenschaften der Buddha-Familien von Methode und Weisheit verschließen und versiegeln. An unserer Stirn visualisieren wir ein weißes OM, an unserem Herzen ein schwarzes HUM, an unserer Kopfkrone ein grünes HAM, an unserem Nabel ein gelbes HOH, an unserer

Kehle ein rotes AH und an unserer Schamgegend ein blaues KSHAH.

5. Um ein Vorzeichen unserer zukünftigen Verwirklichung zu erhalten, lüften wir für einen Moment die Augenbinde, blicken nach oben und betrachten, welche Farbe wir zuerst sehen. Dann legen wir die Augenbinde wieder an.

6. Karmavajra, der emanierte Assistent unseres Lehrers Kalachakra, führt uns, während wir das Mandala dreimal im Uhrzeigersinn umrunden.

7. Unser Lehrer Kalachakra steht in Gestalt Karmavajras am Osteingang des Mandala-Palastes und rezitiert Worte der Wahrheit, mit denen er darum bittet, dass seinen Schülern diejenige Buddha-Familie gezeigt werden möge, zu der sie die stärkste Verbindung haben.

III. EINTRETEN ALS JEMAND, DER DAS MANDALA SEHEN KANN

1. Noch immer in der Gestalt von Vajravega, bringen wir dem Mandala die Blume dar, die man uns zuvor gegeben hat. Wir halten die Blume mit beiden Händen direkt über eine Tafel, auf die ein Mandala gezeichnet ist und die über eine Vase gehalten wird. Während wir ein Mantra rezitieren, lassen wir die Blume fallen. Anhand der Richtung, in der die Blume landet, erkennen wir die Eigenschaft der Buddha-Familie, zu der wir die stärkste Affinität besitzen, und erhalten den vertraulichen Namen dieser Buddha-Familie. Die Blume wird uns zurückgegeben, und wir legen sie auf unseren Kopf, während wir ein Mantra wiederholen. Durch die Berührung unseres Kopfes mit der Blume erfahren wir glückseliges Gewahrsein der Leerheit.

2. Wir entfernen die Augenbinde und sehen deutlich das Mandala. Unser Lehrer Kalachakra beschreibt das Mandala und all die Gestalten darin.

3. Mit Freude über das Sehen des Mandala rezitieren wir einen Vers, der unsere enge Verbundenheit zum Ausdruck bringt.

DER ZWEITE TAG
DER EIGENTLICHEN ERMÄCHTIGUNG

IV. ERMÄCHTIGUNG DERJENIGEN, DIE EINGETRETEN
SIND
1. Immer noch in der Form von Vajravega, erbitten wir die
sieben Ermächtigungen des Eintretens wie ein Kind, indem
wir einen Vers dreimal wiederholen.
2. Unser Lehrer Kalachakra wirft Gaben in ein Feuer, um alles
UnglückVerheißende zu bereinigen, und bringt dann weitere Gaben dar.

A. WASSER-ERMÄCHTIGUNG
1. Geführt von einer Emanation unseres Lehrers Kalachakra,
umrunden wir das Mandala im Uhrzeigersinn bis zur weißen, nördlichen Eingangshalle, in der wir uns mit dem Gesicht zum weißen Körper-Gesicht unseres Lehrers Kalachakra hinsetzen.
2. Wir bringen ein Mandala dar, um die Wasser-Ermächtigung
zur Reinigung unserer fünf Körperelemente zu erbitten, und
wiederholen dreimal ein Ersuchensmantra.
3. Innere Ermächtigung. Lichtstrahlen vom Herzen unseres
Lehrers Kalachakra ziehen uns in seinen Mund. Wir schmelzen zu einem Tropfen Bodhichitta, gehen durch sein Vajra-
Organ hindurch und gelangen in den LotosschoßVishvama-
tas. Dort lösen wir alle gewöhnlichen Erscheinungen auf,
indem wir uns auf die Leerheit ausrichten. Während wir das
Gewahrsein der Leerheit aufrechterhalten, entstehen wir zunächst als ein weißes OM, dann als ein weißer Lotos und
schließlich als ein weißer Vajra-Körper, mit überkreuzten
Beinen sitzend, drei Gesichtern und sechs Armen und eine
rote Pandaravasin umarmend, die ebenfalls drei Gesichter
sowie sechs Arme hat. Licht strahlt vom Herzen unseres
Lehrers Kalachakra aus und kommt mit Wesen des tiefen
Gewahrseins zurück, die mit uns alsVajra-Körper verschmelzen. Erneut strahlt Licht von seinem Herzen aus und ruft alle
männlichen und weiblichen Buddhas an. Unser Lehrer Kalachakra bringt ihnen Gaben dar und bittet sie, seine Schüler

zu ermächtigen. Freudig zustimmend, vereinigen sie sich und schmelzen in die Form von Bodhichitta-Tropfen. Sie treten durch seine Kopfkrone ein, kommen durch seine Körpermitte herab und gehen durch sein Vajra-Organ hindurch in den Lotosschoß Vishvamatas, wo sie uns ermächtigen. Wir strahlen aus dem Lotosschoß heraus und kehren zur weißen, nördlichen Eingangshalle zurück, wo wir unseren Sitzplatz einnehmen.

4. Unser Lehrer Kalachakra beseitigt Störungen und reinigt unsere körperlichen Elemente und das Wasser einer Vase in die Leerheit. Im Zustand der Leerheit werden unsere fünf Elemente und das Vasenwasser als die fünf weiblichen Buddhas erzeugt, mit überkreuzten Beinen und die fünf männlichen Buddhas umarmend, wobei alle Gestalten drei Gesichter und sechs Arme haben. Innerhalb unseres Körpers befinden sich die fünf weiblichen Buddhas an unserem Kronen-, Stirn-, Kehl-, Herz- und Nabel-Chakra. An der Stirn von jeder ist ein weißes OM, an der Kehle ein rotes AH, am Herzen ein schwarzes HUM und am Nabel ein gelbes HOH.

5. Licht strahlt aus vom Herzen unseres Lehrers Kalachakra und kommt mit Wesen des tiefen Gewahrseins zurück, die mit den weiblichen Buddhas der Vase und unserer Elemente verschmelzen. Die weiblichen Buddhas des Mandala ermächtigen die weiblichen Buddhas der Vase, und jede erhält als einen bekrönenden Schmuck das Siegel der männlichen Hauptfigur ihrer Buddha-Familie. Unser Lehrer Kalachakra bringt den weiblichen Buddhas der Vase Gaben dar. Sie schmelzen zu Bodhichitta-Tropfen und verwandeln sich zurück in das Vasenwasser.

6. Erneut strahlt Licht vom Herzen unseres Lehrers Kalachakra aus, das ermächtigende Gestalten in Form von männlichen und weiblichen Buddhas und Bodhisattvas anruft. Er bringt ihnen Gaben dar und bittet sie, seine Schüler zu ermächtigen. Sie stimmen zu. Einige rezitieren Glück verheißende Verse, andere werfen Blumen, manche Grimmige vertreiben Störungen. Unser Lehrer Kalachakra rezitiert die Glück verheißenden Verse, während sein Helfer Karmavajra die Vase

hochhält. Die weiblichen Buddhas des Mandala übertragen die eigentliche Wasser-Ermächtigung mit weißen Bodhichitta-Vasen, indem sie ein wenig auf unsere Kopfspitze träufeln.

7. Während er einen Vers und ein Mantra rezitiert, benetzt unser Lehrer Kalachakra fünf Stellen unseres Körpers mit Wasser aus der Muschelschale: die Spitze unseres Kopfes, unsere rechte und linke Schulter sowie die rechte und die linke Hüfte. Er versprengt ein wenig Wasser, um uns zu waschen, und gibt uns einen Schluck zu trinken. Dadurch, dass wir besprengt und gewaschen werden, werden wir von Leiden und Befleckungen gereinigt. Durch das Trinken erleben wir höchst glückseliges Gewahrsein der Leerheit. Unsere fünf Körperelemente sind jetzt vollständig als die fünf weiblichen Buddhas ermächtigt.

8. Licht strahlt von den fünf weiblichen Buddhas in unserem Körper aus und holt aus dem Mandala Repliken ihrer dortigen Ebenbilder. Sie lösen sich ebenso wie die anderen ermächtigenden Gestalten in die weiblichen Buddhas in unserem Körper auf. Unser Lehrer Kalachakra bringt uns eine Gabe dar.

9. Unser Lehrer Kalachakra erklärt, dass die Wasser-Ermächtigung analog ist zum Waschen eines Kleinkindes unmittelbar nach dessen Geburt. Sie wäscht die Befleckungen der fünf Körperelemente ab und setzt Samen in unserem Geistesstrom für die Verwirklichung der fünf weiblichen Buddhas und der eigentlichen Erlangungen, die von ihnen abhängen. Sie gewährt die Fähigkeit, positives Potenzial im gleichen Maße zu erhalten wie jemand mit dem Geist der ersten Bodhisattva-Ebene.

B. KRONEN-ERMÄCHTIGUNG

1. Wir bringen ein Mandala dar, um die Kronen-Ermächtigung zur Reinigung der fünf Aggregat-Faktoren unserer Erfahrung zu erbitten, und wiederholen dreimal ein Ersuchens-Mantra.

2. Unser Lehrer Kalachakra beseitigt Störungen und reinigt unsere fünf Aggregate und eine Krone in die Leerheit. Im

Zustand der Leerheit werden unsere fünf Aggregate und die Krone als die fünf männlichen Buddhas erzeugt, mit überkreuzten Beinen und die fünf weiblichen Buddhas umarmend, wobei alle Gestalten drei Gesichter und sechs Arme haben. Innerhalb unseres Körpers befinden sich die fünf männlichen Buddhas an unserem Kronen-, Stirn-, Kehl-, Herz- und Nabel-Chakra. An der Stirn von jedem ist ein weißes OM, an der Kehle ein rotes AH, am Herzen ein schwarzes HUM und am Nabel ein gelbes HOH.

3. Licht strahlt aus vom Herzen unseres Lehrers Kalachakra und kommt mit Wesen des tiefen Gewahrseins zurück, die mit den männlichen Buddhas der Krone und unserer Aggregate verschmelzen. Die männlichen Buddhas des Mandala ermächtigen die männlichen Buddhas der Krone, und jeder erhält als bekrönenden Schmuck das Siegel der männlichen Hauptfigur seiner Buddha-Familie. Unser Lehrer Kalachakra bringt den männlichen Buddhas der Krone Gaben dar. Sie schmelzen in Bodhichitta-Tropfen und verwandeln sich zurück in die Krone.

4. Erneut strahlt Licht vom Herzen unseres Lehrers Kalachakra aus, das ermächtigende Gestalten in Form von männlichen und weiblichen Buddhas und Bodhisattvas anruft. Er bringt ihnen Gaben dar und bittet sie, seine Schüler zu ermächtigen. Sie stimmen zu. Einige rezitieren Glück verheißende Verse, andere werfen Blumen, manche Grimmige vertreiben Störungen. Unser Lehrer Kalachakra rezitiert die Glück verheißenden Verse, während sein Helfer Karmavajra die Krone hochhält. Die männlichen Buddhas des Mandala übertragen die eigentliche Kronen-Ermächtigung, indem sie mit der Krone die fünf Punkte unseres Körpers berühren und sie dann auf unseren Kopf setzen, damit wir sie tragen können. Bei der Berührung erleben wir höchst glückseliges Gewahrsein der Leerheit. Während er einen Vers und ein Mantra rezitiert, überträgt unser Lehrer Kalachakra eine abschließende Wasser-Ermächtigung, indem er Wasser aus der Muschelschale auftupft und versprenkelt und uns einen Schluck zu trinken gibt, genau wie zuvor. Unsere fünf Aggregate sind jetzt vollständig als die fünf männlichen Buddhas ermächtigt.

5. Licht strahlt von den fünf männlichen Buddhas in unserem Körper aus und holt aus dem Mandala Repliken ihrer dortigen Ebenbilder. Sie lösen sich ebenso wie die anderen ermächtigenden Gestalten in die männlichen Buddhas in unserem Körper auf. Unser Lehrer Kalachakra bringt uns eine Gabe dar.

6. Unser Lehrer Kalachakra erklärt, dass die Kronen-Ermächtigung analog ist zum Hochbinden der Haare eines Babys zu einem Haarknoten auf der Kopfspitze. Sie wäscht die Befleckungen der fünf Aggregate ab und setzt Samen in unserem Geistesstrom für die Verwirklichung der fünf männlichen Buddhas und der eigentlichen Erlangungen, die von ihnen abhängen. Sie gewährt die Fähigkeit, positives Potenzial im gleichen Maße zu erhalten wie jemand mit dem Geist der zweiten Bodhisattva-Ebene. Weiter erklärt er, dass die beiden Ermächtigungen, die wir mit dem Gesicht zum weißen Körper-Gesicht erhalten haben, die Befleckungen des Körper-Tropfens beseitigen und Samen für das Erlangen des Vajra-Körpers setzen.

C. DIE OHRENQUASTEN-ERMÄCHTIGUNG

1. Geführt von einer Emanation unseres Lehrers Kalachakra, umrunden wir den Palast im Uhrzeigersinn bis zur roten, südlichen Eingangshalle, in der wir uns mit dem Gesicht zum roten Rede-Gesicht unseres Lehrers Kalachakra hinsetzen.

2. Wir bringen ein Mandala dar, um die Ohrenquasten-Ermächtigung zur Reinigung unserer zehn Energiewinde zu erbitten, und wiederholen dreimal ein Ersuchens-Mantra.

3. Innere Ermächtigung. Lichtstrahlen vom Herzen unseres Lehrers Kalachakra ziehen uns in seinen Mund. Wir schmelzen zu einem Tropfen Bodhichitta, gehen durch sein Vajra-Organ hindurch und gelangen in den Lotosschoß Vishvamatas. Dort lösen wir alle gewöhnlichen Erscheinungen auf, indem wir uns auf die Leerheit ausrichten. Während wir das Gewahrsein der Leerheit aufrechterhalten, entstehen wir zunächst als ein rotes AH, dann als ein rotes Juwel und schließlich als eine rote Vajra-Rede, mit überkreuzten Beinen

sitzend, drei Gesichtern und sechs Armen und eine weiße Mamaki umarmend, die ebenfalls drei Gesichter und sechs Arme hat. Licht strahlt vom Herzen unseres Lehrers Kalachakra aus und kommt mit Wesen des tiefen Gewahrseins zurück, die mit uns als Vajra-Rede verschmelzen. Erneut strahlt Licht von seinem Herzen aus und ruft alle männlichen und weiblichen Buddhas an. Unser Lehrer Kalachakra bringt ihnen Gaben dar und bittet sie, seine Schüler zu ermächtigen. Freudig zustimmend, vereinigen sie sich und schmelzen in die Form von Bodhichitta-Tropfen. Sie treten durch seine Kopfkrone ein, kommen durch seine Körpermitte herab und gehen durch sein Vajra-Organ hindurch in den Lotosschoß Vishvamatas, wo sie uns ermächtigen. Wir strahlen aus dem Lotosschoß heraus und kehren zur roten, südlichen Eingangshalle zurück, wo wir unseren Sitzplatz einnehmen.

4. Unser Lehrer Kalachakra beseitigt Störungen und reinigt unsere zehn Energiewinde und eine Ohrenquaste in die Leerheit. Im Zustand der Leerheit werden unsere zehn Energiewinde und die Ohrenquaste als die zehn machtvollen Herrinnen (*shaktis*) erzeugt, stehend, mit vier Gesichtern und acht Armen. Innerhalb unseres Körpers befinden sich die zehn auf den Energiekanälen, die von unserem Herz-Chakra ausstrahlen. An der Stirn von jeder ist ein weißes OM, an der Kehle ein rotes AH, am Herzen ein schwarzes HUM und am Nabel ein gelbes HOH.

5. Licht strahlt aus vom Herzen unseres Lehrers Kalachakra und kommt mit Wesen des tiefen Gewahrseins zurück, die mit den machtvollen Herrinnen der Ohrenquaste und unserer Energiewinde verschmelzen. Die machtvollen Herrinnen des Mandala ermächtigen die machtvollen Herrinnen der Ohrenquaste, und jede erhält als bekrönenden Schmuck das Siegel der männlichen Hauptfigur ihrer Buddha-Familie. Unser Lehrer Kalachakra bringt den machtvollen Herrinnen der Ohrenquaste Gaben dar. Sie schmelzen zu Bodhichitta-Tropfen und verwandeln sich zurück in die Ohrenquaste.

6. Erneut strahlt Licht vom Herzen unseres Lehrers Kalachakra aus, das ermächtigende Gestalten in Form von männlichen und weiblichen Buddhas und Bodhisattvas anruft. Er bringt

ihnen Gaben dar und bittet sie, seine Schüler zu ermächtigen. Sie stimmen zu. Einige rezitieren Glück verheißende Verse, andere werfen Blumen, manche Grimmige vertreiben Störungen. Unser Lehrer Kalachakra rezitiert die Glück verheißenden Verse, während sein Helfer Karmavajra die Ohrenquaste hochhält. Die machtvollen Herrinnen des Mandala übertragen die eigentliche Ohrenquasten-Ermächtigung, indem sie mit der Ohrenquaste die fünf Punkte unseres Körpers berühren und dann ein Paar um unsere Ohren legen. Bei der Berührung erleben wir höchst glückseliges Gewahrsein der Leerheit. Während er einen Vers und ein Mantra rezitiert, überträgt unser Lehrer Kalachakra eine abschließende Wasser-Ermächtigung, indem er Wasser aus der Muschelschale auftupft und versprenkelt und uns einen Schluck zu trinken gibt, genau wie zuvor. Unsere zehn Energiewinde sind jetzt vollständig als die zehn machtvollen Herrinnen ermächtigt.

7. Licht strahlt von den zehn machtvollen Herrinnen in unserem Körper aus und holt aus dem Mandala Repliken ihrer dortigen Ebenbilder. Sie lösen sich ebenso wie die anderen ermächtigenden Gestalten in die machtvollen Herrinnen in unserem Körper auf. Unser Lehrer Kalachakra bringt uns eine Gabe dar.

8. Unser Lehrer Kalachakra erklärt, dass die Ohrenquasten-Ermächtigung analog ist zum Durchstechen der Ohrläppchen des Kindes und dazu, ihm Ohrringe zu tragen zu geben. Sie wäscht die Befleckungen der zehn Energiewinde ab und setzt Samen in unserem Geistesstrom für die Verwirklichung der zehn machtvollen Herrinnen und der eigentlichen Erlangungen, die von ihnen abhängen. Sie gewährt die Fähigkeit, positives Potenzial im gleichen Maße zu erhalten wie jemand mit dem Geist der dritten Bodhisattva-Ebene.

D. VAJRA-UND-GLOCKE-ERMÄCHTIGUNG

1. Wir bringen ein Mandala dar, um die Vajra–und-Glocke-Ermächtigung zur Reinigung unseres rechten und linken Energiekanals zu erbitten, und wiederholen dreimal ein Ersuchens-Mantra.

2. Unser Lehrer Kalachakra beseitigt Störungen und reinigt unseren rechten und linken Energiekanal, einen Vajra und eine Glocke in die Leerheit. Im Zustand der Leerheit werden unser rechter Kanal und der Vajra als ein blauer Kalachakra erzeugt, stehend und eine gelbe Vishvamata umarmend, während unser linker Kanal und die Glocke als eine gelbe Vishvamata erzeugt werden, stehend und einen blauen Kalachakra umarmend. Jeder von ihnen hat ein Gesicht und zwei Arme. Innerhalb unseres Körpers befinden sich Kalachakra und Vishvamata auf unserem rechten und linken Kanal auf Höhe des Herz-Chakra. An der Stirn von jedem ist ein weißes OM, an der Kehle ein rotes AH, am Herzen ein schwarzes HUM und am Nabel ein gelbes HOH.

3. Licht strahlt aus vom Herzen unseres Lehrers Kalachakra und kommt mit Wesen des tiefen Gewahrseins zurück, die mit dem Kalachakra und der Vishvamata des Vajra, der Glocke und unseres rechten und linken Kanals verschmelzen. Der Kalachakra und die Vishvamata des Mandala ermächtigen den Kalachakra und die Vishvamata des Vajra und der Glocke, und jeder erhält als einen bekrönenden Schmuck das Siegel der männlichen Hauptfigur seiner beziehungsweise ihrer Buddha-Familie. Unser Lehrer Kalachakra bringt dem Kalachakra und der Vishvamata des Vajra und der Glocke Gaben dar. Sie schmelzen zu Bodhichitta-Tropfen und wandeln sich zurück in den Vajra und die Glocke.

4. Erneut strahlt Licht vom Herzen unseres Lehrers Kalachakra aus, das ermächtigende Gestalten in Form von männlichen und weiblichen Buddhas und Bodhisattvas anruft. Er bringt ihnen Gaben dar und bittet sie, seine Schüler zu ermächtigen. Sie stimmen zu. Einige rezitieren Glück verheißende Verse, andere werfen Blumen, manche Grimmige vertreiben Störungen. Unser Lehrer Kalachakra rezitiert die Glück verheißenden Verse, während sein Helfer Karmavajra den Vajra und die Glocke hochhält. Das Vishvamata-Kalachakra-Paar des Mandala überträgt die eigentliche Vajra-und-Glocke-Ermächtigung, indem es mit dem Vajra und der Glocke die fünf Punkte unseres Körpers berührt und sie uns dann in unsere überkreuzten Hände zu halten gibt. Bei der Berührung

erleben wir höchst glückseliges Gewahrsein der Leerheit. Während er einen Vers und ein Mantra rezitiert, überträgt unser Lehrer Kalachakra eine abschließende Wasser-Ermächtigung, indem er Wasser aus der Muschelschale auftupft und versprenkelt und uns einen Schluck zu trinken gibt, genau wie zuvor. Unser rechter und linker Energiekanal sind jetzt vollständig als Kalachakra und Vishvamata ermächtigt.

5. Licht strahlt von dem Kalachakra und der Vishvamata in unserem Körper aus und holt aus dem Mandala Repliken ihrer dortigen Ebenbilder. Sie lösen sich ebenso wie die anderen ermächtigenden Gestalten in den Kalachakra und die Vishvamata in unserem Körper auf. Unser Lehrer Kalachakra bringt uns eine Gabe dar.

6. Unser Lehrer Kalachakra erklärt, dass die Vajra-und-Glocke-Ermächtigung analog dazu ist, dass man das Baby zum Lächeln bringt und ihm das Sprechen der ersten Worte beibringt. Sie wäscht die Befleckungen der fünf Aggregate ab und überträgt die Fähigkeit, unsere Energiewinde davon abzuhalten, durch den rechten und linken Kanal zu strömen, sodass sie in den Zentralkanal eintreten, dort verweilen und sich auflösen. Sie setzt Samen dafür, dass unser Geist ein unwandelbares glückseliges Gewahrsein wird, unsere Rede mit allen positiven Aspekten versehen wird und wir die eigentlichen Erlangungen erreichen, die von Kalachakra und Vishvamata abhängen. Sie gewährt die Fähigkeit, positives Potenzial im gleichen Maße zu erhalten wie jemand mit dem Geist der vierten Bodhisattva-Ebene. Weiter erklärt er, dass die beiden Ermächtigungen, die wir mit dem Gesicht zum roten Rede-Gesicht erhalten haben, die Befleckungen des Rede-Tropfens beseitigen und Samen für das Erlangen der Vajra-Rede setzen.

E. ERMÄCHTIGUNG DES GEZÜGELTEN VERHALTENS
1. Geführt von einer Emanation unseres Lehrers Kalachakra umrunden wir den Palast im Uhrzeigersinn bis zur schwarzen, östlichen Eingangshalle, in der wir uns mit dem Gesicht zum schwarzen Geist-Gesicht unseres Lehrers Kalachakra hinsetzen.

2. Wir bringen ein Mandala dar, um die Ermächtigung des gezügelten Verhaltens zur Reinigung unserer sechs kognitiven Sensoren und ihrer Objekte zu erbitten, und wiederholen dreimal ein Ersuchens-Mantra.

3. Innere Ermächtigung. Lichtstrahlen vom Herzen unseres Lehrers Kalachakra ziehen uns in seinen Mund. Wir schmelzen zu einem Tropfen Bodhichitta, gehen durch sein Vajra-Organ hindurch und gelangen in den Lotosschoß Vishvamatas. Dort lösen wir alle gewöhnlichen Erscheinungen auf, indem wir uns auf die Leerheit ausrichten. Während wir das Gewahrsein der Leerheit aufrechterhalten, entstehen wir zunächst als ein schwarzes HUM, dann als ein schwarzer Vajra und schließlich als ein schwarzer Vajra-Geist, mit überkreuzten Beinen sitzend, drei Gesichtern und sechs Armen und eine gelbe Lochana umarmend, die ebenfalls drei Gesichter und sechs Arme hat. Licht strahlt vom Herzen unseres Lehrers Kalachakra aus und kommt mit Wesen des tiefen Gewahrseins zurück, die mit uns als Vajra-Geist verschmelzen. Erneut strahlt Licht von seinem Herzen aus und ruft alle männlichen und weiblichen Buddhas an. Unser Lehrer Kalachakra bringt ihnen Gaben dar und bittet sie, seine Schüler zu ermächtigen. Freudig zustimmend, vereinigen sie sich und schmelzen in die Form von Bodhichitta-Tropfen. Sie treten durch seine Kopfkrone ein, kommen durch seine Körpermitte herab und gehen durch sein Vajra-Organ hindurch in den Lotosschoß Vishvamatas, wo sie uns ermächtigen. Wir strahlen aus dem Lotosschoß heraus und kehren zur schwarzen, östlichen Eingangshalle zurück, wo wir unseren Sitzplatz einnehmen.

4. Unser Lehrer Kalachakra beseitigt Störungen und reinigt unsere sechs kognitiven Sensoren und ihre sechs Objekte sowie einen Daumenring in die Leerheit. Im Zustand der Leerheit werden unsere sechs kognitiven Sensoren und ihre sechs Objekte sowie der Daumenring als die sechs männlichen und die sechs weiblichen Bodhisattvas erzeugt, mit überkreuzten Beinen und jeweils einen der sechs weiblichen beziehungsweise der sechs männlichen Bodhisattvas umarmend, wobei alle drei Gesichter und sechs Arme haben.

Innerhalb unseres Körpers befinden sich von den zwölf jeweils zwei an unseren Ohren, der Nase, den Augen, der Zunge und an den beiden Punkten, an denen unsere Arme beziehungsweise unsere Beine zusammenkommen. An der Stirn von jedem ist ein weißes OM, an der Kehle ein rotes AH, am Herzen ein schwarzes HUM und am Nabel ein gelbes HOH.

5. Licht strahlt aus vom Herzen unseres Lehrers Kalachakra und kommt mit Wesen des tiefen Gewahrseins zurück, die mit den männlichen und weiblichen Bodhisattvas des Daumenrings und unserer kognitiven Sensoren und ihrer Objekte verschmelzen. Die männlichen und weiblichen Bodhisattvas des Mandala ermächtigen die männlichen und weiblichen Bodhisattvas des Daumenrings, und alle erhalten als bekrönenden Schmuck das Siegel der männlichen Hauptfigur seiner beziehungsweise ihrer Buddha-Familie. Unser Lehrer Kalachakra bringt den männlichen und weiblichen Bodhisattvas des Daumenrings Gaben dar. Sie schmelzen zu Bodhichitta-Tropfen und verwandeln sich zurück in den Daumenring.

6. Erneut strahlt Licht vom Herzen unseres Lehrers Kalachakra aus, das ermächtigende Gestalten in Form von männlichen und weiblichen Buddhas und Bodhisattvas anruft. Er bringt ihnen Gaben dar und bittet sie, seine Schüler zu ermächtigen. Sie stimmen zu. Einige rezitieren Glück verheißende Verse, andere werfen Blumen, manche Grimmige vertreiben Störungen. Unser Lehrer Kalachakra rezitiert die Glück verheißenden Verse, während sein Helfer Karmavajra den Daumenring hochhält. Die männlichen und weiblichen Bodhisattvas des Mandala übertragen die eigentliche Ermächtigung des gezügelten Verhaltens, indem sie mit dem Daumenring die fünf Punkte unseres Körpers berühren und ihn dann auf unseren rechten Daumen stecken. Bei der Berührung erleben wir höchst glückseliges Gewahrsein der Leerheit. Während er einen Vers und ein Mantra rezitiert, überträgt unser Lehrer Kalachakra eine abschließende Wasser-Ermächtigung, indem er Wasser aus der Muschelschale auftupft und versprenkelt und uns einen Schluck zu trinken

gibt, genau wie zuvor. Unsere sechs kognitiven Sensoren und ihre sechs Objekte sind jetzt vollständig als die sechs männlichen und die sechs weiblichen Bodhisattvas ermächtigt.

7. Licht strahlt von den sechs männlichen und den sechs weiblichen Bodhisattvas in unserem Körper aus und holt aus dem Mandala Repliken ihrer dortigen Ebenbilder. Sie lösen sich ebenso wie die anderen ermächtigenden Gestalten in die männlichen und weiblichen Bodhisattvas in unserem Körper auf. Unser Lehrer Kalachakra bringt uns eine Gabe dar.

8. Unser Lehrer Kalachakra erklärt, dass die Ermächtigung des gezügelten Verhaltens analog dazu ist, dem Baby seine ersten angenehmen Sinnesobjekte zu genießen zu geben. Sie wäscht die Befleckungen der sechs kognitiven Sensoren ab und setzt Samen in unserem Geistesstrom für die Verwirklichung der sechs männlichen und der sechs weiblichen Bodhisattvas und der eigentlichen Erlangungen, die von ihnen abhängen. Sie gewährt die Fähigkeit, positives Potenzial im gleichen Maße zu erhalten wie jemand mit dem Geist der fünften Bodhisattva-Ebene.

F. NAMEN-ERMÄCHTIGUNG

1. Wir bringen ein Mandala dar, um die Namen-Ermächtigung zur Reinigung der sechs Funktionsteile des Körpers und ihrer sechs funktionellen Aktivitäten zu erbitten, und wiederholen dreimal ein Ersuchens-Mantra.

2. Unser Lehrer Kalachakra beseitigt Störungen und reinigt unsere sechs körperlichen Funktionsteile und ihre sechs Aktivitäten zusammen mit einem Armband in die Leerheit. Im Zustand der Leerheit werden unsere sechs Funktionsteile und ihre sechs Aktivitäten sowie das Armband als die sechs männlichen und die sechs weiblichen grimmigen Gestalten erzeugt, stehend und jeweils eine der sechs weiblichen beziehungsweise der sechs männlichen Gestalten umarmend, wobei alle Gestalten drei Gesichter und sechs Arme haben. Innerhalb unseres Körpers befinden sich je zwei der zwölf am Ende unseres Harntrakts, am Mund, den Händen, den Füßen, dem Anus und dem unteren Ende unseres zentralen

Energiekanals. An der Stirn von jeder ist ein weißes OM, an der Kehle ein rotes AH, am Herzen ein schwarzes HUM und am Nabel ein gelbes HOH.

3. Licht strahlt aus vom Herzen unseres Lehrers Kalachakra und kommt mit Wesen des tiefen Gewahrseins zurück, die mit den männlichen und weiblichen grimmigen Gestalten des Armbandes und unserer Funktionsteile und ihrer Aktivitäten verschmelzen. Die männlichen und weiblichen grimmigen Gestalten des Mandala ermächtigen die männlichen und weiblichen grimmigen Gestalten des Armbandes, und jede erhält als bekrönenden Schmuck das Siegel der männlichen Hauptfigur ihrer Buddha-Familie. Unser Lehrer Kalachakra bringt den männlichen und weiblichen grimmigen Gestalten des Armbandes Gaben dar. Sie schmelzen zu Bodhichitta-Tropfen und verwandeln sich zurück in das Armband.

4. Erneut strahlt Licht vom Herzen unseres Lehrers Kalachakra aus, das ermächtigende Gestalten in Form von männlichen und weiblichen Buddhas und Bodhisattvas anruft. Er bringt ihnen Gaben dar und bittet sie, seine Schüler zu ermächtigen. Sie stimmen zu. Einige rezitieren Glück verheißende Verse, andere werfen Blumen, manche Grimmige vertreiben Störungen. Unser Lehrer Kalachakra rezitiert die Glück verheißenden Verse, während sein Helfer Karmavajra das Armband hochhält. Die männlichen und die weiblichen grimmigen Gestalten des Mandala übertragen die eigentliche Namen-Ermächtigung, indem sie mit dem Armband die fünf Punkte unseres Körpers berühren und dann jeweils eines um unsere Handgelenke legen. Bei der Berührung erleben wir höchst glückseliges Gewahrsein der Leerheit. Während er einen Vers und ein Mantra rezitiert, überträgt unser Lehrer Kalachakra eine abschließende Wasser-Ermächtigung, indem er Wasser aus der Muschelschale auftupft und versprenkelt und uns einen Schluck zu trinken gibt, genau wie zuvor.

5. Unser Lehrer Kalachakra steht auf seinem Thron, legt einen gelben Mönchsumhang an und sammelt in der Weise des Buddha Shakyamuni die Ecken des Umhangs in seiner linken Hand an seinem Herzen, vollführt mit der rechten Hand

die Geste der Furchtlosigkeit und sagt die Ausformung voraus, in der wir als Buddhas erstehen werden. Diese Prophezeiung macht er, indem er den vertraulichen Namen rezitiert, der uns zuvor übertragen worden war, als wir dem Mandala eine Blume dargebracht haben und so die Buddha-Familie festgestellt haben, zu der wir die engste Beziehung besitzen. Mittels der durch diese Prophezeiung übertragenen Namen-Ermächtigung sind unsere sechs Funktionsteile des Körpers und ihre funktionellen Aktivitäten jetzt vollständig als die sechs männlichen und die sechs weiblichen grimmigen Gestalten ermächtigt.

6. Licht strahlt von den sechs männlichen und den sechs weiblichen grimmigen Gestalten in unserem Körper aus und holt aus dem Mandala Repliken ihrer dortigen Ebenbilder. Sie lösen sich ebenso wie die anderen ermächtigenden Gestalten in die männlichen und weiblichen grimmigen Gestalten in unserem Körper auf. Unser Lehrer Kalachakra bringt uns eine Gabe dar.

7. Unser Lehrer Kalachakra erklärt, dass die Namen-Ermächtigung analog dazu ist, dem Kind um seinen ersten Geburtstag herum in einer formellen Zeremonie einen Namen zu geben. Sie wäscht die Befleckungen der sechs Funktionsteile unseres Körpers und ihrer sechs Aktivitäten ab. Sie überträgt die Fähigkeit, die vier dämonischen Kräfte (*maras*) mit den vier unermesslichen Einstellungen zu überwältigen und setzt Samen in unserem Geistesstrom für die Verwirklichung der sechs männlichen und der sechs weiblichen grimmigen Gestalten und der eigentlichen Erlangungen, die von ihnen abhängen. Sie gewährt die Fähigkeit, positives Potenzial im gleichen Maße zu erhalten wie jemand mit dem Geist der sechsten Bodhisattva-Ebene. Weiter erklärt er, dass die beiden Ermächtigungen, die wir mit dem Gesicht zum schwarzen Geist-Gesicht bekommen haben, die Befleckungen des Geist-Tropfens beseitigen und Samen für das Erlangen des Vajra-Geistes setzen.

G. ERMÄCHTIGUNG DER NACHFOLGENDEN
ERLAUBNIS UND ANHANGSPROZEDUREN

1. Geführt von einer Emanation unseres Lehrers Kalachakra, umrunden wir das Mandala im Uhrzeigersinn bis zur gelben westlichen Eingangshalle, in der wir uns mit dem Gesicht zum gelben Tiefes-Gewahrsein-Gesicht unseres Lehrers Kalachakra hinsetzen.

2. Wir bringen ein Mandala dar, um die Ermächtigung der nachfolgenden Erlaubnis zur Reinigung unseres Aggregats des tiefen Gewahrseins und des Bewusstseinselements zu erbitten, und wiederholen dreimal ein Ersuchens-Mantra. Dieses Aggregat und dieses Element beziehen sich auf unseren ursprünglichen Geist des klaren Lichts.

3. Innere Ermächtigung. Lichtstrahlen vom Herzen unseres Lehrers Kalachakra ziehen uns in seinen Mund. Wir schmelzen zu einem Tropfen Bodhichitta, gehen durch sein Vajra-Organ hindurch und gelangen in den Lotosschoß Vishvamatas. Dort lösen wir alle gewöhnlichen Erscheinungen auf, indem wir uns auf die Leerheit ausrichten. Während wir das Gewahrsein der Leerheit aufrechterhalten, entstehen wir zunächst als ein gelbes HO, dann als ein gelbes Rad und schließlich als ein gelber Vajra-Tiefes-Gewahrsein, mit überkreuzten Beinen sitzend, drei Gesichtern und sechs Armen und eine schwarze Tara umarmend, die ebenfalls drei Gesichter und sechs Arme hat. Licht strahlt vom Herzen unseres Lehrers Kalachakra aus und kommt mit Wesen des tiefen Gewahrseins zurück, die mit uns als Vajra-Tiefes-Gewahrsein verschmelzen. Erneut strahlt Licht von seinem Herzen aus und ruft alle männlichen und weiblichen Buddhas an. Unser Lehrer Kalachakra bringt ihnen Gaben dar und bittet sie, seine Schüler zu ermächtigen. Freudig zustimmend, vereinigen sie sich und schmelzen in die Form von Bodhichitta-Tropfen. Sie treten durch seine Kopfkrone ein, kommen durch seine Körpermitte herab und gehen durch sein Vajra-Organ hindurch in den Lotosschoß Vishvamatas, wo sie uns ermächtigen. Wir strahlen aus dem Lotosschoß heraus und kehren zur gelben, westlichen Eingangshalle zurück, wo wir unseren Sitzplatz einnehmen.

4. Unser Lehrer Kalachakra beseitigt Störungen und reinigt unser Aggregat des tiefen Gewahrseins und unser Bewusstseinselement und einen Satz von Insignien der Eigenschaften der fünf Buddha-Familien in die Leerheit. Im Zustand der Leerheit werden unser Aggregat des tiefen Gewahrseins und das Bewusstseinselement sowie die Insignien als ein blauer Vajrasattva und eine blaue Prajnaparamita erzeugt, mit überkreuzten Beinen und eine grüne Vajradhatu Ishvari beziehungsweise einen grünen Akshobhya umarmend, wobei alle Gestalten drei Gesichter und sechs Arme haben. Innerhalb unseres Körpers befinden sich Vajrasattva und Prajnaparamita an unserem Herzen. An der Stirn jeder Gestalt ist ein weißes OM, an der Kehle ein rotes AH, am Herzen ein schwarzes HUM und am Nabel ein gelbes HOH.

5. Licht strahlt aus vom Herzen unseres Lehrers Kalachakra und kommt mit Wesen des tiefen Gewahrseins zurück, die mit dem Vajrasattva und der Prajnaparamita der Insignien und des Aggregats des tiefen Gewahrseins sowie dem Bewusstseinselement verschmelzen. Der Vajrasattva und die Prajnaparamita des Mandala ermächtigen den Vajrasattva und die Prajnaparamita der Insignien, und sie erhalten als bekrönenden Schmuck das Siegel der männlichen Hauptfigur ihrer Buddha-Familie. Unser Lehrer Kalachakra bringt dem Vajrasattva und der Prajnaparamita der Insignien Gaben dar. Sie schmelzen zu Bodhichitta-Tropfen und verwandeln sich zurück in die Insignien.

6. Erneut strahlt Licht vom Herzen unseres Lehrers Kalachakra aus, das ermächtigende Gestalten in Form von männlichen und weiblichen Buddhas und Bodhisattvas anruft. Er bringt ihnen Gaben dar und bittet sie, seine Schüler zu ermächtigen. Sie stimmen zu. Einige rezitieren Glück verheißende Verse, andere werfen Blumen, manche Grimmige vertreiben Störungen. Unser Lehrer Kalachakra rezitiert die Glück verheißenden Verse, während sein Helfer Karmavajra die Insignien hochhält. Der Vajrasattva und die Prajnaparamita des Mandala übertragen die eigentliche Ermächtigung der nachfolgenden Erlaubnis, indem sie mit den Insignien

die fünf Punkte unseres Körpers berühren und sie uns dann zu halten geben. Bei der Berührung erleben wir höchst glückseliges Gewahrsein der Leerheit. Während er einen Vers und ein Mantra rezitiert, überträgt unser Lehrer Kalachakra eine abschließende Wasser-Ermächtigung, indem er Wasser aus der Muschelschale auftupft und versprenkelt und uns einen Schluck zu trinken gibt, genau wie zuvor. Unser Aggregat des tiefen Gewahrseins und unser Bewusstseinselement sind jetzt vollständig als Vajrasattva und Prajnaparamita ermächtigt.

7. Licht strahlt von dem Vajrasattva und der Prajnaparamita in unserem Körper aus und holt aus dem Mandala Repliken ihrer dortigen Ebenbilder. Sie lösen sich ebenso wie die anderen ermächtigenden Gestalten in den Vajrasattva und die Prajnaparamita in unserem Körper auf. Unser Lehrer Kalachakra bringt uns eine Gabe dar.

8. Eine Silbe BHRUM wandelt sich zu einem Rad, das unser Lehrer Kalachakra auf dem Sitz vor uns abstellt. Eine Silbe A wandelt sich zu einem Kalachakra-Text, den er in unseren Schoß legt. Eine Silbe AH wandelt sich zu einer Muschelschale, die er uns in der rechten Hand zu halten gibt. Eine Silbe AH wandelt sich zu einer Glocke, die er uns in die linke Hand gibt, damit wir sie halten und läuten. Wir sprechen ihm einige Verse nach zur Bekräftigung unserer Verpflichtung auf Weisheit und Methode und läuten nach jedem Vers die Glocke. Wir machen Niederwerfungen und willigen ein, zu tun, was er sagt.

9. Die vier Anhangsprozeduren

a. Das Geben der Mantras. Unser Lehrer Kalachakra teilt den Buddhas mit, dass er ihre Mantras gewähren wird, und wir wiederholen ein Ersuchen um sie. In einem Augenblick erstehen wir in der Form eines vollen blauen Kalachakra mit vier Gesichtern, vierundzwanzig Armen und zwei Beinen, wir stehen und umarmen eine gelbe Vishvamata, die vier Gesichter, acht Arme und zwei Beine hat. Jedes Mantra wiederholen wir dreimal. Beim ersten Wiederholen geht vom Mantra am Herzen unseres Lehrers Kalachakra eine Replik aus, tritt durch seinen Mund in unseren Mund ein und platziert sich um eine schwarze Silbe HUM an unserem Herzen. Bei der zweiten Wiederholung wird das Mantra ununterscheidbar vom Mantra an unserem Herzen und bei der dritten wird es stabilisiert. Es handelt sich um folgende Mantras: das Herz-Mantra OM AH HUM HOH HAMKSHAH MALAWARAYA HUM PHAT (im Tibetischen wird *hamkshah* zu *hankya* und *phat* zu *pä*); das dem Herzen nahe Mantra OM HRANG HRING HRIRING HRUNG HRILING HRAH SVAHA (im Tibetischen wird *svaha* zu *soha*); das Wurzel-Mantra OM SHRI KALACHAKRA HUM HUM PHAT.

b. Das Geben von Augenmedizin. Wir visualisieren auf jedem der beiden Hauptaugen auf unserem blauen Vordergesicht ein schwarzes PRAM. Unser Lehrer Kalachakra schmiert eine Winzigkeit Butter mit einem goldenen Augenlöffel auf unsere Augen. Wir stellen uns vor, dass, genau wie wenn man uns einen Katarakt entfernt hätte, die Trübung, die auf unseren Mangel an Gewahrsein der Leerheit zurückgeht, beseitigt wird und wir Augen des tiefen Gewahrseins erlangen für das Verwirklichen eines begrifflichen Verständnisses der Leerheit.

c. Das Geben eines Spiegels. Eine Silbe AH wandelt sich zu einem Spiegel. Unser Lehrer Kalachakra zeigt ihn uns, während er Verse davon rezitiert, dass alles, einschließlich des Kalachakra in unserem Herzen, der sich auf den Geist des klaren Lichts bezieht, wie eine Illusion ist, wie eine Spiegelung in einem Spiegel.

d. Das Geben eines Bogens und von Pfeilen. Eine Silbe HOH wandelt sich zu einem Bogen und Pfeilen für das Durchstoßen aller Störungen sowohl aus einer der vier Richtungen als auch von oben und von unten, damit wir die unbegriffliche, direkte Wahrnehmung der Leerheit während der völligen Versenkung erreichen können.

10. Vajra-Meister-Ermächtigung

a. Unser Lehrer Kalachakra beseitigt Störungen und reinigt uns selbst, einen Vajra und eine Glocke in die Leerheit. Im Zustand der Leerheit werden wir selbst und der Vajra als ein blauer Vajrasattva und die Glocke als eine blaue Prajnaparamita erzeugt, mit überkreuzten Beinen und ohne Partner, wobei beide drei Gesichter und sechs Arme haben. An der Stirn der beiden ist jeweils ein weißes OM, an der Kehle ein rotes AH, am Herzen ein schwarzes HUM und am Nabel ein gelbes HOH.

b. Licht strahlt aus vom Herzen unseres Lehrers Kalachakra und kommt mit Wesen des tiefen Gewahrseins zurück, die mit dem Vajrasattva von uns selbst und dem Vajra und mit der Prajnaparamita der Glocke verschmelzen. Die fünf weiblichen Buddhas des Mandala ermächtigen den Vajrasattva des Vajra und die Prajnaparamita der Glocke, und beide erhalten als bekrönenden Schmuck das Siegel der männlichen Hauptfigur ihrer Buddha-Familie. Unser Lehrer Kalachakra bringt dem Vajrasattva des Vajra und der Prajnaparamita der Glocke Gaben dar. Sie schmelzen zu Bodhichitta-Tropfen und verwandeln sich zurück in Vajra und Glocke.

c. Unser Lehrer Kalachakra gibt uns den Vajra in unsere rechte Hand zu halten, der das nicht länger unharmonische tiefe Gewahrsein des Buddha-Geistes repräsentiert, der untrennbar ist von der Leerheit, seinem Objekt. Dies überträgt die enge Bindung für unseren Geist. Er gibt uns die Glocke in unsere linke Hand zu halten, was das Vortragen der Leerheit repräsentiert. Wir läuten die Glocke und rezitieren einen Vers über Leerheit. Dies überträgt die enge Bindung für unsere Rede. Dann denken wir daran, dass unser Körper, als ein Vajrasattva, die Erscheinung ist, die glückseliges tiefes Gewahrsein der Leerheit ganz natürlich auftreten lässt. Dies ist das große Siegel (*mahamudra*) des Körpers einer Buddha-Form und die enge Bindung für unseren Körper. Vajra und Glocke haltend, überkreuzen wir, während wir so denken, unsere Arme und erleben höchst glückseliges Gewahrsein der Leerheit.

d. Während er einen Vers und ein Mantra rezitiert, überträgt unser Lehrer Kalachakra eine abschließende Wasser-Ermächtigung, indem er Wasser aus der Muschelschale auftupft und versprenkelt und uns einen Schluck zu trinken gibt, genau wie zuvor. Wir erhalten als bekrönenden

Schmuck das Siegel von Akshobhya, der männlichen Hauptfigur unserer Buddha-Familie. Unser Lehrer Kalachakra bringt uns Gaben dar.

11. Zeigen der reinen Maßnahmen des Dharma

a. Zeigen der interpretierbaren und der definitiven Bedeutung der reinen Maßnahmen der engen Bindungen. Unser Lehrer Kalachakra erklärt die interpretierbaren und definitiven Ebenen der dem Kalachakra eigenen Übungen der engen Bindung an die sechs Eigenschaften der Buddha-Familie.

b. Unser Lehrer Kalachakra erklärt, dass die Ermächtigung der nachfolgenden Erlaubnis, die wir erhalten haben mit dem Gesicht zu seinem gelben Tiefes-Gewahrsein-Gesicht, analog dazu ist, dem Kind das Lesen beizubringen. Sie reinigt die Befleckungen des Tropfens des tiefen Gewahrseins und gewährt zusammen mit ihrem angehängten Teil die Fähigkeit, positives Potenzial im gleichen Maße zu erhalten wie jemand mit dem Geist der siebten Bodhisattva-Ebene.

c. Er erklärt weiter, dass alle sieben, auf der Grundlage eines Sandmandala gegebenen Ermächtigungen Wasser-Ermächtigungen genannt werden, weil auf jede eine Reinigungshandlung mit Wasser zur Bereinigung negativen Potenzials folgt. Alle sieben zusammen ermächtigen uns zur Meditation auf dem Pfad der Erzeugungsstufe und dazu, die letztendliche eigentliche Erlangung von Akanishta zu erreichen, dem «Zustand-neben-nichts-anderem». Wir werden Laienanhänger (*upasaka*) des Tantra. Wenn wir alle Gelübde für sieben Leben rein halten, werden wir als Mindestes ein Herr der siebten Bodhisattva-Ebene des Geistes. Wir überkreuzen unsere Arme und wiederholen ein Mantra, während wir den Stolz darüber spüren, dass sich dies alles so verhält.

d. Verstehen der Zeit des Erhalts der Ermächtigung. Unser Lehrer Kalachakra teilt die Zeit der Ermächtigung mit, einschließlich aller astrologischen Bezüge.

e. Abschließender Hinweis zur Verhinderung irgendwelcher Hauptübertretungen. Unser Lehrer Kalachakra erklärt, dass wir, wenn wir eine Übertretung begehen und unsere tantrischen Gelübde verlieren und wenn wir lediglich diese sieben Ermächtigungen erhalten haben, 36 000-mal das Mantra der Buddha-Form wiederholen, auf die unsere Blume gefallen ist. Um unsere Gelübde neu zu etablieren, betreten wir abermals das Mandala – entweder während einer Kalachakra-Initiation oder, wenn wir die Kalachakra-Klausur mit hunderttausenden von Mantras durchgeführt haben, mittels Selbstinitiation – und nehmen erneut die sieben Ermächtigungen des Eintretens wie ein Kind. Unser Lehrer Kalachakra erklärt die vierzehn tantrischen Hauptgelübde entsprechend dem Kalachakra. Wir wiederholen dreimal, dass wir uns genau so, wie er es gesagt hat, üben werden, rezitieren einen Vers des Erfreuens und bringen ein Mandala dar als Ausdruck unserer Dankbarkeit.

Bibliografie

HAUPTQUELLEN AUS DEM TIBETISCHEN UND DEM SANSKRIT

Ashvaghosha II. (Asvaghosa; rTa-dbyangs). *Gurupancashatika* (Bla-ma lnga-bcu-pa; Fünfzig Verse über den spirituellen Lehrer).

Butön (Bu-ston Rin-chen grub). *dBang-gi le'u'i 'grel-bshad dri-ma med-pa'i 'od mchan-bcas* (Eine Erklärung des «Ermächtigungs»-Kapitels in «Makelloses Licht» einschließlich eines zeilenweisen Rückbezugs [auf den Wurzeltext]).

– *'Jig-rten khams-kyi le'u'i grel-bshad dri-ma med-pa'i 'od mchan-bcas* (Eine Erklärung des «Weltsphären»-Kapitels in «Makelloses Licht» einschließlich eines zeilenweisen Rückbezugs [auf den Wurzeltext]).

– *Nang-gi le'u'i 'grel-bshad dri-ma med-pa'i 'od mchan-bcas* (Eine Erklärung des «Inneres Kalachakra»-Kapitels in «Makelloses Licht» einschließlich eines zeilenweisen Rückbezugs [auf den Wurzeltext]).

– *dPal dus-kyi 'khor-lo'i dkyil-chog-gi zin-bris* (Notizen zum Mandala-Ritual des Glorreichen Kalachakra).

– *dPal dus-kyi 'khor-lo'i dkyil-chog yon-tan kun-'byung* (Das Mandala-Ritual des Glorreichen Kalachakra: Die Quelle aller guten Eigenschaften).

7. Dalai Lama (rGyal-dbang bsKal-bzang rgya-mtsho). *bCom-ldan-'das dPal dus-kyi 'khor-lo'i sku-gsung-thugs yongs-su rdzogs-pa'i dkyil-'khor-gyi dbang-chen cho-ga* (Das Ritual für die Große Ermächtigung zum Vollständige Mandala des erleuchtenden Körpers, der erleuchtenden Rede und des erleuchtenden Geistes des Herrschaftlichen, Glorreichen Kalachakra).

– *dPal gsang-ba 'dus-pa mi-bskyod rdo-rje'i dkyil-'khor-gyi cho-ga'i rnam-par bshad-pa dbang-don de-nyid yang-gsal snang-ba rdo-rje sems-dpa'i zhal-lung* (Eine Erklärung des Mandala-Rituals des Glorreichen Guhyasamaja, eine Erhellung, die die eigentliche Bedeutung der Ermächtigung klärt: Die mündliche Tradition Vajrasattvas).

14. Dalai Lama (rGyal-dbang bsTan-'dzin rgya-mtsho) und Yongdzin Ling Rinpoche (Yongs-'dzin gLing Thub-bstan lung-rtogs rnam-rgyal 'phrin-las). *Thun-drug-dang 'brel-ba'i dus-'khor bla-ma'i rnal-'byor dpag-bsam yongs-'du'i snye-ma* (Der Kalachakra-Guruyoga in Verbindung mit der Übung der sechs Sitzungen: Eine Fruchttraube eines alles umarmenden wunscherfüllenden Baumes).

Desi Sanggyay-gyatso (sDe-srid Sangs-rgyas rgya-mtsho). *Vaidurya sngon-po* (Blauer Aquamarin).

Detri (sDe-khri Jam-dbyangs thub-bstan nyi-ma). *dPal dus-kyi 'khor-*

lo'i bskyed-rim-gyi rnam-bzhag jam-dpal zhal-lung (Eine Darstellung der Erzeugungsstufe des Glorreichen Kalachakra: Die mündliche Überlieferung von Manjushri).

Dharmakirti (Dharmakirti; Chos-kyi grags-pa). *Pramanavarttika* (Tshad-ma rnam-'grel; Ein Kommentar zu [Dignaga's «Kompendium der] gültig erkennenden Geiste»).

Drongtsey Yongdzin ('Brong-rtse Yongs-'dzin Blo-bzang tshulkhrims). *dPal dus-kyi 'khor-lo'i rim-gnyis-kyi lam zung-mjug bgrod-pa'i them-skas-pa* (Der Pfad der zwei Stufen des Glorreichen Kalachakra: Zur Einheit führende Schritte).

Gyeltsabje (rGyal-tshab rJe Dar-ma rin-chen). *dPal dus-kyi 'khor-lo'i rim-pa gnyis ji-ltar nyams-su len-pa'i tshul bde-ba chen-po'i lam-du myur-du jug-pa* (Der Übungsweg der zwei Stufen des Glorreichen Kalachakra: Schnelles Eintreten in den Pfad großer Glückseligkeit).

3. Karmapa (Kar-ma-pa Rang-byung rdo-rje). *rNal-'byor bla-na medpa'i rgyud-sde rgya-mtsho'i snying-po bsdus-pa zab-mo nang-gi don* (Die Bedeutung des tiefgründigen «Inneren [Kalachakra»-Kapitels in «Makelloses Licht»], das die Essenz der Ozeane der Anuttarayoga-Tantras versammelt).

Kädrub Norzang-gyatso (mKhas-grub Nor-bzang rgya-mtsho). *Dam-tshig gsal-ba'i sgron-me* (Eine Lampe zur Erhellung der Übungen der engen Bindung).

– *Phyi-nang-gzhan-gsum gsal-bar byed-pa dri-med 'od-kyi rgyan* (Eine Schmückung für das «Makellose Licht», die die äußeren, inneren und alternativen [Kalachakras] klärt).

Kädrubje (mKhas-grub rJe dGe-legs dpal-bzang-po). *dPal dus-kyi 'khor-lo'i cho-ga dgongs-pa rab-gsal* (Das Mandala-Ritual des Glorreichen Kalachakra: Klärung der angestrebten Bedeutung).

– *dPal dus-kyi 'khor-lo'i 'grel-chen dri-med 'od-kyi rgya-cher bshad-pa dekho-na-nyid snang-bar byed-pa* (Eine ausgedehnte Erklärung des großen Kommentars «Makelloses Licht» zum Glorreichen Kalachakra: Erhellung des eigentlichen Zustandes).

Kongtrül ('Jam-mgon Kong-sprul Blo-gros mtha'-yas). *rNal-'byor blana med-pa'i rgyud-sde rgya-mtsho'i spying-po bsdus-pa zab-mo nang-gi don nyung-ngu'i tshig-gis rnam-par 'grel-ba zab-don snang-byed* (Erhellung der tiefgründigen Bedeutung: Ein Kommentar in wenigen Worten zu «Die Bedeutung des tiefgründigen ‹Inneren [Kalachakra›-Kapitels von ‹Makelloses Licht›], das die Essenz der Ozeane der Anuttarayoga-Tantras versammelt» [des 3. Karmapa]).

– *dPal dus-kyi 'khor-to sku-gsung-thugs yongs-rdzogs-kyi dkyil-'khor-du byis-pa jug-pa'i dbang-bskur bklags-chog-tu bkod-pa ye-shes rgya-mtsho'i bcud-'dren* (Die Übertragung der Ermächtigung des Eintretens wie ein Kind in das vollständige Körper-, Rede- und Geist-Mandala des Glorreichen Kalachakra, zum Studium angeordnet: Herausnehmen der Essenz aus dem Ozean tiefen Gewahrseins).

– *Shes-bya kun-khyab* (Eine Enzyklopädie von allem Wissbaren).

Kyenrab-norbu (mKhyen-rab nor-bu). *Rigs-ldan snying-thig* (Die [Lehren] des essenziellen Tropfens der Kalki[-Herrscher von Shambhala]).

Mipam ('Ju Mi-pham 'Jam-dbyangs rnam-rgyal rgya-mtsho). *dPal dus-kyi 'khor-lo'i rgyud-kyi tshig-don rab-tu gsal-byed rdo-rje nyi-ma'i snang-ba* (Die Erhellung der diamantstarken Sonne, die die wörtliche Bedeutung des Glorreichen Kalachakra-Tantra klärt).

Naropa (Naropa; Na-ro-pa). *Sekoddesatika* (dBang-dor bstan-pa'i 'grel-pa; Ein Kommentar, der das «Initiation»[-Kapitel des Kalachakra-Wurzel-Tantra erklärt]).

Ngari Panchen (mNga'-ris Pan-chen Padma dbang-rgyal). *Rangbzhin rdzogs-pa chen-po'i lam-gyi cha-lag sdom-gsum rnam-nges* (Feststellung der drei Ebenen gelobter Enthaltung, die Zweige des natürlichen Dzogchen-Pfades sind).

Ngülchu Dharma-bhadra (dNgul-chu Dharmabhadra). *Thun-drug-gi rnal-'byor mdor-bsdus-pa* (Ein äußerst gekürzter Yoga in sechs Sitzungen).

Ngülchu Jedrung Lozang-tendzin (dNgul-chu rJe-drung Blo-bzang bstan-'dzin). *Thun-drug-gi rnal-'byor bsdus-pa* (Ein gekürzter Yoga in sechs Sitzungen).

Pabongka (Pha-bong-kha Byams-pa bstan-'dzin 'phrin-las rgya-mtsho). *Thun-drug-gi rnal-'byor rgyas-pa* (Ein ausgedehnter Yoga in sechs Sitzungen).

1. Panchen Lama (Pan-chen Blo-bzang chos-kyi rgyal-mtshan). *dPal dus-kyi 'khor-lo'i 'grel-chen dri-ma med-pa'i 'od-kyi rgya-cher bshad-pa de-kho-na-nyid snang-bar byed-pa'i snying-po yid-bzhin-gyi nor-bu* (Wunscherfüllendes Juwel: Die Essenz von [Kädrubjes] «Eine ausgedehnte Erklärung des großen Kommentars ‹Makelloses Licht› zum Glorreichen Kalachakra: Erhellung des eigentlichen Zustandes»).

– *Thun-drug rnal-sbyor* (Yoga in sechs Sitzungen).

Pundarika (Kulika Pundarika, Rigs-ldan Pad-ma dkar-po). *Vimalaprabha-nama-laghu-kalachakra-tantra-raja-tika* (bsDus-pa'i rgyud-kyi rgyal-po dus-kyi 'khor-lo'i 'grel-bshad dri-ma med-pa'i'od; Makelloses Licht: Ein Kommentar, der «Das königliche gekürzte Kalachakra-Tantra» erklärt).

Tagtsang Lotsawa (sTag-tshang Lo-tsa-ba Shes-rab rin-chen). *Dus-'khor spyi-don bstan-pa'i rgya-mtsho* (Ein Ozean von Lehren über die allgemeine Bedeutung des Kalachakra).

Tsongkapa (Tsong-kha-pa Blo-bzang grags-pa). *Byang-chub sems-dpa'i tshul-khrims-kyi rnam-bshad byang-chub gzhung-lam* (Eine Erklärung der ethischen Disziplin des Bodhisattva: Der Hauptpfad zur Erleuchtung).

– *gSang-sngags-kyi rim-pa chen-mo* (Eine große Darlegung der Stufen des geheimen Mantra).

– *gSang-sngags-kyi tshul-khrims-kyi rnam-bshad dngos-grub-kyi snye-ma* (Eine Erklärung der ethischen Disziplin des geheimen Mantra: Eine Fruchttraube tatsächlicher Erlangungen).

AUSGEWÄHLTE LITERATUR IN WESTLICHEN SPRACHEN

Abegg, M. Emil. *Der Messiasglaube in Indien und Iran auf Grund der Quellen dargestellt.* Berlin und Leipzig: Walter de Gruyter & Co., 1928.

Ali, Syed Muzafer. *The Geography of the Puranas.* Neu-Delhi: People's Publishing House, 1966.

Bernbaum, Edwin. *The Mythic Journey and Its Symbolism: A Study of the Development of Buddhist Guidebooks to Śambhala in Relation to Their Antecedents in Hindu Mythology.* Unveröffentlichte Dissertation, University of California, Berkeley, 1985.

– *The Way to Shambhala.* New York: Anchor Books, 1980.

Berzin, Alexander. «Buddhista Tantra», in *Dharma-füzetek* 5. Budapest: Buddhista Föiskola, 1996, 1–46.

– *Guidelines for Receiving the Kalacakra Empowerment.* Seattle: Dharma Friendship Foundation, 1989.

– *Einführung in das Kalachakra-Tantra.* Jägerndorf: Aryatara Institut, 1985.

– *Einführung in Tantra.* München: Aryatara Institut, 1993.

– «Enseñanza sobre Tantra», in *Nagaryuna*, Nr. 30, Valencia, Juli–Sept. 1995, 15–22.

– «Introducción a los Compromisos y su Significado», in *Nagaryuna*, Nr. 3, Valencia, Okt.–Nov. 1988, 24–27.

– *Introduction à l'Initiation de Kalatchakra.* Lavaur: Institut Vajrayogini, 1986.

– «An Introduction to Tibetan Astronomy and Astrology», in *Tibet Journal*, Bd. 12, Nr. 1, Dharamsala, Frühling 1987.

– «Kalachakra Initiatie», in *Maitreya Magazine*, Bd. 7, Nr. 2, Emst, 1985.

– «Tibetan Astro Studies», in *Chö-Yang*, Year of Tibet Edition, Dharamsala, 1991, 181–192.

– «Tibetan Astrology and Astronomy», in *Maitreya Magazine*, Bd. ll, Nr. 4, Emst, 1989.

– «Tibetaanse Sternenkunde en Astrologie», in *Maitreya Magazine*, Bd. 7, Nr. 3, Emst, 1985.
– «Tibetische Astro-Wissenschaften: Dem Karma auf der Spur», in *Tibet und Buddhismus*, Nr. 40, Hamburg, Januar–März 1997.
– «Uvod a tibetsku astronomiju i astrologiju», in *Kulture Istoka*, Bd. 10, Belgrad, Oktober–Dezember 1986.
– «Visualisatie», in *Maitreya Magazine*, Bd. 9, Nr. 2, Emst, 1987.
Brauen, Martin. *Das Mandala: Der heilige Kreis im tantrischen Buddhismus*. Köln: DuMont, 1992.
Bryant, Barry. *The Wheel of Time Sand Mandala: Visual Scripture of Tibetan Buddhism*. San Francisco: HarperCollins, 1995.
Bryant, Barry, und Yignyen, Tenzin. *Process of Initiation: The Indo-Tibetan Rite of Passage into Shambala: The Kalachakra Initiation*. New York: Samaya Foundation and Namgyel Monastery, 1990.
DelVico, Enrico (Hrsg.). *Kalachakra*. Rom: Editalia Edizioni d'Italia, 1996.
Dhargye, Geshe Ngawang, «Introduction à l'Initiation de Kalachakra», in *Le Tibet Journal*. Anduze, Editions Dharma, 1985.
– «Introduction to the Kalacakra Initiation», in *Tibet Journal*, Bd. 1, Nr. 1, Dharamsala, Juli–September 1975; wieder abgedruckt in *Kalachakra Initiation, Madison, 1981*. Madison, Wisconsin: Deer Park Books, 1985.
– *Kalachakra Tantra*. Dharamsala: Library of Tibetan Works and Archives, 1985.
Dikshit, K. N. «Buddhist Centres in Afghanistan» in *India's Contribution to World Thought and Culture*, hrsg. v. Lokesh Chandra et al. Madras: Vivekananda Rock Memorial Committee, 1970, 229–238.
Dudjom Rinpoche. *Perfect Conduct: Ascertaining the Three Vows*, mit dem Wurzeltext von Ngari Panchen. Boston: Wisdom Publications, 1996.
Grönbold, Günter. «Materialien zur Geschichte des Sadanga Yoga II: Die Offenbarung des Sadangayoga im Kalachakra-System», in *Central Asiatic Journal*, Bd. 28, Nr. 1–2 (1984), 43–56.
– «Materialien zur Geschichte des Sadanga Yoga III: Der sechsgliederige Yoga des Kalacakra Tantras», in *Asiatische Studien*, Bd. 37, Nr. 1 (1983), 25–45.
Grünwedel, Albert. *Der Weg nach Śambhala. (Abhandlung der Königlich Bayerischen Akademie der Wissenschaften, Bd. 29, Nr. 3)*. München 1915.
Hodgson, Marshall G. S. *The Venture of Islam: Conscience and History in a World Civilization*, 3 Bde. (Bd. 1: *The Classical Age of Islam*). Chicago: University of Chicago Press, 1974.

Hoffmann, Helmut. «Buddha's Preaching of the Kalacakra Tantra at the Stupa of Dhanyakataka», in *German Scholars on India*, Bd. 1. Varanasi: Chowkhambha Sanskrit Series Office, 1973, 136–140.

– «Das Kalacakra, die letzte Phase des Buddhismus in Indien», *Saeculum*, Bd. 15 (1964), 125–131.

– «Kalacakra Studies I: Manichaeism, Christianity and Islam in the Kalacakra Tantra», in *Central Asiatic Journal*, Bd. 13, Nr. 1 (1969), 52–73. «Kalacakra Studies I: Addenda et Corrigenda», *Central Asiatic Journal*, Bd. 15, Nr. 4 (1972), 298–301.

– «Literaturhistorische Bemerkungen zur Sekoddesatika des Nadapada», in *Beiträge zur indischen Philologie and Altertumskunde*, zum 70. Geburtstag dargebracht von der deutschen Indologie, hrsg. v. Walther Schubring. Hamburg: Cram, De Gruyter, 1951, 140–147.

– «Manichaeism and Islam in the Buddhist Kalacakra System», in *Proceedings of the IXth International Congress of the History of Religions 1958*. Tokyo: 1960, 96–99.

Kalachakra Initiation, Madison, 1981. Madison, Wisconsin: Deer Park Books, 1985.

Kalu Rinpoche. *The Kalachakra Empowerment: Taught by the Venerable Kalu Rinpoche*. Vancouver: Kagyu Kunkhyab Choling, 1986.

Kamtrul, Garjang. «Géographie et Histoire de Shambhala», in *Le Tibet Journal*. Anduze: Editions Dharma, 1985.

– «The History and Geography of Shambhala», in *Tibet Journal*, Bd. 1, Nr. 1, Dharamsala, Juli–September 1975.

Kollmar, Paulenz. «Utopian Thought in Tibetan Buddhism: A Survey of the Sambhala Concept and Its Sources», in *Studies in Central and East Asian Religions*, Bd. 5/6 (1992/93), 78–96.

Kuwayama, Shoshin. «The Turki Sahis and Relevant Brahmanical Sculptures in Afghanistan», in *East and West*, Bd. 26, Nr. 3–4 (September–Dezember 1976), 375–408.

Mullin, Glenn H. *The Practice of Kalachakra*. Ithaca: Snow Lion, 1991.

Nadapada. *Iniziazione: Kalachakra/Naropa: a cura di Raniero Gnoli a Giacomella Orofino.* (*Biblioteca Orientale*, Nr. 1). Mailand: Adelphi, 1994.

Newman, John. «Buddhist Sanskrit in the Kalacakra Tantra», in *Journal of the International Association of Buddhist Studies*, Bd. 11, Nr. 1 (1988), 123–140.

– *The Outer Wheel of Time: Vajrayana Buddhist Cosmology in the Kalacakra Tantra*. Unveröffentlichte Dissertation, University of Wisconsin, 1987.

– «The *Paramadibuddha* (the Kalacakra *Mulatantra*) and Its Relation to the Early Kalacakra Literature», in *Indo-Iranian Journal*, Bd. 30 (1987), 93–102.

Nihom, N. «Notes on the Origin of Some Quotations in the Sekoddesatika of Nadapada», in *Indo-Iranian Journal*, Bd. 27 (1984), 17–26.

Orofino, Giacomella. *Sekoddesa: A Critical Edition of the Tibetan Translations*. (*Serie Orientale Roma*, Nr. 72). Rom: Istituto Italiano per il Medio ed Estremo Oriente, 1994.

Polichetti, Massimiliano A. «Il Sitema di Kalachakra a le caratteristiche del Buddismo Tibetano», in *L'immagine Tibetana del Tempo, Il Mandala di Sabbie Colorate di Kalachakra* (hrsg. v. Eugenio La Rocca). (*Comune di Roma Ripartizione*, Nr. 10). Rom: Acquario Romano, 1993, 19–28.

Reigle, David. *Kalacakra Sadhana and Social Responsibility*. Santa Fe: Spirit of the Sun Publications, 1996.

– *The Lost Kalacakra Mula Tantra on the Kings of Śambhala*. (Kālacakra Research Publications, Nr. 1). Talent, Oregon: Eastern School, 1986.

Rivière, Jean N. *Kalachakra: initiation tantrique du Dalaï Lama*. Paris: Editions Robert Laffont, 1985.

Roerich, Nicholas. *Shambhala: The Heart of Asia*. NewYork: Roerich Museum Press, 1930.

Schuh, Dieter. *Untersuchungen zur Geschichte der tibetischen Kalenderrechnung*. (*Verzeichnis der Orientalischen Handschriften in Deutschland. Supplementband 16*). Wiesbaden: Franz Steiner Verlag, 1973.

Scott, David Alan. «The Iranian Face of Buddhism», in *East and West*, Bd. 41, Nr. 1–4 (Dezember 1991), 43–78.

Sopa, Geshe Lhundub, Jackson, Roger, und Newman, John. *The Wheel of Time, The Kalachakra in Context*. Madison, Wisconsin: Deer Park Books, 1985.

Sparham, Gareth. *An Explanation of Ethical Standards in Secret Mantra Called «Fruit Cluster of Accomplishments»*. Unveröffentlichtes Manuskript.

Tatz, Mark (Übersetzer). *Asanga's Chapter of Morality with the Commentary of Tsong-khapa*. Lewiston: Mellen Press, 1986.

Tenzin Gyatso, der Dalai Lama, und Hopkins, Jeffrey. *The Kalachakra Tantra: Rite of Initiation for the Stage of Generation*. London: Wisdom Publications, 1985.

Wilson, Horace Hayman (Übersetzer). *The Vishnu Purana: A System of Hindu Mythology and Tradition*. London: Trübner & Co., 1864; Wiederabdruck New York: Garland Publishing, 1981.